MÉMOIRES

D'UNE

SŒUR DE CHARITÉ

PUBLIÉS

PAR Mme GAGNE (ÉLISE MOREAU)

DEUXIÈME ÉDITION

PARIS
LIBRAIRIE ACADÉMIQUE
DIDIER ET Cie, LIBRAIRES-ÉDITEURS
35, QUAI DES AUGUSTINS, 35

MÉMOIRES

D'UNE SŒUR DE CHARITÉ

AUTRES OUVRAGES DU MÊME AUTEUR :

Nancy Vallier. Épisode des jours néfastes. 1 vol. 3 fr.
Les Rêves d'une jeune fille, une Destinée.
Les Souvenirs d'un petit enfant, la Fille d'un maçon.
l'Age d'or. Poésie de l'enfance.
Voyages et aventures d'un jeune missionnaire en Océanie.
Omégar, ou le dernier Homme, etc., etc.

Fontainebleau. — Imprimerie E. Bourges

LES MÉMOIRES

D'UNE SŒUR DE CHARITÉ

PUBLIÉS

PAR

MADAME GAGNE (ÉLISE MOREAU)

DEUXIÈME ÉDITION

PARIS

LIBRAIRIE ACADÉMIQUE

DIDIER ET Cie, LIBRAIRES-ÉDITEURS

35, QUAI DES AUGUSTINS, 35

1875

Tous droits réservés.

A MADAME

LA MARQUISE DE BLOCQUEVILLE

NÉE D'ECKMÜHL

Madame,

Si la sœur Théotiste avait publié elle-même ce livre, dont je ne suis que l'éditeur, il renferme des preuves trop évidentes du respect mêlé d'admiration qu'elle portait à votre illustre père, pour qu'elle n'eût pas sollicité l'honneur de vous le dédier. J'ai donc la conviction d'accomplir son vœu le plus vif, en plaçant ses *Mémoires*, ainsi que vous daignez me le permettre, Madame, sous l'égide de ce grand nom de d'Eckmühl qui rappelle tant de gloires militaires, tant d'actes généreux, tant de sublimes dévoûments à la patrie.

Si ces touchantes confidences d'une humble servante des pauvres obtiennent un accueil favorable du public, je suis persuadée, Madame, qu'elles le devront, avant tout, au nom qu'on lira sur la première page, car on devinera que ce nom ne peut protéger qu'une œuvre morale.

ÉLISE GAGNE.

Paris, décembre 1869.

AVANT-PROPOS

Le 8 mai de l'année 1832, le petit bourg de Mazières, l'un des plus pittoresques de ceux qu'on rencontre dans le département des Deux-Sèvres, présentait un aspect inaccoutumé. Son unique rue, sur laquelle débouchent plusieurs ruelles étroites, était remplie d'une multitude de gens de toutes les classes et de tous les âges. Cette foule, les hommes la tête découverte, les femmes les mains jointes pieusement, marchait silencieuse et recueillie derrière un modeste cercueil porté par quatre religieuses de l'ordre des sœurs de Saint-Vincent-de-Paul. Sur le drap du cercueil, que précédaient le clergé et les autorités de vingt paroisses voisines, brillait, au milieu d'un faisceau de couronnes d'immortelles, la croix de la Légion d'honneur. Un bataillon de gardes nationaux, le crêpe au bras, les armes renversées, fermait la marche, et le roulement lugubre des tambours voilés alternait avec la psalmodie funèbre des prêtres. On suivait un chemin creux, bordé de buissons d'aubépines qui commençaient à fleurir ; les oiseaux chantaient dans les hautes branches des arbres ; le ciel était d'un bleu pur, et le vent, en rasant les fleurettes à moitié cachées dans l'herbe, apportait sur son aile mille senteurs embaumées. Jamais jour de printemps n'avait donné une plus splendide fête à la terre, jamais mort n'était parti pour le champ du repos par un plus radieux soleil, entouré d'hommages aussi nombreux et aussi sympathiques.

Si un étranger, passant ce jour-là par Mazières, se fût trouvé tout à coup en face de ce touchant spectacle, et qu'il eût demandé quel éminent personnage on conduisait à sa dernière demeure, des voix pleines de sanglots lui auraient répondu : « C'est une humble sœur de charité. » Oui, cette modeste bière qu'escortaient des pompes presques royales, renfermait les dépouilles mortelles de la sœur Théotiste, de l'ange de paix et de bonté qui, pendant plus d'un demi-siècle, n'avait pas laisser s'écouler une heure, que dis-je ? une minute, sans soulager ceux qui souffraient, sans consoler ceux qui pleuraient. Dans les derniers jours de sa laborieuse carrière, le poids de ses quatre-vingts ans ne l'avait même pas arrêtée, et c'était à la suite de longues veilles passées au chevet d'un vieux mendiant qu'elle s'était couchée pour ne plus se relever.

L'hospice de Mazières ne possédait sœur Théotiste pour supérieure que depuis une quinzaine d'années, mais ce laps de temps avait suffi pour lui mériter l'amour des pauvres comme la vénération des riches. C'est au point que si les statuts de l'ordre des Hospitalières, auquel elle appartenait, l'eussent permis, on admirerait dans le cimetière de Mazières le monument qu'aurait élevé à sa mémoire la reconnaissance publique.

Il ne put point en être ainsi : une simple croix de bois marque la place où elle repose; mais cette croix porte des couronnes depuis sa base jusqu'à son sommet, et les plus belles fleurs, semées par des mains amies, n'ont jamais cessé de lui faire un odorant entourage.

Ce qui contribue peut-être à la persistance du pieux souvenir des habitants de Mazières, c'est que sœur Théotiste est née dans un château transformé aujourd'hui en hôpital, mais qui, avant la Révolution, montrait son front séculaire à un quart de lieue du bourg. Quand la bonne religieuse est morte, deux ou trois vieillards, presque centenaires, se rappelaient l'avoir connue dans leur jeunesse, et racontaient les visites qu'elle faisait, à l'âge de six ou huit ans, aux pauvres et aux malades, accompagnée tantôt de son père, le baron de Saint-Vincent, tantôt de sa nourrice, Madeleine Richard.

La charitable petite fille, devenue épouse et mère, puis veuve, ensuite, avait quitté le pays, emportant les regrets de tous, et l'on n'avait plus eu de ses nouvelles, jusqu'à l'époque où, vieillie et souffreteuse, mais toujours compatissante et dévouée, elle était venue prendre la direction de l'hospice récemment construit.

Le curé qui desservait alors l'église de Mazières était un homme d'une haute distinction, et auquel il fallut peu de temps pour apprécier la supériorité de cœur et d'esprit de cette religieuse, qui déployait à la fois, dans ses humbles fonctions, les délicatesses exquises de la femme bien élevée et le dévouement sublime des saints. Pour son édification, plus encore que pour satisfaire une vaine curiosité, se rencontrant souvent avec elle auprès des malades, il la questionna discrètement sur son passé. Elle répondit d'abord avec réserve ; mais un jour qu'elle et le pasteur veillaient ensemble un ancien régicide qu'ils avaient eu le bonheur de réconcilier avec Dieu, sœur Théotiste confia au digne prêtre que tous les événements de sa vie, si longue et si éprouvée, avaient été écrits par elle dans une sorte de *memorandum* qui formait un assez volumineux cahier. Il en sollicita vivement la communication; cette faveur lui fut accordée, et lorsque, encore sous le charme des émotions tour à tour douces et poignantes que ce récit lui avait fait éprouver, il le rendit à son auteur, sœur Théotiste, qui semblait prévoir qu'elle allait bientôt quitter ce monde, pria le pasteur de garder son manuscrit comme le souvenir d'une pieuse amitié.

Dépositaire de ces pages émues où l'âme si forte et si pure de la religieuse s'était épanchée devant Dieu, ainsi que l'enfant s'épanche avec un père bien-aimé, le curé les conserva longtemps. Il se plaisait à les relire, disait-il, aux heures où la tristesse pèse sur les cœurs même les plus vaillants. Peu de mois avant sa mort, il nous les remit en nous autorisant à les publier, dans le cas où nous penserions que leur lecture pût apporter à d'autres âmes les consolations et les utiles enseignements qu'elle avait apportés à la sienne.

Si nous en jugeons d'après l'impression que nous avons ressentie, nous croyons pouvoir affirmer que ces *Mémoires* d'une pauvre religieuse, tout dénués qu'ils soient des aventures impossibles et révoltantes si fort à la mode aujourd'hui, présentent assez d'incidents dramatiques pour intéresser ceux qui aiment à trouver dans un livre des peintures propres à élever le cœur et l'esprit, au lieu de n'y rencontrer que des tableaux hideux qui épouvantent l'âme et la démoralisent.

D'ailleurs, quand même les *Mémoires d'une sœur de charité* n'obtiendraient pas le succès qui ne s'attache trop souvent à notre époque qu'aux œuvres impies et scandaleuses, le besoin de protester contre le courant qui menace d'engloutir les croyances, la morale, les notions de l'honnête et du juste, nous ferait un devoir de les publier. La balance du mal est si lourde, qu'il ne faut négliger aucune occasion de mettre un contrepoids, quelque faible qu'il puisse être, dans le plateau du bien.

MÉMOIRES
D'UNE SŒUR DE CHARITÉ

CHAPITRE PREMIER

UNE FAMILLE CHRÉTIENNE.

A quelle occasion ces mémoires furent commencés. — Premières années. — La perte d'un enfant. — Revers de fortune. — Le couvent. — La mort d'une mère. — La jeune institutrice. — Pauline et Suzanne.

J'étais en pension depuis trois ans, au couvent des Ursulines de Niort. Ma mère, retenue par une indisposition grave, n'avait pas pu assister à la touchante cérémonie de ma première communion. Je résolus de lui en faire la description, et je trouvai un tel bonheur dans ce travail, qu'il me donna l'idée d'écrire chaque soir, après la classe, les incidents tristes ou gais, dramatiques ou vulgaires de ma journée, afin que cette bonne mère, que j'aimais tant, pût suivre heure par heure, minute par minute, mes travaux, mes chagrins et mes plaisirs. Dès le lendemain, je me mis à l'œuvre avec l'ardeur que la jeunesse apporte à toute chose nouvelle, en remontant, pour que rien ne manquât à l'ensemble de ce petit journal, jusqu'à l'époque de mes premières années, tantôt guidée par mes propres souvenirs, tantôt avec le secours de ce qu'on m'avait raconté.

Ces confidences au papier, entreprises d'abord dans le but de combler le vide que laissait dans mon cœur la privation des doux entretiens maternels, devinrent, au bout de quelques jours, un si impérieux besoin pour moi, que je me promis de les continuer toute ma vie. Tant que je restai à peu près maîtresse de mon temps, cela fut facile, mais quand chacune de mes heures appartint aux malades et aux pauvres, il ne put pas en être ainsi, et je dus faire d'incroyables efforts de mémoire pour parvenir à classer, selon leur date, les événements si nombreux qui se sont succédé dans ma longue existence. Je dois dire ici que, dès mon entrée en religion, j'instruisis mes supérieurs de cette habitude, et j'ajoute que j'y aurais renoncé sans murmure, bien que j'y trouvasse une grande douceur, s'ils s'y étaient opposés.

Donc, en ouvrant ces cahiers qui m'ont suivie dans les hospices, sur les champs de bataille, au chevet des mourants, mon passé se déroule comme un large éventail, et voici ce que je lis sur la première feuille :

Je suis née le 2 février 1752, au château de Maillé qui appartenait à mon père, le baron Joseph de Saint-Vincent, et s'élevait à peu de distance de la vallée ombreuse où se cache Mazières, joli petit bourg situé dans le département des Deux-Sèvres.

Quatre ans avant mon arrivée en ce monde, ma mère, issue de l'antique famille des comtes de Parthenay, avait donné le jour à une fille. Cette enfant fut emmenée à Paris, par mes parents qui allaient y suivre les phases d'un procès d'où dépendait presque toute leur fortune déjà peu considérable.

La nourrice de ma sœur sortait régulièrement avec elle, chaque après-midi, pour la promener. Le 20 juin 1750, la nuit était venue depuis longtemps, lorsque ma mère, étonnée de n'entendre aucun bruit dans la chambre de l'enfant contiguë à la sienne, entra dans cette chambre et la trouva déserte. Elle sonna d'une main fébrile, un domestique accourut, et répondit à ses questions que Jeannette sortie, comme d'habitude vers une heure, n'était pas encore rentrée. Dévorée d'inquiétude, madame de Saint-Vincent appela son mari qui partagea bientôt toutes ses angoisses. N'y tenant plus, il envoya deux laquais à la découverte, et parcourut vainement lui-même non-seulement les jardins publics de Paris, mais ceux qui s'étendaient au delà des barrières.

Après une nuit passée dans des angoisses faciles à comprendre, mon père se rendit chez le lieutenant général de la police. Celui-ci, à sa prière, mit en campagne ses plus habiles agents : tout fut inutile. L'enfant et la femme n'avaient laissé aucune trace de leur passage, ni à Paris, ni dans les environs. On avait bien ramassé sur la route de Versailles un morceau de ruban bleu que ma mère crut reconnaître pour celui qui tenait suspendu au cou de ma sœur un petit médaillon représentant la Sainte Vierge, mais cet indice était trop vague pour qu'on pût en tirer parti. De longues années devaient s'écouler avant que la lumière se fît dans ce ténébreux mystère.

Quand ils eurent tenté toutes les démarches et versé autant de larmes que leurs pauvres cœurs brisés pouvaient en contenir, M. et Mme de Saint-Vincent reprirent le chemin du château de Maillé, dont, pendant plusieurs mois, ils ne sentirent pas le courage de franchir le seuil.

Le souvenir de cet événement terrible, qui avait failli emporter du même coup la raison et la vie de la baronne, perdit infiniment de son amertume lors de ma naissance. On m'appela Christine, nom que portait la chère petite regrettée, et comme je lui ressemblais de visage, ma mère, en m'embrassant, put presque croire que Dieu la lui rendait.

Je ne m'étendrai pas sur les soins minutieux avec lesquels je fus élevée par cette pieuse mère qui ne parvenait pas à se consoler entièrement d'avoir perdu son premier enfant, peut-être par un peu de négligence, et qui, de concert avec ma nourrice la bonne Madeleine Richard, exerçait sur chacun de mes pas une surveillance continuelle. Mes sœurs cadettes, Pauline et Suzanne, furent l'objet du même amour, mais avec cette différence, cependant, que madame de Saint-Vincent, de plus en plus souffrante de la maladie de poitrine qui devait l'emporter si jeune encore, se vit obligée de céder à Madeleine une partie des soins que demandent des enfants en bas-âge.

La gravité qui a toujours fait le fond de mon caractère, se révéla de bonne heure. Les jeux bruyants m'étaient antipathiques, je leur préférais de beaucoup une lecture instructive, une promenade champêtre, une prière à l'église lorsqu'une solitude complète y régnait, mais par dessus tout, des visites aux pauvres et aux malades. Les souffrants et les malheureux m'ont sans cesse attirée comme un invincible aimant.

Me dévouer a été la plus forte passion de ma vie. Je n'ai aucun mérite à cela, j'agis par une impulsion à laquelle, quand même je le voudrais, il me serait impossible de résister. Dès mon jeune âge il en fut ainsi : l'argent qu'on me donnait pour acheter des poupées, j'aimais mieux le convertir en aliments pour ceux qui manquaient de pain; je trouvais une si grande joie dans ces aumônes, que j'en remerciais le bon Dieu, il m'est arrivé souvent d'en remercier aussi les pauvres, qui me regardaient tout ébahis.

Il résulta de ce penchant à la pitié et aux œuvres de bienfaisance, peu ordinaire chez les enfants, qu'on me traita presqu'en personne raisonnable, et qu'à huit ans, j'étais déjà pour ma mère une compagne qui lui allégeait le poids de l'existence passablement monotone que nous menions à Maillé. Aussi, comme il fut vif le chagrin de cette tendre mère, quand il fallut m'envoyer au couvent achever une éducation qu'elle avait heureusement commencée, mais que ses forces physiques, qui s'affaiblissaient de jour en jour, ne lui permettaient pas de continuer !

Dieu m'avait douée de quelques aptitudes, je travaillais avec ardeur, et mes douze ans allant s'accomplir, j'espérais en savoir assez pour pouvoir demeurer définitivement à Maillé, aux vacances prochaines, lorsque mon père au désespoir vint me chercher pour recueillir la dernière bénédiction de ma mère. Sainte et douce martyre, elle agonisait, lorsque, folle de douleur, je me précipitai dans sa chambre. A travers le voile que les approches de la mort étendait sur ses yeux, elle me reconnut, elle eut encore la force de m'embrasser, de me recommander d'être aimante pour mon père, dévouée pour mes petites sœurs, puis elle ajouta avec une sorte d'autorité, qu'il fallait mettre au pied de la croix, sans me plaindre, toutes les peines que sa mort allait me causer.

Vous savez, mon Dieu, si je lui ai fidèlement obéi, et si le lendemain du jour où j'ai vu la pierre du caveau funéraire retomber sur elle, je n'ai pas refoulé mes pleurs au plus profond de mon âme, afin de ne pas trop attrister mon père, et de rendre moins sensible à mes jeunes sœurs la perte irréparable qu'elles venaient de faire.

Un immense courage me devint nécessaire, je l'avoue, pour ne rien laisser paraître du désespoir qui par moment m'envahissait tout entière ; mais ce courage, je le puisai dans la grandeur de ma confiance en Dieu, de mon amour pour ma mère ; il ne me fit jamais défaut.

Aidée des conseils de l'excellente Madeleine, je pris immédiatement la direction de la maison, et la vérité m'oblige à dire que je ne m'acquittai pas trop mal de cette difficile tâche. La Providence qui me destinait à tant de rudes épreuves, m'avait donné la plus robuste santé qui se puisse imaginer. En revanche, je ne brillais pas du côté des avantages physiques. Ma taille, élevée et un peu épaisse, laissait infiniment à désirer sous le rapport de l'élégance, je n'étais point belle, mes traits manquaient de finesse et de régularité ; mon teint brun, mes cheveux crépus, d'un noir très-foncé, ne s'harmonisaient pas avec mes yeux bleu-clair, et donnaient à mon visage une expression étrange qui, au premier abord, ne prévenait pas en ma faveur. On finissait par s'y accoutumer, mais cela demandait du temps. Quant à mon caractère, je ne cacherai pas qu'il m'avait fallu lutter beaucoup avec lui, pour terrasser ses emportements, mais j'y étais parvenue, et s'il lui arrivait encore quelquefois de se cabrer, je le mâtais si promptement, qu'il ne pouvait plus faire explosion.

J'ai parlé, au commencement de ces Mémoires, du voyage que mes parents firent à Paris, avant ma naissance, pour y soutenir un procès, et j'ai ajouté que ce fut pendant leur séjour dans cette ville qu'eut lieu l'inexplicable disparition de ma sœur aînée. Mais ce que je n'ai pas dit, c'est que mon père perdit ce procès, et qu'il ne lui resta pour fortune que le château délabré de Maillé et les quatre ou cinq petites pièces de terre qui l'entouraient.

M. et Mme de Saint-Vincent étaient chrétiens dans l'acception la plus étendue de ce mot. Ils se résignèrent donc sans plaintes au sort qu'il plaisait à Dieu de leur faire, et ne regrettèrent les richesses qui devenaient le partage de leur adversaire, qu'en songeant aux bienfaits que ces richesses leur auraient permis de répandre sur les malheureux. Cette résignation ne se démentit pas lorsqu'ils virent s'augmenter leur jeune famille, seulement ils redoublèrent de zèle et d'économie, renonçant gaiement à toutes les jouissances, excepté à celle de venir en aide aux êtres encore plus déshérités qu'eux des dons de la fortune. La peinture vraie que je trace ici des vertus de ceux dont je suis née n'est pas, comme on pourrait le penser, un acte de vanité ; c'est uniquement afin de constater que ce n'est point à l'excellence de ma pauvre nature, laquelle n'avait rien d'exceptionnel, qu'on doit rapporter le mérite des quelques bonnes actions qu'il a pu m'arriver d'accomplir, mais aux admirables exemples de dévouement et de charité qui m'ont été donnés dès le berceau.

J'étais bien petite fille encore, lorsque je m'aperçus de la gêne dont le poids pesait sur mes parents. Cela me fit longuement réfléchir, et je me promis de travailler à la diminuer, aussitôt que mes forces me le permettraient. La mort prématurée de ma mère m'en fournit l'occasion plus vite, hélas! que je ne m'y attendais. Un matin, mon père m'appela dans son cabinet, prit mes mains dans les siennes, et m'avoua, les larmes aux yeux, qu'il allait être obligé de vendre sa dernière pièce de terre pour payer la pension de mes sœurs au couvent. Il s'attendait à des pleurs, à des récriminations peut-être, et fut bien étonné quand je lui affirmai, avec un sourire qui ressemblait presque à celui du bonheur, que je croyais en savoir assez pour doter Suzanne et Pauline d'une instruction aussi étendue que le comportait celle qu'on donnait aux femmes à cette époque. Comme il me remercia avec effusion de ce qu'il appelait mon dévouement, ce bon père ! Comme son cœur se dilata en songeant que les trois gages d'amour que lui avait légués sa Clotilde, resteraient groupés longtemps encore autour de lui ! Sa joie se réflétait si vive sur ses traits vénérables, que j'en fus inondée, et je ne crois pas avoir passé une heure plus délicieuse que celle où je donnai à mes sœurs leur première leçon.

Je me le rappellerai toujours : on entrait dans le mois de mai, l'air, chargé du parfum des lilas, jouait dans les branches déjà touffues, et sous le bosquet de chèvrefeuille qui s'arrondissait à l'extrémité du jardin de Maillé, je lisais à Pauline et à Suzanne attentives, l'un des plus beaux passages du poëme de la *Religion*, de Louis Racine, pour les récompenser de l'attention qu'elles venaient d'apporter à une sèche analyse grammaticale.

C'étaient deux mignonnes créatures que mes élèves. Blondes, avec des yeux noirs, minces, gracieuses dans tous leurs mouvements, elles ressemblaient à ma mère. On le croira sans peine, cette ressemblance doublait la tendresse infinie que je ressentais pour elles. Loin d'être jalouse de leur beauté, j'en étais fière, et rien n'égale le bonheur que j'éprouvais à les conduire simplement parées, chaque dimanche, à l'église de Mazières. Chères petites ! elles furent si dociles, elles secondèrent si bien mes efforts, que je n'eus jamais une réprimande à leur adresser, une punition à leur imposer. Oh ! les bonnes journées que j'ai passées, assise entre elles deux, dans cette vieille tour que nous avions métamorphosée en salle d'étude ! Que j'aimais à les voir s'appuyer pour écrire ou dessiner, sur cette table en chêne sculpté, couverte d'un tapis qu'avaient brodé les mains vénérées de notre mère ! Que de fois, au milieu des terribles tempêtes qui ont bouleversé ma vie, il m'a semblé entendre encore la voix harmonieuse de Pauline récitant la prière d'Esther, et celle plus accentuée de Suzanne, déclamant la sublime inspiration de Joad !

S'il est des souvenirs qui brisent l'âme, il en est aussi qui tombent sur elle comme une bienfaisante rosée. Ceux que m'ont laissés mes angéliques sœurs sont de ce nombre. Jamais ils n'ont traversé ma pensée sans y ramener le calme, quelque amers que fussent mes chagrins, quelque poignantes que fussent mes tortures. Leur tombe s'est creusée avant la mienne sur la terre étrangère, et je n'ai pas pu y répandre les larmes de ma douleur. Habituée à voir successivement disparaître tout ce que j'avais aimé en ce monde, et à concentrer mes affections sur Dieu et les pauvres, je me suis résignée ; mais je ne dissimulerai pas qu'il m'en a bien coûté, et j'ose espérer qu'il me sera tenu compte de ce sacrifice, au jour où les souffrances patiemment supportées ici-bas, seront changées en autant de joies là-haut.

L'existence remplie par le travail, la prière et les bonnes œuvres que nous menions dans notre modeste retraite, dura cinq ans sans que rien n'en troublât la paisible douceur. Elle se serait probablement continuée longtemps encore, si le château du Breilhac, voisin du nôtre, et habité seulement par un régisseur, n'avait pas reçu tout à coup la visite de son riche propriétaire, le jeune comte de Valombray.

L'âme humaine a-t-elle ses moments de divination? Dieu permet-il qu'un instinct secret nous avertisse que nous touchons à l'une des grandes phrases de notre destinée? Je ne sais! Mais un fait certain, c'est que mon cœur se serra lorsque, d'une des fenêtres de la tour d'où je regardais machinalement dans la campagne avec mes sœurs, je vis descendre le châtelain du Breilhac, de la chaise de poste poudreuse qui venait de s'arrêter devant l'escalier de marbre du perron.

Le moindre incident prend les proportions d'un événement dans les petites localités. Le curé et le médecin de Mazières, en faisant le soir, comme d'habitude, leur partie de dominos avec mon père, ne nous entretinrent que de l'arrivée de M. de Valombray. Il semblait que l'apparition de ce brillant gentilhomme allait changer la face du pays. Séjournerait-il tout l'été au Breilhac? Sa résidence n'y serait-elle que passagère? Donnerait-il des fêtes ou s'isolerait-il comme un anachorète?... Je suis sûre que bon nombre de gens ne dormirent pas cette nuit-là, tant ils étaient occupés à bâtir un système de suppositions sur les motifs qui avaient pu décider le jeune comte à quitter Paris, qu'il habitait ordinairement. Quant à moi, je me sentais, sans savoir pourquoi, plus disposée à redouter ce voisinage qu'à m'en réjouir, et je ne prononçai pas une parole.

CHAPITRE II

UN MARIAGE DE DÉVOUEMENT.

Le château de Breilhac. — Le comte de Valombray. — Les visites entre voisins. — L'accident. — La demande en mariage. — Les perplexités de Christine. La maladie du baron. Le consentement. — La bénédiction nuptiale.

Le voyageur qui traversait la vallée au fond de laquelle, comme je l'ai déjà dit, Mazières cache ses blanches maisons, pouvait encore admirer, avant 1789, l'élégant château du Breilhac placé au sommet d'un coteau dominant toutes les campagnes voisines. Tandis que le pauvre manoir de Maillé, tombant de vétusté, penchait sa brune toiture vers un petit ruisseau sans nom qui coulait à ses pieds, l'orgueilleux château du Breilhac étalait fièrement au soleil ses deux tours gigantesques. Rien n'était plus pittoresque, vu de loin, que ses murs bariolés d'une foule de plantes grimpantes qui n'avaient pas poussé au hasard, mais que les mains intelligentes d'un jardinier y disposaient chaque printemps avec une coquette symétrie. Cette superbe demeure appartenait depuis plusieurs siècles aux comtes de Valombray, dont l'avant-dernier, père de celui qui causait un si vif émoi dans l'esprit des paisibles habitants de Mazières, avait beaucoup connu ma famille.

C'était un grand seigneur dont l'existence s'écoulait presque tout entière au milieu des plaisirs de la Cour, mais qui, cependant, ne manquait jamais de venir, chaque année, passer l'automne à son château du Breilhac, objet de sa prédilection la plus marquée.

Pendant cette station, qui durait deux mois, il recevait fort peu, surtout depuis la mort de sa femme, et sa distraction favorite consistait dans les longues visites qu'il rendait à mon père. Les goûts simples de ce dernier l'édifiaient beaucoup, disait-il, mais le courage de les imiter lui semblait au-dessus de ses forces. C'est une chose plus commune qu'on ne croit que l'absence de courage quand il s'agit de réformer des habitudes que nous avons rivées à notre existence comme une chaîne. Cette chaîne, tout dorée qu'elle soit, il y a des heures où elle nous pèse horriblement, un léger effort suffirait pour la rompre, nous le savons, et nous continuons à la porter en dépit des souffrances souvent intolérables qu'elle nous impose. Pauvre nature humaine ! Si tu employais à faire le bien les forces que tu dépenses à faire le mal, que de prodiges tu accomplirais !

Le comte de Valombray n'avait qu'un fils, lequel se montrait au Breilhac deux jours à peine, vers la fin d'octobre, puis retournait au plus vite reprendre sa place parmi les nombreux courtisans qui encombraient les salons des résidences royales. M. de Valombray, instruit sans doute par l'expérience, n'approuvait pas beaucoup cette manière futile d'employer son temps, mais comme après tout il faisait lui-même partie de la foule de riches oisifs qui paradaient sans cesse aux Tuileries et à Versailles, il aurait été fort mal venu de prêcher la vie solitaire et occupée à son fils. Une ou deux fois il lui arriva de dire à M. de Saint-Vincent qu'il n'était pas le plus heureux des pères, et que les goûts fastueux de son héritier l'effrayaient pour l'avenir. Mais ses confidences s'arrêtèrent là, et le baron, qu'elles intéressaient médiocrement, se garda d'en provoquer de plus complètes.

Trois ans avant la visite de son fils au Breilhac, le comte de Valombray était mort subitement à Paris, au sortir d'un fête. Le château avait continué d'être, comme pendant son vivant, l'objet des soins minutieux du régisseur, mais le nouveau propriétaire ne donnait signe de vie que pour demander les revenus considérables des huit ou dix fermes qui l'entouraient; jamais il n'y mettait le pied. En apprenant son arrivée, mon père ne partagea pas la croyance commune, et ne put se décider à penser que l'habitué de tous les plaisirs de Louis XV et de madame Du Barry venait s'ensevelir dans la solitude du Breilhac, toute brillante et parfumée qu'elle fût. Aussi tomba-t-il dans un étonnement profond lorsque dès sa première visite, qui ne se fit pas attendre, le jeune comte, après avoir gracieusement rappelé les relations amicales qui existaient autrefois entre M. de Saint-Vincent et M. de Valombray, lui annonça qu'il devenait notre voisin au moins pour une couple d'années. Des raisons de santé, disait-il, nécessitaient ce calme impossible à rencontrer au milieu de la vie agitée des hommes du grand monde parisien. Je n'ai su que plus tard les motifs de cette retraite précipitée au Breilhac. Elle avait été ordonnée par le Roi lui-même à la suite d'un duel suscité par une querelle de jeu, et où l'adversaire du comte était resté mort sur le terrain. L'affaire avait eu un retentissement terrible, et sans l'intervention de la dauphine, Marie-Antoinette, qui portait quelque intérêt au jeune de Valombray, les tribunaux s'en seraient mêlés. Une absence assez longue était donc absolument indispensable pour que ce scandale rentrât dans l'oubli, et le comte dut s'y soumettre bon gré, mal gré.

Mon père accueillit à merveille, comme on peut le présumer, le fils de son ancien ami, et lui dit qu'il le verrait toujours avec un plaisir infini. Seulement, il le prévint que notre humble demeure n'était égayée que par le travail et les douces causeries, et que ce serait une distraction bien monotone pour un homme accoutumé aux fêtes bruyantes et variées de la plus brillante Cour de l'Europe. Le comte répondit qu'il fuyait les fêtes autant par lassitude que par les conseils de son médecin, et qu'il était certain de ne pas les regretter une minute au milieu de nous. Mon père sourit avec sa bienveillance semi-convaincue, semi-railleuse, et l'on se sépara cordialement.

J'assistais à cette première entrevue, et j'avoue que la simplicité des manières de notre nouveau voisin dissipa un peu les préventions que je me sentais très-disposée à avoir contre lui. Je m'étais fait une tout autre idée de ce qu'on appelait un courtisan. Je me figurais un personnage aux airs évaporés, à la mise excentrique, à la conversation impertinente et frivole, et je me trouvais en face d'un homme vêtu comme tout le monde, poli sans affectation, et causant avec autant d'abandon et de gravité que mon père et notre bon curé.

Le comte Julien de Valombray pouvait avoir vingt-six ans à cette époque. Sa taille, au-dessus de la moyenne, paraissait svelte et bien prise; il avait des cheveux blonds et bouclés naturellement, qu'il portait sans poudre, et des yeux noirs d'une extrême douceur. Un seul défaut déparait ce visage aux traits fins et réguliers : c'était une sorte de tic nerveux qui, à de fréquents intervalles, plissait convulsivement les coins de la bouche et le front. Hélas! cette difformité que j'attribuais à quelque maladie d'enfance, venait des émotions terribles que cause la funeste passion du jeu!

En feuilletant, pour les mettre en ordre, ces souvenirs lointains de ma jeunesse, j'y trouve un épisode qui a trait aux premières semaines du séjour de M. de Valombray à Mazières, et que, je ne sais pourquoi, j'avais noté avec un crayon rouge. Comme j'y joue le plus beau rôle, je me dispenserais de le rapporter ici, s'il n'était pas le point de départ des relations de plus en plus intimes qui s'établirent entre nous et le châtelain du

Breilhac, et amenèrent une alliance dont les suites devait m'être si fatales.

C'était un dimanche; le comte, après avoir partagé notre modeste souper, se disposait à partir, lorsqu'il se heurta si violemment contre un meuble, qu'il perdit l'équilibre, tomba, et se fit au front une blessure tellement grave, qu'il demeura sans connaissance. Mon père, et Jean, le mari de Madeleine, se hâtèrent de le relever. On l'étendit provisoirement sur le grand canapé du salon, et je courus chercher des sels pour les lui faire respirer. Mais le sang inondait son visage, et je compris qu'il fallait au plus vite étancher ce sang, si on voulait rappeler le pauvre jeune homme à la vie. Comme le médecin, M. Bernard, restait à l'extrémité du bourg, et qu'il n'y avait pas de temps à perdre, je me mis en devoir, sans égard pour ma robe de mousseline blanche, de procéder au pansement, je pus même le faire avec assez d'habileté, car je n'en étais pas à mes débuts dans l'art de poser des compresses, et de rapprocher les chairs sur les fronts endommagés. Outre mes sœurs, auxquelles j'avais souvent rendu le service de raccommoder les égratignures qu'elles se faisaient soit en jouant, soit en montant sur les arbres, malgré ma défense, il ne se passait guère de semaine que je n'eusse l'occasion d'exercer mes petits talents de *guérisseuse*, au profit de nos bons paysans qui me préféraient à M. Bernard, parce que, disaient-ils, j'avais la main plus légère, mais surtout, je crois, parce que je ne leur demandais jamais le moindre honoraire.

Chez moi, l'action suit presque toujours immédiatement la pensée : en un clin d'œil, la tête du comte, lavée et bandée, reposa un peu moins effrayante sur les coussins du canapé, les yeux du blessé finirent par s'ouvrir lentement, l'air rentra dans ses poumons, et quand M. Bernard, qu'on était allé chercher en hâte arriva, il trouva un homme relativement dispos, à la place du mourant qu'on lui avait annoncé. Toutefois, il examina soigneusement mes bandages, et après s'être convaincu qu'ils ne serraient pas trop, et que la plaie, peu profonde, ne présentait aucun symptôme alarmant, il déclara non-seulement qu'il n'aurait pas mieux fait, mais que je mériterais un brevet de la Faculté de médecine. « Il est d'autant plus heureux, ajouta-t-il, que vous ne m'avez pas attendu pour le pansement du malade, que l'hémorrhagie pouvait amener de graves désordres dans le cerveau, si on avait tardé dix minutes à l'arrêter. » — « De tout ceci, je conclus, dit alors M. de Valombray en se levant et en prenant ma main qu'il porta respectueusement à ses lèvres, que je dois la vie à mademoiselle de Saint-Vincent. » — « Monsieur le comte, répondit gravement le docteur, je crois pouvoir vous l'affirmer. » Et comme je me récriais : « Pourquoi vous en défendre? reprit le jeune homme avec émotion. Si les témoignages de ma reconnaissance vous sont importuns, je me tairai, mais vous me permettrez bien de garder éternellement dans mon cœur le souvenir de cette soirée. »

Les louanges m'ont toujours produit une sensation désagréable, et je me débarrassai brusquement de celles du comte en lui demandant s'il se sentait assez fort pour regagner le Breilhac accompagné du docteur et de Jean, ou s'il voulait que je lui fisse préparer une chambre à Maillé? — « Quoi que je me sois évanoui comme une femme, dit-il en souriant, je ne manque pas tout à fait de courage. D'ailleurs mes jambes me paraissent très-solides, et le bras de M. Bernard, s'il veut bien y consentir, sera suffisant pour m'aider à regagner ma demeure. Je vous ai causé trop d'embarras pour vouloir vous en donner de nouveaux. » Il embrassa cordialement mon père, me baisa la main une seconde fois et sortit appuyé sur le docteur.

Le lendemain, il ne lui restait de cet accident qu'un peu de faiblesse, et à la tempe droite une légère cicatrice qui disparut au bout de quelques jours. Suivant sa promesse, il ne me reparla jamais directement de ce qui s'était passé, mais il lui arriva d'y faire quelques discrètes allusions, lorsqu'il causait avec mon père ou le curé, M. de Pressac. C'était une manière adroite de m'apprendre qu'il ne l'oubliait pas. Plusieurs mois s'écoulèrent. M. de Valombray paraissait s'accoutumer de plus en plus au calme de la vie champêtre. Il ne se passait guère de jour sans qu'il vînt nous voir, excepté ceux où il allait à Niort visiter un de ses amis de collége, atteint, disait-il, d'une maladie qui menaçait à chaque instant de l'emporter. La vérité, hélas! c'est que l'ami n'était qu'un prétexte, et que les fréquents voyages du comte à la ville avaient pour but le jeu, auquel il se livrait avec frénésie dès que l'occasion s'en présentait. A Mazières, il n'en rencontrait nécessairement aucune : le malheureux courait les chercher à Niort.

Mes sœurs aimaient beaucoup les absences de notre voisin, parce que, alors, ainsi qu'il en avait instamment prié mon père, le château devenait en quelque sorte leur propriété : dès le matin elles s'y rendaient, et sous la surveillance de Madeleine, car je les accompagnais rarement, elles se livraient à mille jeux dans le bois, le jardin et les vastes appartements décorés d'un mobilier splendide. Les chères petites ne tarissaient pas sur les éloges que méritaient ces magnificences, et souvent elles me demandaient d'en faire le sujet des narrations que je leur donnais à composer.

M. de Valombray très-affectueux, très-expansif avec Pauline et Suzanne, était avec moi grave, cérémonieux, presque timide. Mon père le lui faisait remarquer quelquefois en riant ; il répondait, en riant aussi, que je prenais trop au sérieux mon rôle de mère et d'institutrice, pour qu'on ne me traitât pas avec le respect qu'impose une vénérable matrone.

Qu'on juge, d'après ce qui précède, quel fut mon étonnement, lorsqu'un jour mon père me dit que la veille le comte lui avait demandé ma main !

« Mais cela n'est pas possible ! m'écriai-je. — Cela l'est tellement, répliqua mon père, que M. de Valombray m'a supplié d'obtenir de toi une prompte réponse, et d'user de mon influence afin qu'elle soit favorable. Je ne vois pas, ajouta-t-il, qu'il y ait rien d'extraordinaire dans la proposition parfaitement honorable que j'ai promis de te transmettre. Certes, M. de Valombray ne dérogera pas en prenant pour femme la fille du baron de Saint-Vincent et de Clotilde de Parthenay.

— Ceci, repris-je, je le pense comme vous, mais ce qu'il me paraît difficile d'admettre, c'est que le comte, possesseur d'une fortune princière et pouvant choisir parmi les plus riches héritières du Poitou, veuille prendre pour compagne une personne qui ne possède rien, pas même la beauté, ce frivole avantage que quelques-uns placent au-dessus des titres et de l'argent. — C'est l'objection que j'ai faite au comte dès les premiers mots, dit mon père. Sais-tu ce qu'il m'a répondu ? « Monsieur le baron, quand on a une fortune comme la mienne, en désirer encore chez celle qu'on veut épouser serait une honteuse avarice ; donc nous n'avons pas à discuter sur ce point. Reste celui de la beauté. Vous m'accorderez bien que la plus éclatante dure si peu de temps, qu'il vaut mieux lui préférer les qualités du cœur et de l'esprit qui ne finissent qu'avec la vie ? » — Ces sentiments viennent sans doute d'une belle âme, répliquai-je, mais sont-ils bien sincères ? Quelque arrière-pensée ne se cache-t-elle pas sous cette apparence de générosité ? — Laquelle ? demanda mon père. — Je ne sais, repris-je. N'avez-vous jamais réfléchi, par exemple, à cette fuite précipitée de la Cour où M. de Valombray tenait un rang élevé ? N'y aurait-il point là certains motifs inavouables qui l'obligeraient à vivre désormais dans la retraite et à s'y créer une famille plutôt par besoin que par affection ? Je vous déclare que je n'ai pas cru un instant au mauvais état de sa santé, qui m'a toujours paru excellente. — Il faut peu de chose, dit mon père, pour amener une disgrâce dans les hautes régions, ma chère enfant. Lors même que M. de Valombray en eût été banni pour un mot piquant lancé à la favorite, ou une infraction aux règles de l'étiquette, et je ne pense pas qu'il y ait rien de plus grave, cela ne serait point une raison suffisante pour dédaigner une alliance brillante à tous les points de vue, et que, malgré ton mérite et l'ancienneté de notre Maison, je n'aurais pas osé espéré. Il me sera facile d'ailleurs d'obtenir des renseignements sur le comte par le marquis de l'Estrade, avec lequel j'ai conservé quelques relations. »

A bout d'arguments, je me taisais, pensive. Mon père poursuivit : « Nous vivons dans une telle solitude, et tu ressembles si peu au commun des jeunes filles, que je ne te demanderai pas si ton cœur est libre, j'en suis certain. Ce n'est donc pas de ton attachement pour une autre personne que pourraient venir les obstacles. Il en est un qui te parait puissant, peut-être, c'est ton indifférence pour M. de Valombray. Mais en outre que cette indifférence a mille chances maintenant de se changer en un sentiment opposé, tiens-tu beaucoup à éprouver une vive passion pour celui dont tu deviendras la compagne? Ton caractère calme me permet d'en douter.

— Je n'ai jamais pensé en effet, répondis-je, qu'il fût absolument nécessaire de ressentir ce qu'on appelle un violent amour pour l'homme qui doit être notre mari, mais en revanche, je suis convaincue qu'une profonde amitié, une estime parfaite, sont indispensables au bonheur d'une union que la mort seule peut rompre. Eh bien ! cette amitié, cette estime, je ne les éprouve pas, je n'ai aucun penchant à les éprouver ni pour le comte, ni pour quelque autre prétendant à ma main que ce soit. L'idée du mariage m'épouvante, je ne puis m'y arrêter sans frémir.

— C'est un malheur, reprit tristement mon père. Mais tu es libre, ma Christine, je ne veux t'influencer en rien, encore moins te forcer. Repousse ou agrée M. de Valombray, je m'inclinerai devant ta volonté. Seulement, laisse-moi te dire que je suis vieux, souffrant, et qu'il me serait doux, si je dois bientôt quitter la vie, de savoir qu'un protecteur zélé me remplace auprès de tes sœurs et de toi. » Et le vieillard, me baisant au front, sortit de ma chambre où venait d'avoir lieu notre entretien.

Demeurée seule, je tombai dans un abîme de réflexions toutes plus douloureuses les unes que les autres. Me marier, moi! moi qui presque dès mes premières années avait caressé l'espoir d'être un jour sœur de charité! Me marier! et à un homme qui, malgré ses excellentes manières, sa grande fortune, son apparente douceur, me repoussait au lieu de m'attirer, m'inspirait un de ces éloignements qu'on ne définit pas, car ils sont sans cause, mais dont il est impossible de parvenir à triompher! Non! je n'enchaînerai pas mon sort à celui de cet homme! Je ne lui sacrifierai pas l'ardent désir qui m'entraîne vers la vie religieuse... Celle pour laquelle l'idéal du bonheur terrestre est d'être la servante des pauvres, ne sera jamais la comtesse de Valombray!... Elle s'est choisi un fiancé au-dessus de tous les rois de la terre par sa puissance et ses éternelles splendeurs, elle l'a choisi volontairement, elle lui restera fidèle !... Mais où vais-je m'égarer ?... Cette alliance mondaine qu'on me propose pourrait consoler les derniers jours de mon père, influer puissamment sur l'avenir si incertain de mes sœurs... Ai-je bien le droit de la refuser ? Ne puis-je pas servir Dieu et les pauvres avec autant de dévouement sous les habits de la femme du monde, que sous le modeste vêtement de la religieuse ?...

Je me débattis pendant de longues heures dans ces pénibles perplexités, et je descendis prendre le repas du soir, sans avoir rien décidé. Par bonheur, ce jour-là, M. de Valombray, qui s'était absenté pour une huitaine, ne vint pas. Je ne sais quelle contenance j'aurais eue devant lui.

Mon père lut probablement dans mes regards les irrésolutions de mon âme, car il ne m'adressa aucune parole ayant trait à la réponse affirmative ou négative qu'il m'avait demandée. Ne me sentant pas le courage de la lui faire de vive voix, puisqu'elle ne devait pas être favorable, je la lui écrivis, d'après le conseil du bon curé, auquel j'avais tout raconté. Pauvre père ! il ne me fit aucun reproche, et se contenta de me dire qu'il regrettait le refus que j'opposais à une proposition aussi honorable.

L'avant-veille du jour où M. de Valombray devait revenir de son voyage, mes sœurs et moi fûmes brusquement arrachées à nos études par un cri perçant de Madeleine. Nous descendîmes en courant le tortueux escalier de la tour, et nous trouvâmes mon père sans mouvement dans les bras de notre fidèle gouvernante. On le transporta dans sa chambre. M. Bernard, appelé en toute hâte, déclara que c'était une attaque d'apoplexie, mais qu'il espérait beaucoup des résultats d'une saignée qu'il s'empressa de faire à notre cher malade. En effet, au fur et à mesure que le sang coulait, M. de Saint-Vincent recouvrait la respiration, ses yeux s'ouvraient, bientôt il put nous sourire, et même nous adresser quelques mots. Mes sœurs pleuraient à fendre l'âme : craignant que le spectacle de leur douleur n'impressionnât trop vivement mon bien-aimé père, je les confiai à Madeleine qui les emmena, et je commençai auprès de ce vieillard vénéré le triste métier de garde-malade, métier que j'étais destinée, hélas ! à exercer au chevet de tant d'infortunés !

Le docteur, lorsque je le reconduisis, ne me dissimula pas ses inquiétudes, et me dit qu'à l'âge du baron (il avait soixante ans), de pareilles attaques laissaient peu de chances d'entière guérison. — Croyez-vous, lui demandai-je, qu'une heureuse nouvelle produirait de salutaires effets sur cette organisation qui vient d'être si rudement ébranlée ? — Je le crois d'autant mieux, répondit-il, que, ou je me trompe fort, ou la crise que subit M. de Saint-Vincent a pris sa source dans un chagrin, ou tout au moins dans une vive contrariété. Or, si on parvenait à remplacer dans son esprit, par des idées riantes, les idées sombres qui ont amené le mal, sans nul doute le mal disparaîtrait.

Je n'en écoutai pas davantage, mon devoir était tracé ; dans une courte et fervente prière, je demandai à Dieu la force de le remplir : il me la donna. Souriante, je revins auprès de mon père, j'entourai son cou de mes bras, et, de l'accent le plus joyeux que je pus prendre, je murmurai à son oreille : « Guérissez bien vite, mon bon père, pour assister à mon mariage avec M. de Valombray. » Il me jeta un regard d'ineffable reconnaissance, chercha une de ses mains, la serra, puis s'endormit presque aussitôt d'un sommeil paisible qui dura toute la nuit.

Le lendemain, M. Bernard le proclama sauvé. Il put se lever le jour suivant pour recevoir le châtelain du Breilhac, et lui annoncer mon consentement.

Grâce à cet empire absolu que j'ai toujours pu avoir sur moi-même dans les circonstances où il n'est plus possible de reculer, je parvins à triompher de mes appréhensions, à convaincre mon père que je ne faisais pas un sacrifice, et à recevoir avec le sourire d'une heureuse fiancée, les attentions délicates dont M. de Valombray ne cessa de m'environner pendant les jours qui précédèrent mon mariage. Je surprenais bien quelquefois son regard attaché sur moi avec une expression singulière où l'inquiétude semblait plus dominer que la tendresse, mais je ne m'arrêtais pas aux réflexions que cette bizarrerie aurait pu me suggérer, je ne m'occupais que du bonheur qui rayonnait sur le front de mon père et les frais visages de mes jeunes sœurs.

Il avait été convenu que nous irions tous habiter le Breilhac, et je laisse à penser si Suzanne et Pauline sautaient de joie en songeant que cette superbe demeure, si propice aux jeux et à la promenade, allait en quelque sorte devenir leur propriété !

M. de Valombray avait fait mille instances aimables pour que l'époque la plus heureuse de sa vie, disait-il, ne fût pas retardée. On agit selon ses désirs, et moins de trois semaines avant nos fiançailles, le bon curé nous unissait, en présence de quelques voisins seulement, dans la modeste église de Mazières.

La veille de ce grand jour, pendant un moment où nous étions seuls, mon père m'avait dit : « Je ne sais si mon vieil ami le marquis de l'Estrade est mort ou absent, mais il n'a pas répondu à la lettre très-pressante dans laquelle je lui parlais de mon futur gendre. » — Qu'importe, répliquai-je ; il est trop tard maintenant pour reculer, quand même les renseignements seraient mauvais, et s'ils l'étaient, il vaut mieux les ignorer. — Tu as raison, soupira mon père. » Et un nuage qu'il ne parvint pas à me dérober passa rapidement sur sa physionomie. Mais je l'embrassai, en l'assurant que je ne ressentais aucune crainte ; il avait tant besoin de me croire qu'il me crut.

— Arrière ces tristes pressentiments ! s'écria-t-il. Si on s'y arrêtait, on n'oserait rien entreprendre en ce monde, et il arriverait souvent qu'on repousserait une chose excellente, parce qu'elle se serait présentée sous des auspices peu favorables. Ceci ressemblerait beaucoup à la superstition, infirmité morale dont les esprits sérieusement religieux, comme les nôtres, ma Christine, ne peuvent jamais être atteints. »

J'employai toute mon éloquence à maintenir M. de

Saint-Vincent dans ces riantes dispositions, puis, je courus rejoindre Pauline et Suzanne qui m'appelaient pour avoir mon avis sur la façon dont leur allaient les élégantes robes de taffetas rose qu'elles devaient mettre le lendemain. Elles rayonnèrent de bonheur en m'entendant affirmer que tout était charmant, et les robes et les jeunes filles.

Heureuses enfants, qui ne voyaient dans le mariage de leur sœur aînée, qu'une occasion de se montrer vêtues de la plus belle toilette qu'elles eussent jamais portée! Leur joie naïve me fit du bien, et dissipa les instinctives terreurs sous lesquelles je me débattais encore.

Retirée le soir dans ma modeste chambre, qui avait été celle de ma mère, je priai longtemps. Je demandai à Dieu avec ferveur de m'accorder les vertus exigées par ma nouvelle condition. Je lui promis de faire tous mes efforts pour être une épouse aimante, dévouée, résignée, surtout, si les malheurs arrivaient un jour. Je le pris à témoin que je n'aurais voulu appartenir qu'à lui seul, si mon père n'avait pas dû payer de sa vie mon refus d'épouser le comte. Il savait, ce Dieu qui lit jusque dans les replis les plus cachés de la pensée humaine, il savait que le désir d'échanger une fortune plus que médiocre contre une fortune princière n'entrait pour rien dans l'alliance que j'allais contracter. Je l'acceptais, cette alliance, non comme un bonheur, mais comme une nécessité. Par exemple, j'étais fermement décidée à en remplir les devoirs dans toute leur étendue, et à ne pas dévier d'une ligne de

2.

la conduite que nos livres saints tracent à la femme chrétienne.

Réconfortée par ce serment que je fis à Dieu et à moi-même, je m'endormis d'un sommeil calme, qui durait encore lorsque le matin mes sœurs entrèrent bruyamment, en m'annonçant que huit heures sonnaient, et que je n'avais pas de temps à perdre, puisque la cérémonie était fixée à dix heures.

Je ne sais pas s'il est bien nécessaire d'ajouter, qu'à force de vouloir m'embellir, mes deux gracieuses caméristes m'enlaidirent. A coup sûr, j'aurais été mieux avec une simple robe de mousseline blanche, plutôt qu'avec la robe de dentelle doublée de satin, le voile de point d'Alençon et le collier de diamants dont elles m'affublèrent. Je me trouvai tellement écrasée sous ce costume qui, grâce à ma peau très-brune, me donnait presque l'air d'une mulâtresse, que, si je ne m'en dépouillai pas, ce fut uniquement par un sentiment de mortification.

CHAPITRE III

L'ÉPOUSE.

Les visites de noces. — Les fêtes au château. — La mort du baron. — Les funérailles. — Premiers nuages. — Terrible découverte. — Les lettres accusatrices. — Douleur et joie. — Le repentir. — Courts instants de bonheur. — Retour à la vie errante. — Naissance de Marie-Julienne. — Le baptême. — La jeune mère. — Scènes d'intérieur. — Tristes présages.

Nous étions à peine installés au Breilhac, que M. de Valombray me témoigna le désir d'y donner quelques fêtes, afin de nous mettre en relations de bon voisinage avec la riche et nombreuse noblesse de la Gâtine[1] et du Poitou. Bien que ce nouveau genre de vie ne convînt ni à mes goûts, ni à mes habitudes paisibles, je ne hasardai aucune objection : j'avais volontairement accepté un joug sous lequel je devais courber la tête, soit que je le trouvasse ou pesant ou léger.

Mon mari avait commandé à Poitiers un fort élégant carrosse, je l'étrennai pour faire mes visites de noces, véritable corvée qui nous prit près d'un mois. Je dois

1. Contrée également appelée le Bocage.

dire que je reçus partout un accueil des plus empressés. Il n'en fut pas de même pour M. de Valombray. On se montra poli envers lui, sans doute, mais les femmes, surtout, gardèrent en sa présence une sorte de réserve qui frisait la défiance, presque l'éloignement. Tant que la conversation ne roulait que sur des choses locales, aucun symptôme répulsif ne se manifestait; mais si par hasard elle tombait sur le jeu ou la vie bruyante de Paris, ces dames prenaient des airs pincés, lançaient à leurs maris et particulièrement à leurs fils, des regards d'indignation, et trouvaient le moyen de diriger l'entretien sur un autre sujet.

Cette particularité m'inspira des réflexions que je communiquai à mon père. A ma grande surprise, il n'en parut point étonné, et me dit de ne pas trop m'appesantir sur ces petits incidents, afin de conserver mes forces pour pouvoir, dans l'avenir, en supporter peut-être de grands. Je n'osai pas le questionner, mais je compris qu'il avait reçu une lettre du marquis de l'Estrade, et que cette lettre ne l'avait pas édifié touchant le passé de son gendre.

Cependant, la froideur de nos belles voisines à l'égard de mon mari ne tint pas devant nos invitations à des dîners et des bals très-fréquents, où se déployait un luxe vraiment princier, et bientôt on ne parla d'un bout à l'autre de la province, que des fêtes somptueuses du Breilhac. Elles étaient dans toute leur vogue, lorsque le sixième mois de mon mariage, il arriva un événement qui les interrompit et devint le premier anneau de la longue chaîne de mes malheurs.

Après quelques jours de souffrances, mon père s'éteignit dans mes bras, au moment où M. Bernard le trouvait mieux. La veille de sa mort, il s'était entretenu longtemps avec le comte, et Madeleine, occupée dans un cabinet à côté, me dit que leur conversation, principalement de la part de M. de Saint-Vincent, avait été fort animée. Pauvre père! elles durent être bien touchantes les prières qu'il adressa, sans nul doute, à celui qui allait devenir désormais l'unique arbitre de ma destinée terrestre! Mais il parlait à une âme étrangère au sentiment du devoir, imbue de faux principes, torturée par d'indomptables passions; il ne fut point écouté.

Je ne peindrai pas l'immensité de ma douleur, on la devine; mais cette fois encore, comme je l'avais fait en perdant ma mère, il fallut dévorer mes larmes pour sécher celles de mes sœurs.

Extérieurement, M. de Valombray se conduisit très-bien dans cette triste circonstance. Par ses ordres, on entoura les funérailles du baron d'une pompe inconnue jusqu'ici à Mazières, et il voulut que ce jour-là, des messes fussent dites dans tous les bourgs et villages environnants. Mais ce déploiement de splendeurs était uniquement pour le monde. Rentré au Breilhac, après la funèbre cérémonie, il ne trouva pas à nous adresser un seul de ces mots qui, venus du cœur, consolent et calment le cœur déchiré qui les recueille. Le lendemain, il reprenait ses habitudes de chasse et de promenades à cheval, la même gaîté s'épanouissait sur son visage, malgré la morne tristesse de nos regards; il ne semblait déjà plus se souvenir du convive bien-aimé qui tenait une si grande place à la table de famille. Bientôt même, sous le prétexte que mon deuil m'interdisant toute réception, l'existence au château devenait horriblement monotone, il fit des séjours d'abord d'un mois, puis ensuite de deux, soit à Niort, soit à Poitiers. Il en arriva ainsi, par degrés, à ne plus passer chez lui que vingt-quatre heures de temps à autre. Et savez-vous comment il employait ses visites? A prendre tout l'argent dont pouvait disposer le régisseur, et à critiquer les réformes que j'opérais dans le train de la maison, devenu trop coûteux, eu égard aux dépenses qu'entraînaient les perpétuels voyages du maître. Comme il entrait dans les plans de l'excessive vanité du comte d'afficher toujours une fortune colossale, il ne voulait pas qu'on pût soupçonner le moindre affaiblissement dans cette fortune.

Si j'avais beaucoup aimé mon mari, certes ces absences m'auraient rendue fort malheureuse. Elles m'affligeaient cependant, je dois le dire, mais plus encore pour lui que pour moi, car elles commençaient à le déconsidérer dans l'opinion publique, et les villes où il résidait n'étaient pas assez éloignées pour que le bruit de ses plaisirs et de ses pertes au jeu ne parvînt pas jusqu'à Mazières. Je me doutais bien de l'empire que cette passion funeste exerçait sur lui, mais je n'en acquis la parfaite certitude que par les consolations légèrement empreintes de raillerie, que m'apportèrent les belles visiteuses qui venaient de temps en temps plonger un regard inquisiteur dans ma solitude. Mon mariage avec M. de Valombray avait excité une certaine jalousie dans le pays, quoique sa réputation de joueur y eût pénétré du vivant même de son père. On ne pardonnait pas à cet habitué de la Cour, à ce grand seigneur, d'avoir donné son nom à la moins belle et à la plus pauvre des filles nobles du Poitou. On n'avait pas compris qu'en agissant ainsi, il se ménageait la facilité de rester toujours le maître absolu de sa fortune, et s'entourait du prestige d'une générosité qui pouvait lui devenir très-utile en haut lieu. Donc, on le haïssait, et naturellement cette haine retombait sur moi. Je m'en consolai sans peine, en soignant les malades, visitant les pauvres, et en travaillant à perfectionner l'éducation de mes sœurs. Je prévoyais que les pauvres petites n'auraient pas d'autre dot, et je tenais à la rendre aussi parfaite que possible.

Si j'avais pu conserver la moindre illusion sur la déplorable conduite de M. de Valombray, cette illusion m'eût été enlevée par deux lettres que je découvris, l'une dans le cabinet de mon père, l'autre dans un portefeuille oublié par le comte sur la cheminée de ma chambre. La première de ces lettres portait la suscription du baron. Elle était du marquis de l'Estrade, et commençait ainsi :

« Mon vieil et cher ami, je me trouvais en Italie lorsque votre lettre est arrivée à Paris, et par une inconcevable fatalité, elle ne m'a pas été envoyée. Je ne l'ai donc lue qu'à mon retour, lorsqu'elle avait déjà deux mois de date. Pensant bien d'après ce que vous me disiez, qu'il était trop tard pour empêcher l'union de votre fille avec le comte de Valombray, j'ai hésité à vous répondre. Si je m'y décide aujourd'hui, c'est dans l'espoir que vous serez peut-être encore à temps de sauvegarder les intérêts matériels de l'intéressante Christine. »

Suivaient le portrait terrible de la vie du comte à Paris, le récit de son duel, de la défense qui lui avait été faite de reparaître à la Cour, et de la miséricordieuse protection étendue sur lui par la Dauphine, en souvenir d'un accident auquel elle lui avait dû d'échapper.

Le marquis ajoutait que deux passions, celle du duel et celle du jeu, se disputait l'âme de M. de Valombray, et que sa fortune passait pour être tellement compromise, que le plus pauvre des gentilshommes parisiens n'aurait pas consenti à lui donner sa fille.

Je tombai presque évanouie, en lisant cette lettre terrifiante qui avait certainement tué mon père. Je pleurai longtemps, puis, après avoir repris un peu de calme dans la prière, je voulus épuiser pour ce jour-là le calice des amertumes, et j'ouvris la seconde missive, écrite celle-ci à M. de Valombray par un de ses amis, le chevalier Maurice de Brevannes. Je transcris textuellement :

« Ton absurde mariage n'a nullement arrangé tes affaires à Versailles, mon cher Julien. Tu as cru frapper un grand coup, et donner une éclatante preuve de ta conversion, en épousant une femme laide et pauvre, j'ai le profond regret de t'annoncer que tu t'es grossièrement trompé. Lorsqu'on a appris au Roi qu'il y avait une nouvelle comtesse de Valombray, il a tourné les talons, et s'est contenté de répondre sèchement : « Je la plains ! » Entre nous, je crois que Sa Majesté n'a pas tort, et je me demande si l'on rencontrerait dans tout le royaume de France et de Navarre, un aussi détestable mari que toi. Je t'aime, tu le sais, voilà pourquoi je ne te flatte pas sur tes défauts, et voilà pourquoi je t'avouerai, avec la même franchise, que tu nous manques beaucoup, à cause de tes nombreuses qualités : qualités d'homme à la mode, bien entendu, lesquelles n'ont aucun rapport avec celles qu'on exige des honnêtes pères de famille.

» Oui mon cher, ta place est restée vide à ces réunions que tu égayais par les grâces de ton esprit frondeur et ta verve intarissable. Puis, tu es si beau joueur ! tu perds des centaines de louis avec une aisance et une bonne humeur si parfaites ! A ce propos, ton héritage doit être furieusement écorné, car tu ne gagnais pas toujours, s'il t'en souvient? En résumé, c'est un triste marché qu'a fait mademoiselle de Saint-Vincent en t'épousant, surtout si tu ne parviens pas à rattraper ta place de gentilhomme de la chambre.

» Nous nous creusons tous la tête ici pour trouver un moyen de te rappeler, et nous n'y arrivons point. Nous avons vainement mis en campagne la belle duchesse de M..., et la jolie marquise de R..., si influentes ordinairement. Elles en ont été pour leurs frais de cajoleries auprès de Sa Majesté. Aussi, pourquoi diable t'avises-tu de tuer un homme aussi bien en Cour que le baron de B..., de ne pas être galant avec madame du Barry, et de réserver tous tes respects, toute ton admiration pour la Dauphine? Je sais bien qu'elle sera reine un jour, mais enfin, elle ne l'est pas encore, elle peut tarder à l'être, puis, une fois qu'elle le sera, se souviendra-t-elle que tu l'as préservée d'une chute de voiture? Voilà la question...

» En attendant, tu dois affreusement te morfondre dans ton Breilhac, en dépit des fêtes que tu y donnes à tes voisins. Les provinciaux sont si ennuyeux, ils paraissent toujours si ennuyés, même quand ils s'amusent! Il est vrai que tu as la ressource d'aller te dégourdir à Niort ou à Poitiers, autour de quelque tapis vert; mais maintenant que te voici flanqué d'une épouse, de deux petites belles-sœurs, et d'un vieux bonhomme de beau-père, tes pas ne sont-ils pas suivis? tes démarches ne sont-elles pas entravées? Ma foi, malgré mon amitié pour toi, je ne voudrais pas être à ta place.

» Adieu; tiens-moi au courant de tes faits et gestes. Tu ne t'imagines pas le plaisir qu'apportent à nos dîners tes lettres si amusantes dans leurs doléances, lorsque je les lis au dessert avec les inflexions de voix et les poses comiques que tu me connais.

» Tout à toi.

Maurice de Brévannes.

Chose étrange! la lecture de cette lettre me causa plus de pitié que d'indignation. Oui, je plaignis sincèrement M. de Valombray d'avoir eu le triste courage de jouer, près d'un vieillard confiant et d'une jeune fille innocente, la déplorable comédie qui, dans son espoir, devait amener sa rentrée dans un monde peuplé sans doute par beaucoup de chevaliers de Brévannes. Certes, l'existence que le comte m'avait faite ne pouvait manquer de devenir bien misérable ; cependant, si je me mis à genoux, si je priai, ce ne fut pas pour moi, mais pour lui.

Peu de jours s'étaient écoulés depuis la découverte de ces deux lettres fatales, lorsque j'acquis la certitude d'une nouvelle douleur, mêlée de joie toutefois, et que je soupçonnais depuis quelque temps : j'allais devenir mère ! Ah ! si mon mari m'avait aimée, si mon vieux père avait encore vécu, quel torrent d'ineffables délices auraient inondé mon âme ! Hélas ! il n'en était pas ainsi. Mon père dormait dans la tombe, et le bonheur que donne l'espérance de la paternité glisserait évidemment sur le cœur desséché du comte, comme une goutte d'eau sur une plaque de marbre ! Je ne me le dissimulais pas, c'est en annonçant cette nouvelle à M. de Valombray, qu'il me serait permis de le juger en dernier ressort, d'après l'impression qu'elle produirait sur lui. Il n'avait pas paru au Breilhac depuis deux mois. Par un soir brumeux de novembre, j'étais seule, tristement assise au coin de la cheminée du salon. Dix heures sonnaient, et mes sœurs venaient de rentrer dans leur chambre. Le bruit d'une voiture retentit au milieu du silence de la nuit. Je tressaillis. Cela ne pouvait être que M. de Valombray. C'était lui en effet. Jean l'ayant averti qu'il me trouverait au salon, il entra.

Selon sa coutume, il me baissa froidement la main, s'assit, prit les pincettes, se mit à tisonner, et me demanda ce qu'il y avait de nouveau. — Un grand événement, qu'il me tardait de vous apprendre, répondis-je. — Un événement! répéta-t-il en bondissant sur son fauteuil; et lequel? — Oh! rassurez-vous, repris-je avec un sourire, c'est un événement heureux, j'ose espérer du moins qu'il vous semblera tel. Alors, je me levai, je m'approchai de lui, et me penchant vers son oreille, je murmurai bien bas trois mots. Ces mots le secouèrent comme s'il eût touché à une pile voltaïque. Il me regarda effaré, un violent combat parut se livrer dans son âme; enfin, après quelques secondes d'hésitation, il me reconduisit à la place que je venais de quitter, s'agenouilla devant moi, et pleura... Était-ce de repentir ou de joie? Je l'ignore. Peut-être des deux à la fois? Une chose certaine, c'est que, quand sa tête courbée sur mes genoux se releva, il était transfiguré! Son visage avait perdu l'air d'insouciance et de fatigue qui le pâlissait d'ordinaire, ses yeux brillaient, il paraissait heureux et reconnaissant, comme le jour où mes soins l'avaient rendu à la vie.

Au lieu de repartir le lendemain, ainsi que je le craignais, M. de Valombray manda son régisseur, et tous deux élaborèrent des plans d'embellissements pour le château, plans dont l'exécution demandait la présence du maître. C'était une promesse tacite de ne pas s'éloigner de sitôt. Je lui en témoignai une vive reconnaissance.

L'époque la plus heureuse de ma vie fut bien certainement les trois mois pendant lesquels le comte ne nous quitta que pour de courtes promenades dans les environs du Breilhac. Je me portais à merveille, malgré ma position : c'est un baume si puissant que le bonheur! Le jour, nous errions dans les allées fleuries des jardins et du parc; le soir, nous passions des heures charmantes à causer, à lire, à faire de la musique, avec le bon curé et le docteur; car M. de Valombray n'avait voulu admettre qu'eux dans notre intimité, et je lui en savais un gré infini.

Si j'avais été moins jeune, si j'avais assez connu le pauvre cœur humain pour savoir qu'il renferme certaines passions qui peuvent s'assoupir un moment, mais que le moindre incident suffit à tirer de ce sommeil passager, je me serais dit que cet éclair de félicité terrestre ne brillerait pas longtemps. Une chose surtout aurait dû m'effrayer si j'y avais réfléchi, c'est, qu'admirateur enthousiaste des hardis philosophes dont les doctrines incendiaires préparaient la Révolution, mon mari ne professait qu'une sorte de dédain pour les pratiques religieuses. Il n'eût pas pu, sans s'attirer l'animadversion générale, ne point assister aux offices de l'Église; mais il ne croyait à aucun des dogmes qu'elle enseignait. Plus d'une fois même, il émit des doutes sur l'existence de Dieu et l'immortalité de l'âme, niant le libre arbitre de l'homme, et par conséquent sa responsabilité. L'indignation éclatait dans mes regards quand je l'entendais parler ainsi. Armée de nos Livres Saints, je le combattais avec véhémence, je puis ajouter, avec conviction, et, sans se rendre aux preuves que j'accumulais à dessein, il disait que, dans ces moments-là, je devenais véritablement éloquente. Quoi qu'il en soit, j'étais si fort persuadée que l'amour paternel peut opérer des miracles, qu'il ne me vint point à la pensée que les bonnes résolutions de l'impie, n'ayant aucune base solide, s'écroulent au moindre souffle impur qui les effleure en passant.

Pendant une semaine entière, M. de Valombray reçut chaque jour des lettres timbrées de Poitiers. Que renfermaient ces lettres? je l'ignore; mais elles assombrirent par degré l'humeur de celui à qui elles s'adressaient, au point de la rendre insupportable. Un matin, il n'y tint plus, commanda sa voiture, me dit que des affaires indispensables l'appelaient momentanément à Poitiers, et partit. Je devais être six mois sans le revoir... L'infortuné! hélas! il n'était pas né pour savourer les douces joies de la famille! Il lui fallait le bruit, l'éclat; il lui fallait surtout les poignantes émotions du jeu!... Quiconque voudrait avoir une idée juste de ma position, lorsque je vis disparaître au tournant de l'avenue le carrosse du comte, n'a qu'à se figurer ce qu'il éprouverait si, après avoir plané dans des régions lumineuses, il se trouvait tout à coup enveloppé des ténèbres d'une nuit profonde. Oui, je l'avoue, ce départ tombant brusquement au milieu du rêve doré qui me berçait, m'atterra. Un instant, moi si courageuse d'ordinaire, je crus que j'allais mourir. La pensée de mon enfant me redonna des forces; ce n'était pas seulement ma vie qu'il s'agissait de conserver, mais la sienne. Cher petit ange que le Ciel me prêta pour si peu de temps, elle naquit à l'aube d'un beau jour de mai, deux ans après ma fatale union avec son père. Et ce père, il n'était pas là! On ne put pas la remettre dans ses bras au moment de sa naissance! Il ne lui donna pas ce baiser paternel, bénédiction sainte que Dieu ratifie du haut des cieux, quand elle descend, humide de larmes heureuses, sur la tête de l'enfant! Hélas! peut-être à cette même heure où sa fille entrait dans la vie, il perdait quelque somme immense, assis fiévreux, devant un tapis vert!

M. Bernard trouva la nouvelle née si frêle, qu'il me conseilla de la présenter le plus tôt possible au baptême. Je le désirais autant que lui, cependant je voulus attendre le retour du courrier qu'on avait dépêché à M. de Valombray, que je supposais à Poitiers. Il n'y était pas. On ignorait même à son hôtel le lieu de sa résidence actuelle. Force fut donc de procéder sans lui à cette touchante cérémonie du baptême de son premier enfant, si douce au cœur d'un père chrétien.

Pauline tint, avec M. Bernard, sa nièce sur les fonts sacrés. On lui donna les noms de Clotilde-Marie-Julienne. Les deux premiers étaient ceux de ma mère, le troisième celui de mon mari, qui, on le sait, s'appelait Julien. Malgré ses torts, je souhaitais ardemment qu'il aimât sa fille, j'avais tenu à ce qu'elle portât son nom, persuadée que ce serait pour lui un motif puissant d'être affectueux envers l'innocente créature dont il délaissait la mère. Que voulez-vous? il fallait encore quelques coups de foudre avant que ma dernière espérance s'envolât!

Marie-Julienne m'était déjà si chère, qu'afin de ne

pas m'en séparer un moment, je résolus de la nourrir moi-même. Elle avait près de trois mois et commençait à sourire, lorsque M. de Valombray reparut. Il paraissait gêné et balbutia qu'un voyage en Provence, dans l'intérêt d'un de ses amis, l'avait empêché de revenir plus tôt au Breilhac. Je ne lui adressai aucun reproche; à quoi bon? je l'aurais irrité, et l'irritation est une arme qui se retourne souvent vers qui la met aux mains des autres. Donc, je me tus, me contentant d'offrir timidement ma fille aux baisers de son père. C'est à peine s'il effleura son front de ses lèvres, mais il la regarda beaucoup et sembla comparer curieusement nos deux visages. « Oh! rassurez-vous, lui dis-je; elle sera jolie, ce n'est pas à moi qu'elle ressemble! » En effet, Marie-Julienne n'avait aucun de mes traits ni de ceux de M. de Valombray, c'était la vivante image de Suzanne, tête idéale qu'on aurait cru détachée du cadre d'une Vierge de Raphaël.

La naissance de ce gracieux petit être, qui aurait séduit le cœur le plus sec, n'apporta nul changement dans la manière de vivre du comte. Comme par le passé, son existence s'écoula dans de perpétuels voyages; comme par le passé, il ne revint au château que pour vendre soit un champ, soit quelquefois une ferme, quand sa bourse était vide. Tant que j'avais été seule à supporter le poids de ses déprédations, je ne m'étais pas permis un reproche; mais lorsque je fus devenue mère, mon devoir exigeait que je demandasse compte des désordres qui nous entraînaient vers la ruine, et je le demandai sévèrement.

Par notre contrat de mariage, M. de Valombray m'avait reconnu cent mille francs, munificence qui toucha extrêmement mon père. Ces cent mille francs étaient représentés par deux des plus belles fermes du pays. Or, il arriva à mon mari, peu après la naissance de Marie-Julienne, de vouloir les vendre, comme il en avait déjà vendu quatre autres. Mais pour cela il fallait ma signature et je refusai net de la donner. Alors eurent lieu des scènes terribles dont le souvenir me glace encore d'effroi. Plus d'une fois, les brutalités du comte ne se bornèrent pas à d'insultantes paroles ; plus d'une fois, mes poignets portèrent des bracelets sanglants qu'y avaient incrustés les mains de ce gentilhomme, devenu un manant quand la colère l'aveuglait. Le lendemain de ces indignes violences, honteux, il fuyait presque toujours, mais sans un mot de repentir, et emportant jusqu'à la dernière pièce d'argent cachée sous les papiers de mon secrétaire. S'il n'y avait pas eu quelques sacs de blé dans les greniers et quelques volailles dans la basse-cour, je ne sais pas comment nous aurions vécu. Ah ! ceux qui, traînant le fardeau de la misère, passaient en jalousant peut-être les hôtes de ce château si fièrement assis sur le penchant de la colline, s'ils avaient su ce que souffraient les soi-disant *riches* qui l'habitaient, comme ils les auraient plaints !

L'horrible gêne qui m'enlaçait, me désolait surtout pour mes pauvres malades, et afin de leur continuer mes secours, je vendis successivement divers bijoux de ma corbeille de noce, après avoir mis de côté ceux que je tenais de ma mère et que je destinais à mes sœurs. Quand à elles, les chères petites, elles vivaient du mince produit des jardins de Maillé et de ses deux prairies, ne voulant pas, dans leur extrême délicatesse, apporter un motif de plus à mes discussions avec M. de Valombray. Lorsqu'elles me voyaient tristement préoccupée des moyens de leur assurer une position dans l'avenir : « Ne t'inquiète pas, maman Christine, disaient-elles en m'embrassant, l'éducation dont tu nous a dotées n'est-elle pas une fortune? Nous ouvrirons un pensionnat à Niort ou à Poitiers, et si ton mari te ruine tout à fait, eh bien, tu viendras avec nous, Marie-Julienne dans tes bras, et nous redeviendrons heureuses comme nous l'étions dans la vieille tour de Maillé. » J'essayais de sourire en les entendant parler ainsi, mais quand je me retrouvais seule auprès du berceau de ma fille, que de larmes amères je versais! Hélas! je devais en verser de plus amères encore!

Je marchais sans guide à travers un labyrinthe ténébreux, au bout duquel, je ne pouvais pas me le dissimuler, se dresseraient la ruine, le désespoir pour moi, peut-être le déshonneur pour le père de mon enfant! Et cependant, il fallait que personne ne soupçonnât mes angoisses! Il me fallait opposer un front toujours calme à la tempête qui grondait sourdement! Il fallait m'armer de toute mon énergie pour conserver à la chère petite créature dont les anges surveillaient le sommeil, le dernier morceau de pain que M. de Valombray allait tenter de lui arracher...

Ah! j'ai bien souffert pendant cette période de ma vie! d'autant plus souffert que mes peines devaient rester un secret entre Dieu et moi. Sans doute, le divin Consolateur remplace amplement tous les autres, mais j'avoue qu'aux heures terribles où mon cœur débordait de larmes, il m'aurait été doux de pouvoir les répandre, ces larmes brûlantes, dans le sein d'un père ou d'une mère.

Il résulta pourtant un grand bien pour moi de cet isolement. Il m'apprit à ne compter que sur mes propres forces, et à chercher le moyen de les centupler dans la foi, cette colonne qu'aucune secousse n'ébranle, quand on sait s'y cramponner avec l'ardeur d'un saint Paul ou d'un saint Augustin.

CHAPITRE IV

LA MÈRE.

Le nouveau règne. — M. de Valombray retourne à Paris. — Ses déceptions. — Il revient au Breilhac. — Conversation avec sa femme. — Angoisses maternelles de Christine. — La signature forcée. — Ruine complète. — Madame de Valombray et ses sœurs vont habiter Maillé. — Tristes préoccupations pour l'avenir. — La grand'tante. — Suzanne et Pauline au château de Mareuille. — La guerre de l'Indépendance américaine. — Départ de M. de Valombray pour l'Amérique. — Sa mort dans un combat contre les Anglais. — Douleur de Christine. — Consolations qu'elle trouve dans sa fille. — Rayon de soleil. — MM. de Godberg. — Mariage de Pauline et de Suzanne. — Leur départ pour l'Allemagne. — Le testament de la chanoinesse. — Espérance d'un avenir calme. — Coup de foudre. — Un ange de plus au ciel. — Désespoir de Christine. — Repentir. — Le convoi de Marie-Julienne. — La vente de Maillé. — Départ pour le couvent des Sœurs hospitalières de Poitiers.

Nous étions en 1774, Marie-Julienne avait deux ans. Depuis quelque temps, en proie à une sorte de sombre mélancolie, M. de Valombray n'avait pas quitté le château, lorsqu'un matin il entra rayonnant dans la salle à manger, une lettre ouverte à la main. « Victoire! me cria-t-il, Louis XV est mort, Louis XVI le

remplace; la Dauphine, qui me protégeait secrètement, est reine, mon exil n'a plus de raison d'être, je vais partir pour Paris. Je ne vous demande pas de m'y suivre pour..... le moment..... ajouta-t-il avec embarras, il faut que je sonde le terrain ; plus tard.....
— Soyez sans crainte, interrompis-je, je n'ai nulle intention de quitter le Breilhac. La vie ignorée est la seule qui convienne à mes goûts et à notre position de fortune actuelle. D'ailleurs, ce n'est pas au milieu de la corruption des Cours que j'apprendrais à élever chrétiennement ma fille. » Il ne répondit rien, sortit en fredonnant un air de chasse, et s'occupa aussitôt des préparatifs de son départ avec une activité fiévreuse. Le temps de mettre une ferme en vente aurait été trop long, il l'abrégea en empruntant une somme considérable sur le Breilhac, qu'il n'avait pas encore osé entamer. C'était une chose grave, son notaire lui-même tenta de s'y opposer, mais il ne l'écouta pas. Il voulait reparaître à la Cour d'une manière somptueuse, et pour que cela fût, il aurait sacrifié plus que le château de ses pères s'il l'avait fallu.

On trouve très-vite des prêteurs dans tous les pays, quand on leur donne de bonnes garanties et qu'on leur paye de gros intérêts. Louis XVI ne portait pas depuis un mois la couronne qui devait lui être si funeste, que, suivi de deux laquais, la valise bien garnie et la joie peinte sur ses traits, M. de Valombray prenait le chemin de Paris. Les brillantes espérances qu'il caressait dans sa pensée l'avaient rendu assez aimable pendant les derniers jours qu'il passa au milieu de nous, et je ne crois pas lui avoir jamais vu embrasser sa fille avec autant de tendresse qu'au moment où il monta, le sourire du triomphe sur les lèvres, dans sa berline de voyage.

« La Dauphine, devenue reine, se souviendra-t-elle? » avait demandé le chevalier de Brévannes. Hélas! il paraît qu'elle ne se souvint pas, car le comte n'obtint aucune charge à la nouvelle Cour, et ses démarches, ainsi que je le sus par M. de l'Estrade, qui m'écrivait quelquefois, ne parvinrent pas à lui ouvrir les portes de ces élégants salons où Marie-Antoinette réunissait l'élite de la noblesse française.

Quand vous avez bercé un rêve durant de longues années et que ce rêve s'envole tout à coup sans que vous ayiez vu se réaliser aucun des succès qu'il vous promettait, vous tombez dans un découragement qui frise le désespoir, et qui, quand on n'a point de religion, peut conduire à toutes les folies. C'est ce qui arriva à M. de Valombray. Lorsqu'il lui eut été bien prouvé qu'il ne pouvait plus parader dans les rangs de cette foule de courtisans qui étalaient leur splendide nullité aux Tuileries et à Versailles, il se rejeta avec une sorte de rage dans la coterie philosophique qu'il avait un peu abandonnée, et surtout dans les émotions du jeu. Il y perdit des sommes telles, que sauf ma dot et ce qui restait encore à prendre sur le Breilhac, toute sa fortune y passa. Ce fut l'affaire d'une année, pendant laquelle il ne mit pas le pied à Mazières, et m'écrivit seulement deux lettres courtes et sèches. M. Bernard et le notaire me conseillaient de demander son interdiction, car ses actes étaient ceux d'un fou ; je ne le voulus pas, il me répugnait de proclamer la déchéance morale du père de ma fille, de l'homme dont je portais le nom, et le curé m'approuvait. Il se présenta une circonstance où je me repentis presque de ce scrupule.

Je n'oublierai jamais, quand même j'atteindrais l'âge des patriarches de l'Ancien Testament, la pluvieuse matinée de décembre, où, descendant de sa chaise de poste au bas du perron, M. de Valombray se précipita dans ma chambre comme un ouragan. J'eus peine à le reconnaître : parti jeune homme, il revenait vieillard ! C'est un si impitoyable ravageur d'âmes et de corps que le jeu ! Le comte portait ses dévorants stigmates sur toute sa personne. Ses traits avaient perdu leur distinction, sa taille s'était voûtée, sa voix chevrotait, et il me fit peur lorsque, après avoir refermé la porte, il me demanda sans préambule si je voulais enfin consentir à la vente du Petit-Chêne et de la Noisetière. C'était le dernier morceau de pain de ma fille, je répondis résolument : Non ! Je m'attendais à le voir entrer dans une de ces fureurs où il déployait la férocité du tigre. Je me trompais. « C'est bien, dit-il, » et se levant, il sortit. Ce calme m'épouvanta plus que ses colères. Mon Dieu ! pensais-je, que médite-t-il ?

Retiré dans son appartement, après y avoir passé dix minutes en conférence avec un valet de chambre italien à figure sinistre qu'il avait amené de Paris, il gagna la campagne et ne revint que le soir pour souper. Ce repas, qu'égayait, quand nous étions seules, le babil charmant de mes sœurs, fut silencieux et triste comme un banquet funéraire.

J'avais l'habitude de coucher Marie-Julienne, qui était une intrépide dormeuse, à la tombée de la nuit. Malgré l'arrivée de son père, je ne me départis point de cette habitude. Il n'avait accordé qu'un regard distrait à la pauvre enfant, et je savais que sa présence à table l'aurait plus contrarié que charmé. Elle reposait donc dans son petit lit blanc posé près du mien, et je l'avais laissée, comme toujours, sous la garde de Madeleine. Notre lugubre souper terminé, je me disposais à quitter la salle, lorsque M. de Valombray, se déridant tout à coup, pria Pauline et Suzanne de venir au salon lui chanter un morceau de l'opéra d'*Armide*, que je leur acccompagnerais sur le clavecin. Elles obéirent, quoiqu'elles n'en eussent guère envie, ni moi non plus. Deux ou trois romances suivirent la brillante partition de Lulli, et minuit sonnait au moment où vibraient les dernières notes de ce concert improvisé.

Mes sœurs couchaient au second étage, dans une chambre donnant sur les jardins, et moi au premier, dans une vaste pièce prenant jour sur la cour, et contiguë à celle qu'occupait mon mari, qui pouvait cependant entrer chez lui sans me déranger, en passant par un escalier de service. Ce fut celui qu'il prit, tandis que je montais par le grand. La porte de ma chambre était entr'ouverte, et je m'étonnai de ne pas y voir briller la lumière qu'y répandait ordinairement la lampe de nuit, mais je crus à un oubli de Madeleine, et, calme, j'entrai. Mon premier mouvement fut, comme je le faisais toujours, de soulever les rideaux du berceau de Marie-Julienne. Que devins-je? mon Dieu! Je frémis encore en y pensant! Le berceau était vide!... Éperdue, je poussai un cri terrible; ce cri ne réveilla pas ma vieille nourrice, dormant sur sa chaise d'un sommeil de plomb, mais il attira M. de Valombray. Le comte s'avança d'un pas grave, me retint au moment où j'allais me précipiter dehors pour appeler, et tirant les verrous, me poussa brutalement vers un canapé sur lequel je tombai mourante. Me regardant alors avec la fixité du basilic, il sourit ironiquement et me dit : « Ne criez pas, n'appelez pas, Madame, vos appels et vos cris seraient vains, personne ne les entendrait. Madeleine a bu un verre d'eau sucrée que je lui ai saupoudré moi-même d'un puissant narcotique, elle ne se réveillera pas avant le matin ; le jardinier et la cuisinière couchent dans les combles, nul, sachez-le, ne peut vous rendre votre fille. Vous avez refusé de m'accorder la preuve d'affection que je vous demandais, je me suis vengé. — Malheureux! m'écriai-je, avez-vous donc tué mon enfant!... — Non, répondit-il froidement, je n'ai pas été jusque-là, mais elle est dans un endroit d'où elle ne sortira que lorsque vous aurez apposé votre signature au bas de l'acte que voici, rédigé par maître Bancel, notaire à Poitiers. » Et tirant de sa poche un large morceau de parchemin, il le posa sur mon secrétaire devant lequel il me traîna, saisit une plume, la trempa dans l'encrier, la mit entre mes doigts, puis, les sourcils contractés : « Signez, articula-t-il d'une voix brève, ou jamais, je vous le jure, jamais vous ne reverrez votre fille. — Mais qu'en avez-vous fait? demandai-je, haletante. Où est-elle? — Pour le moment, reprit-il, elle est à deux pas d'ici, entre les mains de mon fidèle domestique, Lorenzo. A un signal convenu, ou il la rapportera, ou il montera avec elle dans la chaise de poste qui m'attend derrière le château. En un clin d'œil je les rejoindrai, après vous avoir renfermée; nous prendrons, bride abattue, la route de Poitiers, où je ferai un détour pour gagner la frontière. Une fois que je l'aurai franchie, je vous défie de découvrir le pays où j'irai cacher cette enfant chérie, à laquelle vous sacrifiez, sans remords, l'honneur de son père. Oui, l'honneur! ajouta-t-il en me voyant relever la tête : les dettes du jeu sont sacrées, Madame, plus sacrées même que les autres, tout absurde que cela vous paraisse; or, c'est pour m'acquitter envers le baron de Grangé, qui m'a gagné plusieurs milliers de pistoles, que la vente du Petit-Chêne et de la Noisetière est devenue indispensable. Consentez-y, Marie-Julienne vous sera rendue immédiatement; persistez dans votre refus, vous n'entendrez jamais parler d'elle. »

Que pouvais-je opposer à cette cynique audace? Une foule de choses, si j'avais eu mon sang-froid, mais il m'avait complètement abandonnée en présence de la disparition de ma fille. Je me figurais la destinée de cet être adoré, vivant, privé de mes soins, sur une terre étrangère, et un frisson d'épouvante parcourait tout mon corps, et je sentais gronder dans ma tête les bruits étranges qui doivent précéder la folie. Certes,

M. de Valombray, calme et maître de lui, comptait avec raison sur cette terreur qui m'envahissait pour arriver à ses fins. Il savait très-bien que, d'une manière ou d'une autre, je me ferai rendre mon enfant ; j'aurais dû le savoir aussi, mais réfléchit-on lorsqu'une catastrophe imprévue, terrifiante, tombe sur vous ? Non ! toutes vos facultés sont anéanties, vous n'avez plus qu'une pensée : sortir du gouffre qui va s'élargissant sous vos pieds, et, dans ce moment suprême, si l'on vous tend une planche de salut, vous la saisissez, fût-elle entourée de flammes... C'est ce que je fis. « Donnez le signal, dis-je au comte, rendez-moi Marie-Julienne, et je signerai tout ce que vous voudrez. »

Il ouvrit la fenêtre, siffla trois fois, se tint quelques minutes aux aguets, descendit ensuite le petit escalier rapidement, et remonta presque aussitôt tenant Marie-Julienne si bien enveloppée dans ses couvertures qu'elle ne s'était pas réveillée. Il la déposa sur mes genoux, puis attendit, impassible et muet. Je retins ma fille serrée contre mon cœur de la main gauche, et sans lire une seule ligne du parchemin, je signai... « Tu seras pauvre, dis-je alors au cher ange qui ne pouvait pas m'entendre, mais du moins tu me resteras. » Et je couvris d'ardents baisers le front de l'enfant, qui, sortant de son sommeil, sourit et me jeta ses petits bras au cou. M. de Valombray haussa les épaules, mit soigneusement l'acte dans son portefeuille et disparut. Je l'entendis refermer la grille, et le roulement sourd d'une voiture m'apprit qu'il quittait le Breilhac. Il ne devait plus le revoir.

Huit jours après, un riche paysan du Poitou prenait possession des fermes.

Je ne parlai à personne, pas même au bon curé, des affreuses tortures que j'avais subies, et je laissai M. Bernard et le notaire me reprocher amèrement ma faiblesse, coupable, disaient-ils, pour l'indigne conduite de M. de Valombray. J'ai toujours pensé qu'il était du devoir d'une femme chrétienne de cacher avec le plus grand soin les mauvaises actions de son mari, surtout quand ces actions ne lèsent et n'offensent qu'elle. Si on ne s'impose pas cette loi par respect pour l'homme, que ce soit au moins par respect pour le sacrement qui vous a donné à lui. C'est en vertu de ce principe que je restai muette, me contentant de déposer le poids des angoisses qui m'avaient assaillie pendant cette terrible nuit, aux pieds de Celui dont la main paternelle s'étend caressante sur toutes les douleurs.

Avant de continuer mes tristes confidences touchant M. de Valombray, je ne puis m'empêcher de faire le récit d'une chose fort extraordinaire et qu'on aura de la peine à croire peut-être, quoiqu'elle soit d'une exacte vérité.

Après le départ de mon mari, lorsque je fus un peu remise des violentes émotions que je venais de ressentir, je me couchai, et comme si j'eusse craint qu'on vînt m'enlever ma fille une seconde fois, je la pris à côté de moi. La chère petite, alors, se pencha vers mon oreille et murmura : « Marie-Julienne a été bien plus sage ce soir, sais-tu, maman? — Pourquoi plus que les autres soirs? demandai-je, — Voilà, reprit-elle : quand le grand valet a ôté Marie-Julienne de son berceau, elle ne dormait pas et voulait pleurer bien fort, mais il lui a dit que si elle pleurait elle ne verrait plus jamais sa maman, et Marie-Julienne n'a pas pleuré. Elle a fermé les yeux tout le temps que le grand valet l'a tenue, et quand papa l'a rapportée, elle ne les a pas ouverts, parce qu'il l'aurait grondée. »

J'étais stupéfaite! Ce sommeil que je croyais véritable était simulé! Une telle puissance de volonté chez un enfant de trois ans me paraissait tenir du miracle. Pourtant, une crainte me saisit : si Marie-Julienne racontait ce qu'elle venait de m'apprendre, on me demanderait des explications, et, ou il faudrait mentir, ou révéler ce qu'à tout prix je voulais cacher. « Mon cher trésor, dis-je à Marie-Julienne, tu as en effet été fort sage, et je te récompenserai demain de cette sagesse en te donnant une belle poupée ; mais si tu m'aimes, si tu veux rester toujours auprès de moi, il ne faut dire à personne ce qui t'est arrivé cette nuit. D'abord, cela fâcherait le bon Dieu, puis ensuite, on t'emporterait encore, et tu ne reviendrais plus. — Faut rien raconter ni à tante Suzanne, ni à marraine Pauline, ni à mie Madeleine? demanda-t-elle de sa voix argentine. — Non, mon enfant, à personne ; me le promets-tu? — Oh! oui, maman, bien sûr! » répondit-elle. Deux minutes après, elle reposait du sommeil des anges, et je la contemplais dans une extase d'amour maternel.

Oublia-t-elle cette tragique aventure ? se souvint-elle de sa promesse ? Je l'ignore ; mais il est certain qu'elle n'en parla jamais, pas même quand nous étions seules.

Je demeurai encore près d'une année sans avoir des nouvelles directes de M. de Valombray. Le marquis de l'Estrade m'écrivait que sa vie était une fièvre continuelle. Aujourd'hui il perdait une somme qu'il regagnait le lendemain, mais il allait s'enfonçant de plus en plus dans la misère et la déconsidération. Je m'attendais à chaque instant qu'on viendrait m'annoncer la vente du Breilhac, déjà plus d'à moitié grevé d'hypothèques : c'est ce qui arriva. Ce splendide château où il était né, où sa digne mère était morte, que son père avait pris un soin minutieux à décorer, M. de Valombray le vendit à un grand seigneur parisien, au nom duquel un intendant vint s'y établir, le 1ᵉʳ juin 1776. Le mobilier étant compris dans la vente, je n'emportai que mes vêtements et me retirai avec ma fille, mes sœurs et Madeleine, au pauvre vieux Maillé, que j'avais quitté riche et presque heureuse, six ans auparavant. Dans ma détresse, je bénis Dieu de n'avoir pas cédé aux conseils de M. de Valombray qui désirait que je vendisse cette *bicoque*, comme il l'appelait. Si j'avais suivi ses conseils, il ne me serait pas resté un toit pour abriter ma tête, et surtout les trois têtes chéries qui n'avaient plus que moi en ce monde pour les protéger. Je dois dire, cependant, que dans ces douloureuses circonstances, les témoignages d'intérêt ne me manquèrent pas. Ceux que je reçus particulièrement de M. Bernard et du bon curé ont laissé dans ma mémoire une reconnaissance qui durera autant que ma vie. C'est à l'heure où la ruine vous frappe qu'on reconnaît ses vrais amis. Pendant la prospérité, ils se tiennent quelquefois à l'écart, mais dès que le malheur arrive, vous êtes sûr de les voir accourir. Il est triste de constater que ces nobles cœurs se rencontrent bien rarement chez les riches et les puissants. Notez que je ne parle point ici de l'aumône matérielle, j'entends l'aumône des *consolations*. Pour la faire, celle-ci, il faut avoir souffert soi-même des poignantes douleurs de l'âme. Or, parmi les hautes classes, on ne souffre guère que des tortures de l'orgueil blessé.

Elles furent bien tristes, les premières journées passées dans cette antique demeure dont tous les meubles tombaient de vétusté, dont les murs ne conservaient plus que quelques lambeaux des élégantes tapisseries qui les couvraient jadis. Mais au bout d'une semaine, elle prenait déjà un aspect moins désolé. Aidée de Madeleine, j'avais rendu deux chambres et le salon habitables, c'était tout ce qu'il nous fallait. Quant au jardin, comme le jardinier du Breilhac, par mon ordre, y avait toujours cultivé des légumes et soigné les arbres fruitiers, il ne s'agissait que de continuer à l'entretenir, travail que réclamèrent comme une faveur mes amis, les pauvres de Mazières. Ce fut au milieu des fleurs de ce modeste enclos que grandit Marie-Julienne. La douce enfant faisait ma joie et celle de ces jeunes tantes qui, elles aussi, s'épanouissaient de plus en plus fraîches et jolies, en dépit des mauvais vents qui soufflaient sur leurs fronts charmants. Avec l'heureuse insouciance de la jeunesse, elles s'apercevaient à peine de leur changement de situation, mais moi, qu'à vingt-quatre ans le malheur avait mûrie, lorsque j'arrêtais ma pensée sur l'avenir qui les attendait, je sentais un frisson courir jusque dans la moelle de mes os. J'en étais à me demander s'il ne serait pas sage de chercher pour elles une place d'institutrice ou de dame de compagnie dans quelques grandes familles, et déjà j'avais communiqué ce projet au curé, qui l'approuvait, quand je reçus une lettre de la comtesse Laure de Mareuille, chanoinesse, une de nos grand'tantes du côté de mon père. Cette respectable personne, que je connaissais peu, habitait dans les environs de Poitiers un vieux castel situé sur les bords du Clain[1]. Elle avait appris l'état précaire où me réduisaient les désordres de mon mari, et me demandait comme une grâce de lui envoyer mes sœurs.

« J'ai une bien mince fortune, disait la bonne vieille, mais enfin, telle qu'elle est, je la laisserai à Suzanne et à Pauline ; avec cela et le nom qu'elles portent, elles trouveront certainement à s'établir d'une manière convenable. »

Cette lettre me réjouit et me déchira le cœur tout à la fois. Me séparer de mes sœurs, c'était me séparer de la moitié de ma vie. Pourtant, lorsque je songeai que j'avais déjà médité cette séparation cruelle, et qu'il aurait fallu remettre ces deux perles précieuses entre des mains étrangères, en leur imposant une sorte

1. Petite rivière.

de domesticité, je n'hésitai plus à les confier aux bontés maternelles de madame de Mareuille. Dès le soir même, je leur fis part de son offre généreuse, et, me raidissant contre l'émotion qui paralysait ma voix, je dis qu'il fallait l'accepter. Pauvres enfants! quelle violence je m'imposai lorsqu'elles se jetèrent dans mes bras en me suppliant de ne pas les éloigner de moi, et qu'avec un calme stoïque, je répondis que je l'ordonnais! Habituées à m'obéir comme à une mère, elles cédèrent, et moins d'une semaine après, je les conduisais à Mareuille.

L'habitation de la bonne chanoinesse était petite, mais charmante. Une ceinture de glaïeuls l'entourait, mille fleurs exhalaient leurs parfums dans son jardin et son parc en miniature; on devinait que l'existence devait s'écouler douce dans cette retraite paisible que les mélancoliques murmures du Clain berçaient d'une vague et plaintive harmonie. « Mes chères enfants, dit madame de Mareuille à mes sœurs, j'espère que vous ne vous ennuyerez pas trop ici. C'est moins somptueux que le Breilhac, j'en conviens, mais vous êtes encore à l'âge où l'on fait bon marché des lambris dorés, pourvu qu'on ait assez d'espace pour lutter à la course avec les papillons, et promener ses rêveries sous le dôme des grands arbres pendant les beaux soirs d'été. Je ne reçois pas nombreuse compagnie; cependant, je ne vis point précisément en ermite : chaque dimanche, je réunis dans mon petit salon cinq ou six familles nombreuses, dont les châteaux s'éparpillent autour du mien. On joue au loto, aux dames, on rit, on touche du clavecin, on danse quelquefois, car il y a des jeunes filles, et on n'y médit jamais du prochain. » Et, accompagnant ces gracieuses paroles de deux baisers sonores, la digne chanoinesse conduisit ses petites-nièces dans l'appartement qu'elle leur destinait, et qui s'ouvrait sur le sien. Les instances de cette excellente femme pour que je demeurasse à Mareuille furent très-vives, mais j'y résistai. Marie-Julienne, dont elle raffolait, aurait bien voulu ne pas quitter ses tantes : rien ne put me fléchir. Cet aimant mystérieux qui nous entraîne vers les lieux où nous sommes nés, où nous avons souffert, m'attirait vers Maillé ; au bout de deux jours, j'y retournai avec ma fille. Sans doute, mon cœur se serrait au fur et à mesure que je m'éloignais de mes sœurs, mais je les laissais en si bonnes mains, puis un espace si facile à franchir nous séparait, que Dieu et mon courage aidant, je rentrai dans ma solitude presque consolée.

A cette époque (1777), on était en pleine guerre de l'Indépendance en Amérique. Chaque jour, plusieurs officiers français, déjà atteints de cette fièvre de liberté qui faillit, quelques années plus tard, dévorer la France tout entière, partaient, Lafayette en tête, pour combattre les Anglais, avec les nouveaux républicains. A bout de ressources, traqué de vingt côtés par d'impitoyables créanciers, M. de Valombray demanda une place parmi ces volontaires, qui abandonnaient, joyeux, le palais des rois pour les bivouacs américains. Sa réputation était tellement compromise, qu'il obtint cette place à grand'peine. Lui, jadis si fier, se vit obligé de supplier; bien plus, il ne dut son équipement qu'à une cotisation de ses anciens camarades d'études! Enfin il partit, et, dernier trait de son fatal caractère, une lettre de dix lignes fut le seul adieu qu'il adressa à sa femme et à son enfant!

Six mois après ce départ, qui m'avait donné la désolante certitude que le cœur de mon mari ne renfermait plus la moindre parcelle d'amour conjugal et paternel, M. de l'Estrade m'envoya une gazette qui racontait la mort de M. de Valombray, tué dans un combat acharné des troupes anglaises et américaines.

Je m'efforçais encore de ne pas croire à la véracité de cette triste nouvelle, quand elle me fut confirmée par une lettre officielle portant le cachet du ministère de la guerre, et qu'on m'expédia de Paris, accompagnée de l'acte de décès.

Dieu m'est témoin si je pleurai à la réception de cette dépêche sinistre! Malgré la cruauté de sa conduite à mon égard, la mort du père de ma fille, de l'homme auquel un lien béni par le prêtre m'avait enchaînée, ne pouvait pas m'être indifférente. Je dirai plus, elle m'écrasa, lorsque je songeai que M. de Valombray avait quitté ce monde sans se réconcilier avec Dieu, et le blasphème à la bouche, peut-être! Il n'y a qu'une âme chrétienne qui puisse comprendre ce que je souffris.

Je pris le deuil ainsi que Marie-Julienne, déjà assez grande pour partager l'immense douleur qui pâlissait mon front. Cette enfant, née et nourrie dans les larmes, montrait une étrange précocité. A six ans, elle sentait et pensait comme si elle en avait eu quinze. Aucune de mes appréhensions touchant le sort éternel de son père ne lui échappa, et sa voix enfantine vibrait de la douceur que doit avoir celle de l'ange des consolations, lorsqu'elle me disait : « Ne pleure pas, maman chérie, nous prierons tant, que nous sauverons l'âme de mon père. Je ne le vois pas encore dans le ciel, ajoutait-elle en plongeant son regard limpide dans les profondeurs de l'azur, mais bien certainement, je l'y verrai un jour. »

Cela va sembler extraordinaire, et me fera accuser peut-être d'avoir provoqué dans l'esprit de ma fille des idées au-dessus de son âge. On se tromperait beaucoup. A cette époque, pas plus qu'aujourd'hui, ma piété ne revêtait des formes mystiques, et c'est de la manière la plus simple et la plus terre à terre, que j'enseignais la religion à Marie-Julienne. Mais les incrédules auront beau dire, il y a des êtres doués dès le berceau de facultés complètement inconnues aux autres hommes, et qui sortent de l'ordre naturel. La science a expliqué et expliquera sans doute bien des choses; pourtant, je la défie de se rendre un compte exact des phénomènes observés dans certaines âmes, si elle persiste à ne pas vouloir s'aider des lumières que répand la foi.

Le Seigneur, disent les Livres Saints, mesure le vent à la toison des brebis : il voulut, ce père miséricordieux, me donner la force de supporter ma nouvelle infortune, en m'envoyant une joie inespérée comme compensation. Une lettre de madame de Mareuille vint m'apprendre que la beauté et les vertus de mes sœurs avaient tellement impressionné deux riches Allemands, jeunes, catholiques, d'une noble naissance, et cousins germains, que d'un commun accord ils sollicitaient la main de Pauline et de Suzanne. Ils voyageaient en France pour se distraire et s'instruire; un de leurs amis, le comte de Valbonne, chez lequel ils ne devaient d'abord passer que quelques jours, les avait conduits à l'une des petites réunions de la chanoinesse. Suzanne avait ébloui Fritz, Herman s'était senti subjugué par Pauline, et en apprenant que l'âme de ces jeunes filles rayonnait autant que leur visage, ils avaient sur-le-champ conçu la pensée d'en faire les compagnes de leur existence. Mais ils savaient qu'elles dépendaient d'une sœur aînée; et, pleins d'une respectueuse réserve, ils attendaient en silence le consentement de cette sœur.

J'étais payée, hélas! pour redouter les fallacieux bonheurs que semble promettre un brillant mariage, et je tremblai bien quelque peu avant de me réjouir. Cependant, ainsi que m'y engageait vivement ma tante, je me rendis à Mareuille, décidée toutefois à repousser ces prétendants, malgré leur fortune, s'ils ne me donnaient pas les garanties morales sur lesquelles mon père ne s'était pas assez renseigné lors de mon union avec M. de Valombray.

Je me fiais un peu à ma première impression, qui m'a rarement trompée : elle fut favorable à MM. de Godberg. C'étaient deux blonds Allemands, sérieux, presque froids, mais d'une politesse chevaleresque et

4.

d'une suprême distinction. Ils allèrent eux-mêmes au-devant de mes investigations en me donnant l'adresse de leur ambassadeur en France, et celle de plusieurs hauts personnages de l'Allemagne. Je dis alors à ces messieurs que, malgré la confiance qu'ils m'inspiraient, je les priais instamment de ne point déclarer leurs intentions à mes sœurs, avant qu'on eût répondu aux lettres que j'écrivis immédiatement. Ils le promirent et tinrent religieusement leur promesse.

J'observai Pauline et Suzanne en secret, et je découvris avec joie que les MM. de Godberg, tout en leur paraissant aimables, n'avaient pas produit sur elles une impression plus vive que les autres jeunes gens qui venaient chez madame de Mareuille. Au moins, pensai-je, dans le cas où les renseignements demandés ne seraient pas selon mes désirs, je n'aurais pas le chagrin de voir le cœur de mes bien-aimées, froissé dans cette première affection, si douce quand rien ne l'empêche, si cruelle quand on est obligé de l'étouffer.

Les réponses arrivèrent au bout de trois semaines. Elles portaient des signatures tellement honorables, elles faisaient tant d'éloges des deux cousins, qu'il n'y avait pas à hésiter. Donc, le jour même, la présentation eut lieu, sous le berceau de chèvrefeuille du jardin de la chanoinesse.

Mes sœurs, habituées à la pensée de vivre pauvres, se montrèrent beaucoup plus surprises qu'éblouies de la démarche des MM. de Godberg. Leur premier mouvement ressembla presque à de l'effroi, mais bientôt, touchées par l'affection si vrai que leur témoignaient les jeunes Allemands, elles consentirent à l'union qu'ils imploraient avec un empressement aussi respectueux que tendre.

Le double mariage se fit dans la chapelle du château de M. de Valbonne, et le surlendemain, les nouvelles épouses, emportant ma promesse d'aller les visiter l'année suivante avec Marie-Julienne, partirent pour l'Allemagne. Chères petites sœurs! j'avais affecté une résignation complète, pour ne pas augmenter la douleur que leur causait ce départ qui nous séparait pour jamais, peut-être; mais quand je me retrouvai seule, mon courage factice m'abandonna, et si Marie-Julienne ne m'avait pas consolée, je ne sais en vérité ce que je serais devenue. Cette enfant possédait une sorte d'influence céleste qui apaisait les peines les plus aiguës, comme la voix du Christ apaisait les flots irrités; elle trouva des paroles d'une douceur infinie, elle appuya sur mon sein sa jolie tête bouclée, elle m'enlaça de ses petits bras, et je me calmai comme par enchantement.

Pauline et Suzanne, en s'éloignant, laissèrent aussi un grand vide dans l'existence de madame de Mareuille. Je me demande comment la bonne vieille l'aurait supporté, sans l'espoir que je lui donnai de venir habiter chez elle, aussitôt que diverses affaires qui me retiendraient encore un ou deux mois à Maillé, seraient terminées. Mais Dieu ne voulut pas que je revisse en ce monde cette excellente femme. Six semaines après le mariage de mes sœurs, elle mourait subitement au sortir de la messe, où elle venait de communier. Par son testament, elle m'instituait sa légataire universelle, Pauline et Suzanne étant désormais assez riches pour se passer des quarante ou cinquante mille francs qui composaient sa fortune.

Au point de vue humain, cet héritage était un bienfait signalé de la Providence ; il m'ôtait mes inquiétudes touchant l'avenir matériel de ma fille, il ne me restait que la douce et facile tâche de l'élever aussi chrétiennement, aussi sérieusement que possible. Bien décidée à ne confier à personne le soin de son éducation, je louai les terres et le château de Mareuille, puis je m'enfermai dans le vieux Maillé, que je fis réparer et embellir de mon mieux, afin que les yeux de mon enfant adorée pussent constamment se reposer sur un intérieur frais et gracieux.

Me voici parvenue au point culminant de ma triste destinée, et au moment de le retracer une sueur froide perle à mon front, la plume tremble dans mes doigts raidis par une contraction dont je ne suis pas maîtresse...

Une affreuse maladie, la terreur des mères, car elle est presque toujours sans remède, le croup, vint fondre, pareille à un vorace vautour, sur les enfants de Mazières. Tremblante pour Marie-Julienne, je voulus fuir dès son apparition. M. Bernard m'en empêcha en me disant que, dans les circonstances épidémiques, quitter l'endroit qu'on est accoutumé d'habiter, est aller au-devant du danger au lieu de s'en éloigner. Je suivis ses conseils et m'en applaudis d'abord, car le fléau cessa bientôt entièrement, sans avoir fait beaucoup de victimes, et rien, dans la santé de ma fille, n'annonçait qu'elle dût en être atteinte.

Mais dans la nuit du 15 au 16 juillet 1779, je fus réveillée par une espèce de râlement qui sortait du lit de Marie-Julienne. Épouvantée, je courus à ce lit : mon enfant, devenue cramoisie par les efforts qu'elle faisait pour respirer, semblait sur le point d'étouffer ! J'appelai Madeleine ; M. Bernard arriva dix minutes après, on envoya en toute hâte chercher les deux plus célèbres médecins de Niort. Ils employèrent tous les moyens pour dégager la gorge ; leurs efforts furent inutiles. La science recule devant la volonté manifeste de Dieu. Marie-Julienne agonisa vingt-quatre heures dans mes bras et mourut en me montrant le ciel d'un regard, car elle ne pouvait plus parler.

On me transporta inanimée sur le sopha du salon, et le docteur crut un moment que mon âme s'était envolée avec celle de ma fille. A force de soins il me rappela à la vie, ou plutôt à la douleur. Cette douleur prit un tel caractère d'âpreté, je pourrais presque ajouter de sauvagerie, qu'elle me rendit complètement insensée. Oui ! j'osai accuser Dieu de cruauté, j'osai lui demander compte de la torture sans nom qu'il m'infligeait, à la suite de tant d'autres déjà si poignantes, je niai sa justice et sa bonté, je souhaitai la mort et le néant ! En entendant ces blasphèmes, le curé quitta la place où il priait à genoux, me saisit le bras avec une vigueur surhumaine, au moment où j'ouvrais la fenêtre pour me précipiter, et m'entraînant devant une image de Notre-Dame-des-Douleurs : « Osez vous plaindre à celle-là d'avoir trop à souffrir dans votre amour maternel, » dit-il, et il se remit à prier sans ajouter un mot.

D'abord, je demeurai debout, immobile, les yeux fixés machinalement sur la mère du Sauveur, puis tout à coup mes genoux fléchirent, je me trouvai prosternée à mon insu. Alors une révolution s'opéra dans tout mon être, un monde de pensées s'agita dans mon cerveau, avec la rapidité de l'éclair. Je compris les desseins de Dieu sur moi. S'il avait voulu, ce Dieu jaloux, que toutes les affections terrestres me manquassent, s'il venait de m'enlever la seule qui restât la plus profondément enracinée dans mon cœur, c'est qu'il désirait que je réalisasse le projet de ma jeunesse, c'est qu'il voulait que je n'aimasse que lui, rien que lui, et... les pauvres... les pauvres ! Ces êtres méprisés, méconnus, dans lesquels il s'est incarné !... O Seigneur ! m'écriai-je, je me plains de n'avoir plus personne à aimer, quand vous et les pauvres me restez ! Vous, la suprême sagesse, la beauté infinie ; eux, vos meilleurs amis, vos préférés !... Pardonnez-moi ! pardonnez-moi ! Ma part sera encore trop belle, si vous me permettez de consacrer le reste de mes jours à votre service et à celui des malheureux !...

Et m'abîmant dans une de ces prières silencieuses où l'âme s'entretient avec Dieu comme si elle était déjà délivrée de ses liens, je promis, aussitôt le corps de ma fille rendu à la terre, de revêtir pour jamais l'humble habit des sœurs de charité. Ce vœu prononcé, je me relevai forte; le curé, auquel pas une de mes sensations n'avait échappé, me serra la main, et nous entrâmes ensemble dans la chambre où Marie-Julienne dormait de l'éternel sommeil. J'y passai la nuit entière dans un calme qui n'était certes pas celui de l'insensibilité, mais d'une résignation pieuse aux volontés divines.

Quand parut le jour, j'habillai mon enfant chérie d'une longue robe blanche, je coupai une boucle de ses blonds cheveux, je pressai une dernière fois de mes lèvres son front qui ne devait plus s'incliner sous mes baisers, puis je la couchai moi-même dans son cercueil, magnifique coffre en bois de rose, que M. de Valombray m'avait donné, rempli de dentelles et de rubans, la veille de notre mariage.

A la campagne, les mères suivent le convoi de leurs enfants. Je conduisis donc Marie-Julienne, portée par quatre jeunes filles vêtues de blanc et escortée de tous les habitants de Mazières, à sa dernière demeure, aux pieds du double tombeau qui renfermait mon père et ma mère.

Huit jours après, je mettais Maillé en vente ainsi que le petit manoir de Mareuille. Ils trouvèrent promptement des acquéreurs et rapportèrent soixante mille francs. Je fis trois parts de cette somme. Chacune était de vingt mille francs. Je remis la première à M. de Pressac, pour l'église et les pauvres; la seconde à Madeleine; je me réservai la troisième, destinée à payer ma dot au couvent des hospitalières de Poitiers.

Cette détermination de quitter le monde affligea

vivement mes bons voisins, et surtout les pauvres. J'eus beau assurer à ces derniers que je laissais au digne curé de quoi leur venir longtemps en aide, ils me répondirent en versant des larmes qui m'attendrirent au delà de toute expression : « Oh! Madame la comtesse, tous les trésors du roi ne sauraient remplacer pour nous vos bonnes paroles! Vous ne serez plus la consolatrice de nos vieux parents, la marraine de nos enfants; quand l'un de nous se plaindra trop fort de sa misère, vous ne viendrez plus lui dire de prendre patience et de ne pas offenser par des murmures Celui qui distribue selon sa volonté ou la peine ou la joie. Votre absence sera un malheur dont Mazières ne se consolera pas.

Braves gens! Sans doute ils exagéraient la valeur des faibles secours que j'avais pu leur apporter, mais comme j'aurais voulu que ceux qui taxent les pauvres d'ingratitude les entendissent m'adresser des remerciments empreints d'une si ardente reconnaissance!

La dernière journée de mon séjour à Maillé je la passai au milieu d'eux, je distribuai à chacun quelque petit objet qu'il pût conserver comme souvenir, et en les quittant j'embrassai tendrement les femmes et les enfants.

La nuit tombait lorsque je revins de cette longue visite d'adieu. J'entrai au cimetière; là aussi il me fallait faire des adieux, et on comprendra qu'ils n'étaient pas les moins pénibles. L'air soufflait tiède et parfumé dans les grands cyprès, tout respirait le calme et portait plutôt l'âme à la béatitude qu'aux regrets.

Guidée par les mélancoliques clartés de la lune, je m'acheminai lentement vers le but de mon pèlerinage dans ce lieu funéraire, et je restai deux heures la tête appuyée au grillage qui protégeait les beaux rosiers blancs plantés sur la tombe de Marie-Julienne. Quand je me relevai, j'aperçus une femme à genoux derrière moi et priant. Quoiqu'elle eût le front couvert d'une cape noire, je reconnus Lisette Gelin, pauvre veuve que j'avais aidée de tout mon pouvoir à élever ses cinq enfants.

« Madame la comtesse, me dit-elle, je sais que vous avez remis au sacristain la somme nécessaire à l'entretien de vos chers tombeaux pendant plusieurs années, et je suis bien certaine qu'il s'acquittera de ce devoir, mais permettez-moi de vous faire ici une promesse, c'est que, tant qu'il restera un Gelin vivant à Mazières, tous les jours, tous les jours, Madame, entendez-vous, il y aura une prière et un bouquet déposés pieusement sur ces tombeaux. »

Je ne crois pas qu'il existe de mots dans la langue humaine capables d'exprimer ce que je ressentis en écoutant ces simples et touchantes paroles. Aussi ne trouvai-je rien à y répondre; l'émotion, une émotion délicieuse me coupait la voix. Revenue de mon trouble, je jetai mes bras au cou de cette noble créature, je la retins quelques minutes pressée sur ma poitrine, puis, je m'enfuis. Ce ne fut pas, toutefois, sans bénir mentalement Dieu, qui daigne nous donner dès ce monde une telle récompense pour le peu de bien que nous avons pu faire aux malheureux.

5

M. Bernard et le Curé voulurent être mes introducteurs chez les Hospitalières. On m'y accueillit avec une grande bonté. J'y entrai la veille de l'Assomption, le 14 août 1779 : je venais d'accomplir ma vingt-septième année.

Lorsque les portes de la sainte maison se furent refermées sur moi, loin d'éprouver l'espèce d'anxiété qui accompagne presque toujours les grandes résolutions accomplies, je sentis un ineffable apaisement m'envahir par tous les pores. Et ceci se conçoit : j'en avais fini avec mes douleurs morales personnelles, il me serait même défendu de m'absorber en elles, désormais; je ne devais plus enfin m'occuper que de soulager et consoler celles des autres. C'était peut-être aussi pénible, mais cela purifiait l'âme au lieu de l'abattre et parfois de la briser.

CHAPITRE V

LA SŒUR DE CHARITÉ.

Les religieuses hospitalières.—Époque de leur fondation.—Réflexions sur les Ordres contemplatifs. —Préférence de Christine pour la vie active. — Les titres nobiliaires. — Leur influence en 1779. — Les contrastes fréquents dans l'existence humaine. — Lettres rétrospectives de Pauline et de Suzanne. — Joie de l'une, douleur de l'autre. — La sœur Sainte-Théotiste. — Le noviciat. — La prise de voile.— Le calme soudain. — La route du sacrifice ; bonheur qu'on y rencontre. —Les adieux à la famille. —Insensibilité qui n'est qu'apparente. — Ce que les gens du monde ne comprennent pas. — Changement de résidence. — Angers. — La pauvre femme. — Le petit José. — L'utilité de connaître les langues étrangères. — Histoire de doña Anunciacion.—Une fin chrétienne.—Lettre au comte d'Alvaro. — L'arrivée du grand-père. — A quoi devaient servir plus tard les soins donnés au petit José. — Les devoirs imposés par la vie religieuse. — Départ pour Paris. — Ce que sœur Théotiste regrettait le plus à Angers. — La condamnée à mort.

L'ordre des Sœurs hospitalières, fondé en 1624 par Françoise de la Croix, à Notre-Dame de Paris, avait une succursale à Poitiers et dans plusieurs autres villes de France. Je ne fus pas d'abord envoyée à la maison mère, ayant obtenu, par une dispense, de faire mon noviciat au couvent qui mettait le moins de distance entre moi et les souvenirs que je laissais à Maillé. Je n'aurais pas osé demander cette faveur ; le bon M. de Pressac la demanda, à mon insu, et elle lui fut facilement accordée.

Avant de poursuivre le récit qui m'est personnel, qu'on me permette de dire quelques mots sur les Hospitalières. Comme les Frères qui porte ce nom, elles avaient pour mission de recevoir et soigner les voyageurs, les pèlerins, les malades et les pauvres. En ce qui regarde les hommes, cet Ordre a dû son institution, vers la fin du neuvième siècle, à un pieux habitant de Sienne, qui l'y établit dans un hôpital appelé de la Scala. Les chevaliers de Saint-Jean-de-Jérusalem, les chevaliers teutoniques, les Frères de Saint-Jean-de-Dieu, sont tous de l'Ordre des hospitaliers.

J'avais lu beaucoup de détails sur ces diverses congrégations, dans ma jeunesse. Elles m'avaient paru aussi utiles qu'édifiantes, et je m'étais promis, si jamais je pouvais me consacrer à Dieu, de m'enrôler sous leur bannière, agrandie encore depuis par saint Vincent de Paul. Bien que je respecte et que j'admire infiniment les Ordres contemplatifs, je ne me sentais point portée à en faire partie. La prière continuelle, si efficace pour détourner la colère du Tout-Puissant prête à s'appesantir sur les peuples coupables, exige un penchant à l'extase et au repos, inconnu à ma nature éminemment active. J'ai eu toujours besoin de marcher, d'agir, d'apporter ici une consolation au malheur, là un appui à la faiblesse, plus loin un bon conseil, et même une réprimande sévère, quand je voyais qu'on s'obstinait à suivre de mauvaises routes. S'il m'avait fallu passer des heures entières en oraison, comme les Carmélites et les Trappistines, ceci eût été au-dessus de mes forces morales et physiques. En revanche, il m'est arrivé de rester des semaines sans fermer les yeux, et malgré cela, de me porter beaucoup mieux que celles de mes compagnes qui dormaient toute la nuit. Aussi, dans les nombreux couvents où j'ai demeuré, disait-on que je possédais des muscles de fer, et que je devais être invulnérable. Non, je n'avais aucun de ces avantages, mais j'avais la grâce de Dieu, qui, jointe à mon active énergie, me soutenait et centuplait mes forces.

Il est d'usage, lorsqu'on entre dans une maison religieuse pour devenir un de ses membres, de quitter le nom de famille et de baptême que l'on portait dans le monde, et de prendre un nom de saint ou de sainte. Je choisis celui de Théotiste, en mémoire d'une sœur de ma mère, abbesse des Clairettes de Limoges, qui s'appelait ainsi, et qu'on offrait encore pour modèle à la communauté, quoiqu'elle fût morte depuis quarante ans.

J'ai dit plus haut qu'on m'avait accueillie au couvent avec une grande bienveillance. Cette bienveillance alla même si loin que je me vis obligée de demander qu'on y mît un terme.

Les titres nobiliaires conservaient encore leur prestige dans ce temps-là. Il en résultait qu'on voulait me prodiguer aux Hospitalières des égards que je ne devais pas souffrir. Dès mon entrée, je m'en expliquai avec la supérieure. « Ma mère, lui dis-je, la fille du baron de Saint-Vincent, la comtesse de Valombray n'existe plus. Veuillez donc faire qu'on ne voie en moi, je vous en supplie, qu'une humble femme qui vient consacrer le reste de sa vie à Dieu et aux pauvres. D'ailleurs, plus mes bras seront occupés, moins ma pensée travaillera, moins mes tristes souvenirs auront d'amertume. Or, ce sont surtout ces souvenirs qu'il s'agit de chasser par un exercice constant des œuvres actives de la charité. » Elle me comprit, et bientôt je partageai largement les travaux de mes compagnes. Les choses allaient à merveille tant que durait le jour, mais la nuit, lorsque, retirée dans ma cellule, je m'avisais de jeter un regard en arrière, le sommeil me fuyait, et, en dépit de mes efforts, je pleurais en dedans. L'image de mes sœurs, qu'affligerait sans nul doute mon renoncement à l'existence séculière, traversait souvent ma pensée, en y laissant une impression pénible. Le lendemain de la mort de Marie-Julienne, je leur avais appris l'épouvantable malheur qui me frappait, et ma résolution d'entrer aux Hospitalières. Elles habitaient alors un élégant château situé dans le Hanovre, et je savais que leurs maris les y entouraient de toutes les douceurs que procure une grande fortune unie à une tendresse dévouée. Ma lettre se croisa avec celle que m'écrivait Pauline dans le même temps. Je veux en donner ici un fragment. C'est une preuve de plus des étranges contrastes qui se rencontrent dans la vie des êtres que sépare l'éloignement, contrastes qui font qu'à l'heure où les uns dansent dans un salon resplendissant de lumières et de fleurs, les autres pleurent au fond d'une chambre silencieuse, auprès d'un lit de mort, entre deux cierges funéraires.

« Maman Christine, que nous sommes heureuses ! me disait la jeune femme d'Herman Godberg. Que nos maris sont aimables, affectueux et bons ! Quelles richesses ! quelles splendeurs autour de nous ! Si tu étais ici, avec Marie-Julienne, il nous serait impossible de ne pas nous croire dans le Paradis terrestre !

« Le Hanovre, pays généralement plat, n'abonde point en paysages pittoresques comme notre cher Poitou, mais les environs d'Osnabrück, ville peu distante de notre château, sont fort jolis. Nous faisons, les jours où nous ne recevons pas, de longues promenades, tantôt à pied, tantôt en voiture, et nous éprouvons un plaisir infini, quand vers le soir nous revenons, à côtoyer lentement ces vastes plaines couvertes d'abondantes moissons, et qui s'étendent au loin, pareilles à une mer sur laquelle onduleraient des épis. Comme Marie-Julienne aimera courir après les papillons dans ces petits sentiers verts, bordés de coquelicots, qu'on voit serpenter en tous sens parmi les belles plaines dorées dont je parle ! Chère petite filleule ! que de baisers j'imprimerai sur ses joues roses, son front déjà pensif, ses soyeuses boucles blondes qui flottent si gracieusement lorsqu'elle secoue sa tête d'ange ! O maman Christine ! ne nous fais pas trop attendre le bonheur que tu nous as promis ! Qui pourrait te retenir, maintenant que notre bonne vieille tante a quitté la terre pour le ciel ? Songe à la douce vie que nous allons mener ensemble ! Vie que souhaitent autant que Suzanne et moi les êtres excellents auxquels nous sommes unies ! »

Suivaient plusieurs autres pages sur le même ton, empreintes de cette exubérance d'un cœur qui ne voyait autour de lui qu'espérance, joie et amour. Hélas ! bien différente fut la réponse à ma lettre écrite au retour de l'enterrement de Marie-Julienne ! Celle-ci, encadrée d'un cercle noir, c'était la main tremblante de Suzanne qui l'avait tracée; Pauline, en lisant la mienne, s'était évanouie, et une fièvre violente, survenue à la suite de son évanouissement, la retenait encore au lit. Dans cette courte page, où débordait une profonde douleur, Suzanne combattait vivement mon projet d'entrer en Religion, et plus que jamais me suppliait d'aller vivre près d'elle et de Pauline. On sait que ces supplications, toutes puissantes qu'elles fussent sur mon âme, n'ébranlèrent pas une seconde mes résolutions. Il s'agissait d'ailleurs pour moi d'une question de vie ou de mort. Après la perte de ma fille, il ne me restait plus que deux refuges : la tombe ou le couvent. On comprendra parfaitement qu'une chrétienne, sincèrement orthodoxe, ne pouvait choisir que le dernier, puisque l'autre ne s'ouvrirait qu'à l'aide du suicide.

L'année de mon noviciat eut encore quelque heures pénibles. Les plaies de mon âme saignaient par moment avec autant de violence qu'aux premiers jours, malgré le soin que je mettais à les cicatriser. Enfin, tour à tour abattue et pleine de courage, j'atteignis l'époque désirée de ma prise de voile. L'évêque de Poitiers prononça le sermon, et fut fort touchant. Il avait choisi pour texte les paroles suivantes, tirées de saint Augustin : « Il faut que les veuves, vivant dans une sainte chasteté, fassent succéder les délices spirituelles à celles d'un mariage que Dieu a rompu. Leurs délices doivent être la prière, le chant des psaumes, les bonnes pensées, l'exercice continuel des œuvres de charité [1]. » Bon nombre d'habitants de Mazières vinrent assister à cette cérémonie, et mes sœurs arrivèrent la veille, avec leurs maris, pour y assister également. Nous eûmes au parloir une entrevue extrêmement douloureuse. Égarées par l'affection trop vive qu'elles me portaient, les pauvres jeunes femmes m'accablèrent presque de reproches, et allèrent jusqu'à me dire que je manquais à la promesse faite à notre mère mourante, de ne jamais les quitter. Vainement je leur représentai que depuis deux années déjà nous ne vivions pas ensemble, que je ne les laissais point isolées sur la terre, puisqu'elles étaient sous la protection de deux cœurs dévoués, uniquement occupés de les rendre heureuses. Elles ne voulurent rien entendre, et, de guerre lasse, je m'enfuis à la chapelle, tandis que la supérieure, avec aussi peu de succès que moi, essayait de les calmer.

Je redoutais quelques scènes de désespoir, à l'église, le lendemain. Je ne me trompais pas. Au commencement, elles parvinrent à se contenir, mais lorsqu'elles

---

1. Saint Augustin, *Du bien de la viduité*, chap. 41.

me virent étendue sous le drap mortuaire, elles jetèrent un cri, et il fallut les emporter, car elles avaient perdu connaissance.

On a tant décrit les prises de voile que je ne décrirai pas la mienne, et me contenterai de dire que le moment où je prononçai les vœux qui m'enchaînaient à jamais, fut le premier où, depuis la mort de ma fille, je me sentis complétement heureuse. Avant d'être irrévocablement engagée, il me semblait toujours que quelques obstacles surgiraient, et qu'un infranchissable abîme s'ouvrirait tout à coup entre Dieu et moi. Maintenant, je n'avais plus à craindre, je pouvais m'avancer d'un pas ferme dans la route du sacrifice et du dévouement. Une joie pure rayonnait sur mes traits, le poids qui pesait sur ma poitrine s'était soulevé : j'avais cessé de m'appartenir, j'appartenais à Dieu et aux pauvres. Quelle douce servitude ! et combien je bénissais les chaînes d'un tel esclavage ! Voilà ce que, malgré leur piété, mes sœurs ne comprenaient pas. Ce renoncement absolu à tout ce qui n'est pas charité, bonnes œuvres, abnégation de soi-même, loin de les édifier, leur paraissait monstrueux. Elles n'osèrent plus m'adresser de plaintes quand mes vœux furent prononcés, mais je suis certaine qu'elles m'accusèrent de fanatisme et d'insensibilité. Elles se trompaient. Cependant, afin de rendre leurs regrets moins amers, je ne les désabusai pas. Tout en désirant qu'elles gardassent mon souvenir, je ne voulais pas que ce souvenir devînt pour elles une source de chagrins, et j'y réussis, je crois, en leur disant adieu le sourire aux lèvres.

La situation où je me trouvais, vis-à-vis de ces chères enfants, a dû être bien souvent celle des personnes qui, en se consacrant à Dieu, ont paru rompre avec une sorte d'indifférence des liens de famille bien puissants encore sur leur cœur. Que de faux jugements on a portés à ce sujet! Et comme on a mal interprété la conduite de ces âmes assez fortes, assez maîtresses de leurs émotions, pour cacher sous les apparences de la froideur, le trouble brûlant qui bouillonnait en elles!

Je demeurai peu de temps à Poitiers, après avoir pris le voile. On m'envoya à Angers, remplacer la sœur chargée spécialement du soin des malades, et qui venait de mourir. Je n'habitais que depuis un mois cette vieille capitale de l'Anjou, surnommée la *Ville Noire*, par la raison, sans doute, que toutes ses maisons sont couvertes d'ardoises, lorsqu'un soir des gémissements sourds attirèrent la sœur tourière, effrayée, à la porte du couvent. Elle poussa aussitôt une exclamation qui nous fit accourir en hâte, et nous vîmes un spectacle fait pour attendrir des cœurs moins compatissants que les nôtres. C'était une femme jeune encore, convenablement vêtue, mais pâle, convulsive, presque mourante, et tenant pressé sur sa poitrine un petit garçon aussi pâle, aussi épuisé qu'elle. Les statuts de notre ordre ne nous auraient pas prescrit de donner l'hospitalité aux voyageurs, que nous n'en eussions pas moins accueilli ceux que nous envoyait la Providence. Nous nous empressâmes donc de les transporter au réfectoire, tâche qui m'échut, car j'étais la plus forte.

Lorsque nous les eûmes déposés sur une chaise longue, nous nous aperçumes que la mère était évanouie et que l'enfant respirait à peine. Grâce à des soins intelligents nous parvînmes à les ranimer promptement l'un et l'autre. La voyageuse, en ouvrant des yeux effarés, promena son regard autour d'elle, et murmura quelques mots dans une langue que pas une de nos sœurs, y compris la supérieure, n'entendait, mais qu'heureusement je parlais avec assez de facilité, car c'était l'espagnol. Je pus donc interroger l'étrangère, et j'appris que cette infortunée, originaire de Madrid, avait inspiré un vif attachement à un jeune homme d'une condition beaucoup plus élevée que la sienne. Ils s'étaient mariés en secret; mais le noble père de l'époux, ayant découvert cette union, avait impitoyablement chassé et déshérité son fils. Repoussés également par la mère de la jeune femme, les deux malheureux durent quitter l'Espagne et se réfugièrent en France.

C'est une triste existence que celle des infortunés que poursuit la malédiction paternelle. Anunciacion et Pedro en firent cruellement l'expérience. Établis dans une petite maison que leur céda un contrebandier, à peu de distance de la frontière espagnole, malgré une stricte économie, leurs minces ressources ne pouvaient pas les soutenir longtemps. Au bout d'un an, un enfant leur naquit. Plus vivement que jamais alors, ils implorèrent le pardon des parents qu'ils avaient offensés, dans des lettres déchirantes; ces lettres demeurèrent sans réponse. Pour comble de malheur, le contrebandier fut arrêté; afin de ne pas être impliqués, même comme témoins, dans les méfaits dont on l'accusait, il fallut fuir de nouveau. Cette fois le couple désolé pénétra plus avant en France, à la suite d'une espèce d'aventurier qui lui promettait monts et merveilles, si l'on parvenait à atteindre Paris, où le talent de la jeune femme, excellente cantatrice, lui ouvrirait toutes les portes. Pedro et Anunciacion crurent à l'imposteur, qu'ils rendirent dépositaire de leur dernier réal, et qui disparut un beau jour, emportant jusqu'à leurs vêtements. Ils se trouvaient alors dans une petite bourgade aux environs de Saumur. Le jeune homme ne put pas supporter ce dernier coup. Il mourut, subitement enlevé par une congestion cérébrale. Sa veuve, à moitié folle, sans se rendre compte de ce qu'elle faisait, prit son enfant dans ses bras et suivit la première route qui s'offrit à sa vue au sortir du bourg. Cette route était celle d'Angers. Entrée dans la ville vers neuf heures du soir, n'ayant pas mangé depuis le matin, ne possédant pas une obole, la pauvre créature erra comme une ombre en peine parmi le dédale des rues désertes, et vint tomber, poussée certainement par la main de Dieu, aux portes du couvent des Hospitalières.

Le moment eût été mal choisi pour sermonner la voyageuse sur les malheurs qu'entraîne le manque d'obéissance aux volontés paternelles; la supérieure, à laquelle je traduisais au fur et à mesure les tristes péripéties de cette lamentable histoire, le pensa aussi, et nous nous bornâmes, après avoir réconforté la veuve et son enfant par un repas substantiel, à les conduire dans la chambre où les attendait un bon lit.

Cependant, nous ne pouvions donner à ces malheureux que des secours et un asile provisoires, et le lendemain, la supérieure songeait à intéresser en leur faveur quelques personnes charitables, quand sœur Marthe vint nous prévenir que l'étrangère, en proie à une fièvre violente accompagnée de délire, ne reconnaissait même plus son fils. Rien de charmant comme ce pauvre petit, nommé José, m'avait dit sa mère. Il pouvait avoir deux ans. Je le caressai beaucoup. La douce créature s'attacha promptement à moi, et comme il marchait à peine et qu'il ne voulait pas me quitter, je le soutenais d'une main, tandis que de l'autre je faisais boire des potions calmantes à sa mère. Le délire cessa au bout de deux jours, mais le médecin déclara que cette femme, brisée par la misère et le chagrin, ne passerait pas la semaine. Or, nous étions au jeudi. Je n'eus pas besoin d'échanger une parole avec elle pour savoir qu'elle ne s'abusait pas sur son état, la manière dont elle regardait José me le disait assez. Elle demanda un prêtre; notre aumônier accourut. Il connaissait un peu le patois provençal, et put facilement la confesser. Dès qu'elle eut reçu le saint viatique, un grand calme se fit en elle. Après s'être recueillie, elle m'appela d'un geste et me pria d'écrire sous sa dictée au marquis don José d'Alvaro, son beau-père, une lettre courte, mais extrêmement touchante, où elle lui recommandait son fils. « Vous la cachèterez quand je serai morte, me dit-elle, et vous y ajouterez quelques mots. Gardez mon pauvre enfant en attendant que la réponse arrive. Si elle ne venait pas, alors, il le faudra bien, mettez le cher petit à l'hospice des orphelins ; mais suspendez à son cou ce médaillon, qui renferme le portrait de son père et le mien, et où nos deux noms sont écrits. Quant à ma mère, hélas ! je ne puis pas implorer son pardon, je sais qu'elle n'existe plus. » Une syncope lui coupa la parole ; dix minutes après elle rendait le dernier soupir.

Quinze jours s'étaient écoulés, lorsqu'une chaise de poste s'arrêta à la porte des Hospitalières. Un homme âgé, à la mine fière, en descendit, et demanda si la supérieure pouvait recevoir le marquis d'Alvaro. Les supplications d'Anunciacion avaient attendri le cœur de ce vieillard inflexible ; il venait chercher son petit-fils.

On eut quelque peine à obtenir de José qu'il se séparât de moi. Il voulait absolument que je montasse avec lui dans la voiture du marquis, bien que celui-ci eût pris la précaution d'amener une femme de chambre chargée de donner à l'enfant les soins nécessaires pendant une aussi longue route. Tout jeune qu'il fût, ce pauvre petit ange semblait déjà avoir la mémoire du cœur.

M. d'Alvaro laissa au couvent de nombreuses marques de sa munificence, et m'assura particulièrement que José apprendrait de lui à ne jamais oublier la sœur Sainte-Théotiste.

Si j'ai raconté, trop longuement, peut-être, cette

simple histoire, c'est que mes relations avec le fils d'Anunciacion ne se bornèrent pas à son rapide séjour aux Hospitalières. Je devais le retrouver, bien des années après, dans une circonstance où il put me payer au centuple mes soins de quelques jours, par un service rendu à des infortunés confiés à ma garde, et qui se trouvaient, ainsi que moi, dans une situation extrêmement périlleuse. Je vis alors que le vieux marquis ne me trompait pas lorsqu'il me promettait de graver mon nom dans le souvenir de José.

On peut, sans exagération, dire que les personnes consacrées à la vie religieuse cessent de s'appartenir. Leurs goûts, leurs habitudes, leur volonté, tout cela doit plier, sans observation, sous le joug austère de la règle. Vous vivez avec des compagnes dont le caractère sympathise avec le vôtre, l'air que vous respirez est doux à votre poitrine, favorable à votre santé, les habitants du pays vous aiment, les malades, les pauvres, vous comblent de bénédictions.... Tout à coup arrive un ordre de la supérieure générale, il faut partir dans les vingt-quatre heures, sans un adieu au moribond préféré, sans un serrement de main à la vieille infirme dont votre sourire éclairait la chaumière ; il faut partir pour aller subir une existence qui est presque toujours l'opposé de celle que vous quittez. Eh bien ! ce changement, la religieuse l'accepte sans tristesse, que dis-je ! Dieu aidant, elle l'accepte avec joie !

Certes, je me trouvais très-heureuse à Angers ; mes égales m'entouraient de déférences, la supérieure, souvent obligée de garder le lit, m'abandonnait le gouvernement de la maison ; pourtant, quand je reçus l'ordre de me rendre à Paris, je ne me permis pas un murmure, même intérieur.

Le missionnaire et la religieuse doivent courir, les yeux fermés, vers le but où le doigt invisible de Dieu les pousse, sans s'inquiéter jamais des fatigues et des périls qui pourront les atteindre avant qu'ils soient arrivés à ce but : c'est ce que j'ai toujours fait.

Parmi les choses que je regrettai le plus en quittant Angers, il y en avait une qui me tenait fortement au cœur : c'étaient les visites aux prisons, que chacune d'entre nous faisait à tour de rôle. Ces regrets pourront sembler étranges à ceux qui ignorent combien on est heureuse quand, par ses conseils, sa douceur, son indulgence, on parvient à réveiller l'idée de Dieu dans ces pauvres âmes, que la misère, les mauvais exemples et la paresse conduisent fatalement au crime.

La supérieure, sachant la pitié que m'inspiraient les êtres pour lesquels on ne ressent d'ordinaire que du dégoût, me permettait assez volontiers de me rendre souvent dans ces cachots, moins sombres que l'âme des infortunés qui les habitaient. A force de patience, j'avais eu le bonheur d'y opérer quelques conversions réputées impossibles. Dans le nombre, aucune ne me toucha autant que celle d'une jeune femme de vingt ans, condamnée à mort pour avoir tué son mari dans un moment de colère féroce. C'était une simple paysanne des environs de Saumur. N'ayant nulle notion exacte des vérités consolantes de la religion, elle se croyait damnée par l'acte criminel qu'elle avait commis, et ne voulait pas accueillir la pensée qu'un repentir sincère pouvait lui obtenir le pardon de Dieu. Tous les raisonnements de l'aumônier avaient été inutiles, elle s'obstinait à croire que ni la prière, ni les sacrements ne la sauveraient, et persistait à les repousser avec une énergie mêlée de fureur. Je demandai et j'obtins la permission de m'enfermer pendant deux jours avec elle. D'abord, elle me repoussa comme elle repoussait tout le monde, et alla même jusqu'à m'injurier. Je ne me décourageai pas, n'opposant à ses emportements qu'une incessante prière mentale. Ceci la calma. Je parlai ; peu à peu elle finit par m'écouter, et, graduellement, au moyen des explications le plus à la portée de son étroite intelligence, j'arrivai à la convaincre que Dieu ne prédestinait jamais personne à la damnation ; qu'il avait créé l'homme pour le ciel, et que si cet homme, entraîné par de détestables passions, s'écartait de la route qui y conduit, il pouvait toujours y rentrer par le repentir, tant qu'il lui restait un souffle de vie.

Une fois que la coupable eût bien compris ces vérités, rien ne fut plus facile que de l'amener à recevoir les sacrements, dont la puissance absout et purifie. En un clin d'œil, devenue aussi docile qu'elle s'était montrée récalcitrante, au sortir de la messe où elle venait de communier, elle marcha paisiblement au supplice, n'ayant exigé qu'une chose : c'est que je l'accompagnasse aux pieds de la potence.

Depuis, il m'est arrivé souvent de me trouver en

présence d'une foule de criminels plus endurcis encore que la paysanne angevine, mais aucun d'eux ne m'a laissé un souvenir aussi profond que cette lionne irritée, transformée tout à coup en brebis obéissante. Qui avait opéré une telle transformation? Était-ce l'éloquence de ma faible parole? Oh! non! c'était la miséricorde divine, sans bornes, comme l'immensité des des cieux, et qui ne cesse de s'étendre ainsi qu'un vaste manteau, même sur ceux qui la nient et la blasphèment.....

CHAPITRE VI

LA MÈRE LOUISE.

La maison mère. — La supérieure générale. — Son portrait. — La première impression. — L'interrogatoire. — Les confidences. — Les suites funestes d'un mauvais caractère. — Le suicide. — L'accident à la chasse. — La douleur maternelle. — L'expiation. — Lueur d'espoir. — Communauté de prières. — Les douceurs d'une sainte amitié. — Les vertus de la mère Louise. — Les travaux matériels et spirituels de sœur Théotiste. — Le vieux philosophe. — Le crime du jeune homme. — Le repentir du vieillard. — La lettre datée de Toulouse. — La folle. — Une étrange histoire. — Où l'on croit avoir retrouvé les traces de la première Christine. — Déception.

La maison mère des Hospitalières était située dans une rue sombre du vieux Paris. Habituée à la vie campagnarde, aux vastes horizons, à l'air pur, je me trouvai un peu dépaysée dans ma nouvelle demeure, dont toutes les fenêtres ouvraient sur des toits peuplés de tuyaux de cheminée. Mais je surmontai vite ce petit malaise, et me rendis, souriante, aux ordres de la supérieure générale, qui me fit appeler aussitôt mon arrivée. L'éminente dignitaire devant laquelle j'allais comparaître appartenait à l'une des plus illustres familles du royaume. C'était une femme de cinquante à cinquante-cinq ans, belle encore, d'une stature élevée, mais dont l'abord froid et sévère vous glaçait. Quand on la connaissait mieux, le sentiment de crainte qu'elle inspirait se changeait en un respect profond ; mais il fallait du temps, lorsqu'on ne la voyait pas dans l'intimité, pour que la première impression s'effaçât. J'avoue qu'elle m'apparut sous un aspect peu rassurant, et que je dus subir de sa part un véritable interrogatoire. Si je n'avais pas été accoutumée à supporter sans pâlir toute sorte de chocs, elle m'aurait terrifiée. Elle ne me déconcerta pas, et je lui racontai mon passé, ainsi qu'elle me l'ordonnait, absolument comme si je racontais celui d'une autre. Ma voix trembla peut-être légèrement quand j'arrivai au récit de la mort de Marie-Julienne, mais je triomphai promptement du trouble que m'apportait le réveil de ce déchirant souvenir, et pour défier la souffrance morale qu'il me causait, je n'en omis aucun détail. Lorsque j'eus fini, je demeurai la tête droite, les bras croisés dans les larges manches de mon habit, et impassible comme une statue, j'attendis. La supérieure générale se leva, parcourut lentement deux fois la cellule où nous étions seules, puis revint s'asseoir en m'indiquant un siége très-rapproché du sien. J'obéis. Alors elle prit mes mains dans ses mains blanches comme le marbre et froides comme lui, son regard, tout à l'heure si sévère, s'adoucit, et d'une voix dont le charme pénétrant ne ressemblait en rien à la voix rude avec laquelle elle venait de m'interroger, elle me dit :

« Je savais tout ce que vous venez de me raconter, ma fille, par plusieurs lettres émanant des principaux habitants de votre pays ; mais afin d'être certaine qu'on n'avait brodé aucune invention romanesque sur cette triste histoire, je tenais à l'entendre de votre propre bouche. Elle m'a vivement touchée, je ne le cache pas. Oui, mon enfant, vous avez été bien malheureuse, vous avez bien souffert, pourtant je connais une personne, qui a souffert encore plus que vous, et cette personne, c'est moi. » Je fis un geste d'étonnement. Elle sourit avec mélancolie, et ajouta : « Oui, j'ai souffert plus que vous, car les malheurs qui vous ont accablée ne prenaient point leur source dans vos fautes, et ce sont mes fautes qui ont amené les miens. »

Elle se tut un instant, puis elle reprit :

« Vous m'inspirez, malgré la disproportion de nos âges, une confiance que nul ne m'a inspirée jusqu'ici, et qui tient peut-être à de secrets desseins de la Providence. Je ne veux pas y résister, écoutez donc le récit très-rapide de ma vie passée. J'ai épousé, à seize ans, le prince de M....., italien d'origine, que j'aimais, et dont j'étais profondément aimée. Il possédait de grandes vertus, un esprit charmant, des connaissances fort étendues, d'incalculables richesses. Fille unique, objet de la tendresse aveugle de mes parents, j'avais eu le malheur d'être fort mal élevée. La moindre contrariété apportée à mes désirs me jetait dans des crises nerveuses effrayantes et très-fatales à ma santé. Le prince, qui ne m'avait vu que dans mes heures de calme, ignorait ces emportements cachés sous les apparences d'une aimable douceur. Je lui en donnai un triste échantillon dès le lendemain de notre mariage, lorsqu'il me proposa de quitter Paris pour aller habiter un magnifique château qu'il possédait en Touraine. Le prince, studieux, légèrement maladif, et d'une nature plus contemplative qu'agissante, n'aimait pas le monde. J'en étais prévenue, je savais que, malgré toutes les instances, il n'avait jamais voulu accepter aucune place à la Cour.

» Après bien des débats, je consentis à le suivre à la campagne, où, aidé par une société choisie parmi l'élite de la noblesse des environs, il me fit une existence qu'aurait enviée toute femme qui n'eût pas été possédée, comme moi, du besoin de toujours se plaindre, s'agiter, et exercer un empire tyrannique sur son entourage. Tant que le prince fut seul à souffrir de ce despotisme outré de mon malheureux caractère, il le supporta avec une inaltérable patience ; mais quand il vit que notre fils, qui grandissait, allait aussi en devenir la victime, pour la première fois il parla en maître, menaçant de m'enlever mon petit Louis et de le confier aux soins de la princesse douairière de M***. Cette menace m'exaspéra, je redoublai de violences, notre intérieur devint un enfer. Le prince se contraignit quelques mois encore, puis, lassé d'une lutte muette dans laquelle son calme devait nécessairement succomber, dans un moment de désespoir suprême, il se donna la mort. Un matin, on le trouva sur son lit, le cœur percé d'un coup de poignard. Quelques lignes à mon adresse posées auprès de lui me recommandaient de veiller à l'éducation de son fils, et mettaient sur le compte d'une incurable maladie, le motif de l'acte violent qui terminait son existence. De ce que je lui avais fait souffrir, pas une plainte, pas un mot.....

» On dut me garder à vue pendant six mois après cette épouvantable catastrophe, je tentai vingt fois de me tuer. Enfin, la raison me revint, l'amour maternel se réveilla dans mon cœur, je voulus vivre pour accomplir du moins la dernière volonté de celui que mon détestable caractère avait entraîné au suicide. Le monde m'inspirait une sorte d'horreur. Je quittai la Touraine et me retirai dans une très-modeste habitation que je possédais près de Grenoble. Secondée par un digne et savant prêtre, j'y élevai mon fils, mon cher Louis. Il venait d'atteindre sa dix-huitième année, et promettait d'être l'un des hommes les plus distingués de son temps, lorsqu'au retour d'une partie de chasse, on me le rapporta mortellement blessé par l'inadvertance d'un de ses camarades. Il agonisa quelques heures, puis s'éteignit, la tête appuyée sur ma poitrine, les mains dans mes mains.

» Ma douleur ne s'exhala pas en plaintes bruyantes comme à la mort de son père, elle fut, au contraire, silencieuse et farouche, car je sentais que Dieu m'indiquait par cette nouvelle épreuve, en me frappant dans mon enfant bien-aimé, la seule voie où je pouvais encore marcher ici-bas.

« La femme devant laquelle se dresse constamment, pareille à un fantôme vengeur, l'affreuse pensée qu'elle a poussé son mari au crime « qui ne sera point pardonné, » dit l'Écriture, cette femme a perdu tous ses droits au bonheur maternel, aux saintes joies de la famille. S'il lui est permis d'espérer encore une lueur de paix sur la terre, elle doit aller la chercher loin du monde, au sein de ces pieux asiles où, à force de dévouement envers ceux qui souffrent, on parvient, sinon à oublier, du moins à supporter patiemment ses propres souffrances.

» C'est à la suite de semblables réflexions que j'entrai chez les religieuses hospitalières, et, malgré les instances de mes parents, j'y pris le voile au bout d'un an. J'en avais alors trente-six. J'en ai cinquante-cinq aujourd'hui. Il y en a dix que j'ai été nommée supérieure générale.

» Maintenant, ma fille, vous comprenez, n'est-ce pas? que je suis plus à plaindre que vous. Votre mari ne s'est point donné volontairement la mort; il est tombé au champ de bataille. « Mais il niait l'existence de Dieu! » me direz-vous. D'abord je ne crois pas qu'il y ait un homme sincèrement athée. Comme le prophète, je ne m'explique l'athéisme que par la folie : or, les fous sont irresponsables. Ensuite, soyez-en convaincue, il reste toujours quelques doutes au plus impie en apparence, et ces doutes suffisent pour amener sur ses lèvres, à l'heure suprême, le cri de repentir qui désarme la colère divine. Donc, vous pouvez prier pour M. de Valombray, avec la presque certitude que vos prières ne lui seront pas inutiles, tandis que moi, je ne puis pas m'abuser touchant le sort de Julio. Le ciel est fermé à son âme. Toutes mes larmes, toutes mes aumônes, toutes mes supplications ne le lui ouvriront jamais.

— Qui sait? dis-je à la malheureuse femme, dont le poignant désespoir me navrait. Qui sait? Pourquoi ne pas espérer qu'avant d'exhaler son dernier souffle, le prince a eu le temps de demander pardon à Dieu du crime qu'il venait de commettre? Qui vous assure qu'il n'a pas appelé pour réclamer des secours, et que son appel, trop faible, s'est perdu au milieu du silence de la nuit, sans obtenir de réponse?

— Le croyez-vous? s'écria-t-elle, en me regardant comme le condamné doit regarder l'envoyé du souverain qui lui apporte sa grâce aux pieds de l'échafaud.

— Oui, je le crois, répondis-je avec conviction. Votre mari, ma mère, a été pris d'un passager accès de folie amené par des chagrins longtemps comprimés; la raison lui est revenue au moment où la vie l'abandonnait; le Seigneur lui aura fait cette grâce en considération de ses vertus. Alors, n'en doutez point, son regard mourant, plein de repentir, se sera tourné suppliant vers le Dieu des miséricordes, et ce regard aura suffi pour apaiser la colère du Père indulgent que tous les hommes ont aux cieux.

» Priez donc sans vous lasser, ma mère, priez avec la ferme espérance d'être exaucée; permettez-moi de joindre désormais mes prières aux vôtres, et confions-

nous dans les promesses de ce doux Jésus qui a dit :
« Je ne suis pas venu pour perdre, mais pour sauver. »

Au fur et à mesure que je parlais, le sombre visage de la supérieure générale se transfigurait. Tout à coup ses yeux, qui depuis longtemps sans doute ne pouvaient plus pleurer, devinrent humides, et bientôt un déluge de larmes inondant ses joues pâles, descendit jusque sur sa guimpe.

— Oh ! bénie soyez-vous ! balbutia-t-elle ; vous venez de m'enlever le poids énorme qui pesait sur mon cœur depuis trente-cinq ans ! Non, il n'est pas réprouvé, mon pauvre Julio ! non, Dieu ne l'a pas à jamais banni de sa présence ? Nous serons réunis un jour avec notre fils dans ce beau ciel où toutes les douleurs terrestres sont oubliées, où l'on a l'éternité pour s'aimer ! »

A dater de cette soirée, si solennellement commencée et si familièrement finie, la supérieure générale et moi devînmes inséparables. Nous étions enchaînées l'une à l'autre par un lien sacré : nous avions prié, pleuré, espéré ensemble. Ce lien ne perdit rien de sa force et de sa douceur tant qu'elle vécut. J'ai connu peu d'âmes aussi nobles, aussi généreuses que la sienne. Le nombre de souffrances que cette sainte femme a calmées, le nombre de larmes qu'elle a taries, de cœurs rebelles que ses pieuses paroles ont ramené à Dieu, est incalculable. Et toutes ces belles actions, elle les accomplissait simplement, avec son air digne et grave, tempéré cependant, depuis notre liaison, par des rayons de bonté angélique qui, sans éloigner le respect, provoquaient mieux la confiance. C'est pendant la Terreur, surtout, qu'elle se montra vraiment admirable. Mais n'anticipons pas.

La mère Louise (c'est ainsi qu'elle se nommait en religion), voyageait beaucoup pour les besoins des couvents très-nombreux de l'Ordre, et, sans avoir aucun titre officiel, je la remplaçais à peu près à la maison de Paris, pendant son absence. Ceci ne m'empêchait point de vaquer aux mêmes travaux que mes compagnes. Il n'y a pas ce qu'on appelle dans les autres communautés, des *dames de chœur*, chez les Sœurs de charité. Chacune est chargée à tour de rôle, de la cuisine, du balayage, des soins à donner aux malades, soit dans l'intérieur de l'hospice, soit à domicile.

Au temps dont je parle, les Hospitalières étaient souvent appelées au chevet des malades de la ville, et quand il s'en rencontrait de récalcitrants aux secours religieux, qu'ils habitassent un hôtel ou un grenier, c'était toujours moi qu'on chargeait d'essayer de vaincre leur résistance. J'échouais bien rarement; cependant une fois, je vis le moment où je ne parviendrais pas à triompher de la philosophie antichrétienne de Voltaire et de Diderot, dans l'esprit d'un vieux bonhomme appelé le chevalier de Marconnay, l'un des êtres les plus obstinés que j'aie jamais rencontrés.

Très-riche et célibataire, il avait une nièce qui gouvernait sa maison. Cette nièce, charmante personne de vingt-huit à trente ans, fort pieuse, s'effrayait beaucoup de l'endurcissement de son oncle; mais n'osait pas le combattre, et surtout craignait de lui apprendre que les médecins le déclaraient sans ressources. Moi, j'eus ce courage. Après huit jours passés à le sermonner doucement, voyant que je n'en obtenais que des railleries, je résolus de frapper un coup énergique. Donc, une nuit que son mal empirait d'une façon assez inquiétante, je lui dis nettement qu'il n'avait pas quatre heures à vivre.

A cette déclaration accentuée avec une fermeté virile, mon philosophe devint livide. — Vous vous trompez, — murmura-t-il en tremblant. — Du tout, repris-je : la goutte remonte vers le cœur de minute en minute, vos pieds sont déjà froids, votre pouls ne bat plus que par saccades, vous allez être étouffé au moment où vous vous y attendrez le moins.

— C'est cruel, ma sœur, ce que vous m'annoncez-là, soupira-t-il d'une voix altérée.

— Cela peut le paraître au point de vue humain, répondis-je, mais au point de vue religieux, en vous avertissant que votre dernière heure approche, mon cher frère, je fais, croyez-le bien, un acte de charité. Sauver votre corps étant chose impossible, je veux au moins tenter de sauver votre âme.

— En supposant que j'en aie une, dit-il, vous ne le pourriez pas.

— Et pourquoi cela ?

— Parce que je suis un trop grand coupable.

— Bah ! m'écriai-je étourdiment. Vous n'avez assassiné personne, je suppose ?

— Qu'en savez-vous? me demanda-t-il brusquement, en saisissant ma main de sa main osseuse.

— Eh bien, quand cela serait, répliquai-je, Dieu pardonne toujours au repentir sincère, et l'anxiété que je lis sur vos traits m'apprend la grandeur du vôtre. Ne laissez pas à ce rayon de la Miséricorde divine le temps de se voiler ; permettez qu'on aille avertir le curé de Saint-Germain-des-Prés, que vous avez refusé de voir plusieurs fois, et déposez au plus vite dans son sein les terribles secrets qui pèsent à votre conscience.

— Oui, répondit-il après un court silence, je veux suivre vos conseils, je veux qu'on appelle un prêtre ; mais auparavant, vous devez l'apprendre, vous, ce secret qui depuis tant d'années oppresse ma poitrine, que je dorme ou que je veille, comme un épouvantable cauchemar. Quand vous le saurez, j'aurai moins de peine, je le sens, à l'avouer au ministre de Dieu. »

Et comme je voulais refuser de l'entendre, lui objectant que cette confession, pour être efficace, ne devait être faite qu'à celui qui a reçu de l'Église le pouvoir d'absoudre ; il se cramponna à mon bras, qu'il enlaçait des siens avec la force de l'étau, et me dit d'une voix haletante.

» Il y a quarante-cinq ans, j'en avais trente, une jeune fille, que je désirais vivement épouser, me préféra un de mes amis intimes, presque un frère. Furieux, je provoquai ce dernier en duel, sans égard pour les liens qui nous unissaient depuis notre enfance, et qu'il me suppliait de ne pas briser. Nous

nous battîmes sans témoins, dans une allée solitaire du bois de Vincennes, et voyant que je n'étais pas le plus fort, je profitai d'un faux pas de mon adversaire pour fondre sur lui, le renverser et lui plonger, jusqu'à la garde, mon épée dans le cœur.

» Cette abominable action accomplie, après m'être assuré que le malheureux n'existait plus, je retirai mon arme de son corps, je lui enlevai sa bourse, sa montre, et je revins chez moi.

» Comme personne n'avait soupçonné notre combat, lorsqu'on publia le récit de sa mort, attribuée, en raison du vol, à un assassinat ordinaire, je me montrai si affligé, qu'il ne vint à la pensée d'aucun de nos amis communs de deviner en moi l'auteur du crime. Quant à la jeune fille, qui en était la cause involontaire, elle refusa ma main, que j'eus l'audace de lui offrir, et se retira dans un couvent, car elle aimait le pauvre assassiné. Renonçant dès lors à toute idée matrimoniale, je me rendis en Italie, de là en Grèce, puis en Égypte, où je passai de longues années au milieu des travaux de l'esprit et des plaisirs matériels de tous genres; mais sans parvenir, quoique je fisse, à apaiser les murmures de ma conscience, plus bourrelée que je ne voulais en convenir avec moi-même.

» De retour en France, je me jetai dans les idées philosophiques, à l'aide desquelles on prétend refaire la Société; elles n'eurent pas plus d'empire que les frivolités mondaines sur mes sanglants souvenirs; mais comme elles prêchaient la négation de Dieu et de l'immortalité de l'âme, je les accueillis avec une âpre joie.

Qu'importe, après tout, me disais-je que je souffre un peu pendant ma vie, à la pensée du crime que j'ai commis? Les hommes l'ignorent, ma considération n'en a reçu aucune atteinte ; la mort, en me plongeant dans le néant, me délivrera de cette souffrance passagère.

» Un mot de vous, ma sœur, a détruit de fond en comble ce raisonnement sacrilége. Vous m'avez averti de ma fin prochaine; le voile de ma fausse sécurité est tombé ; je sens aux poignantes douleurs morales qui m'assaillent qu'il y a un Dieu ; que l'âme est immortelle, et que ce Dieu, dans un moment, va juger la mienne. »

Le moribond s'affaissa sur ses oreillers en achevant ces paroles; j'eus une peur affreuse ; il ne faisait aucun mouvement, je crus qu'il était mort. Un cordial, que je fis couler dans sa bouche, le ranima. Il ouvrit les yeux et me regarda. Je compris ce regard suppliant comme une prière, je courus appeler le domestique, à moitié endormi dans l'antichambre, en lui enjoignant d'aller chercher le curé. Le brave garçon vola plutôt qu'il ne marcha, car en moins de cinq minutes il ramena le prêtre. Pendant l'entretien de celui-ci avec le malade, j'instruisis la nièce de l'heureux changement qui venait de s'opérer dans l'état moral de son oncle, sans lui dire un mot, bien entendu, du secret qu'il avait voulu me confier à toute force. Peindre la joie de cette pieuse fille serait difficile. Elle ne pouvait se lasser de me remercier et de m'embrasser.

La confession du chevalier terminée, on lui donna

l'extrême-onction et le saint viatique ; puis, comme s'il n'eût attendu que ces secours divins pour quitter la terre, il rendit l'âme sans spasmes et sans agonie.

Moi, je regagnai le couvent, brisée de fatigue, mais heureuse de l'immense grâce que Dieu, par ma faible entremise, avait daigné accorder à ce pauvre pécheur.

Une lettre de la supérieure générale, en ce moment à Toulouse, m'attendait aux Hospitalières. Cette lettre contenait un fait étrange, qui me donna beaucoup à réfléchir, car il me parut avoir trait à un mystérieux événement, resté toujours inexpliqué dans ma famille.

« Figurez-vous, m'écrivait la mère Louise, qu'étant allée hier visiter l'hôpital des fous, on me conduisit auprès d'une vieille femme qui sort par moments de son idiotisme habituel, pour raconter la singulière histoire que voici : Elle prétend qu'à une époque qu'il lui est impossible de préciser, elle habitait Paris, avec des gens d'une haute naissance, dont elle nourrissait la fille. Cette enfant était âgée d'environ deux ans, et chaque jour, la folle allait la promener dans un jardin public. Pendant ces promenades, elle fit la connaissance d'un jeune valet de chambre qui, la sachant veuve, lui proposa de l'épouser et de lui donner une position brillante, mais à une condition, qui n'était autre que la vente de l'enfant de ses maîtres à ceux du laquais. Ces riches personnages, disait le tentateur, étaient de grands seigneurs russes, voyageant pour se distraire de la perte récente de leur fille unique. Ils avaient remarqué au jardin celle que la nourrice portait dans ses bras; elle leur paraissait charmante ; le valet affirmait son origine aristocratique, et la pensée de l'enlever, pour remplacer leur héritière morte en France, était venue à l'esprit des nobles sujets de l'empereur de toutes les Russies. Afin de s'approprier cette enfant, qui, d'après ce que j'ai pu comprendre, devait leur assurer l'immense fortune d'un oncle, ignorant la mort de leur véritable fille, ils se sentaient disposés à ne reculer devant aucun des sacrifices d'argent qu'exigerait la nourrice. Celle-ci hésita longtemps, puis, un jour, séduite par l'appât du gain, elle consentit.

» Lorsqu'elle est arrivée à cet endroit de son récit, les idées de la folle s'embrouillent; elle s'arrête un moment, puis elle reprend : les ravisseurs, après avoir fait un détour avant de regagner la Russie, afin de dépister les recherches, sont partis clandestinement, pendant le sommeil de leur complice, et l'ont laissée dans une ville d'Italie, munie d'une somme assez forte, cependant, pour la mettre à l'abri du besoin. Le valet suivit ses maîtres, et la victime d'une fatale cupidité n'osa plus revenir en France, où les lois l'auraient sévèrement punie.

» Elle resta donc à l'étranger, en apprit la langue tant bien que mal, et essaya un petit commerce de mercerie, qui prospérait passablement, lorsqu'elle eut le malheur d'épouser un de ses compatriotes, plus jeune qu'elle et fort mauvais sujet. Il lui mangea son avoir en peu de temps : sa boutique cessa d'être bien fournie, toute sa clientèle l'abandonna. Les deux époux, alors.

réalisèrent les faibles ressources qui leur restaient, et se décidèrent à prendre le chemin de Toulouse, dont le mari se prétendait originaire. Le voyage s'effectua au milieu de mille fatigues, car ils le firent à pied ; mais à la dernière couchée, l'époux, porteur de la bourse, disparut avant l'aube, comme autrefois les grands seigneurs russes. Quant à la femme, sortant de l'auberge sans savoir de quel côté diriger ses pas, elle marcha tout le jour et s'affaisa, mourante, contre un arbre, où d'honnêtes paysans, qui revenaient des champs, la trouvèrent. Ils en eurent pitié et l'emmenèrent chez eux. Là, ils l'interrogèrent; mais elle n'articula que des mots sans suite; la main de Dieu s'était appesantie sur elle, l'infortunée venait de perdre la raison... Elle ne possédait aucun papier qui pût permettre de constater son identité, on la conduisit à l'hôpital des fous de Toulouse. Elle y est depuis trois ans. Vainement on l'a questionnée dans ses moments lucides pour savoir son nom et celui de l'enfant que la malheureuse a vendu. Ou elle ne se les rappelle pas, ou, par une crainte instinctive, elle ne veut pas les dire. »

Cette histoire ressemblait tellement à celle de ma sœur aînée, dont j'ai dit quelques mots en commençant, que je fis part de mes soupçons à la supérieure générale, en la suppliant d'essayer, par tous les moyens possibles, d'arracher à la folle le nom qu'il m'importait tant de découvrir. Dieu ne le permit pas. La mère Louise me répondit, au bout de huit jours, que la pauvre insensée venait de succomber à une pleurésie pendant laquelle sa raison n'était pas revenue une minute.

Je me résignai aux volontés suprêmes de la Providence ; mais la lueur d'espoir qui m'était apparue me causa un vif malaise en s'éteignant. Cela passa vite. L'existence de la sœur de charité est trop remplie pour qu'elle puisse s'isoler dans des peines ou des regrets qui ne se rapportent qu'à elle.

CHAPITRE VII

BEAUCOUP D'ÉVÉNEMENTS EN PEU D'ANNÉES.

L'espace de sept ans. — 1789. —Craintes pour l'avenir. —Le décret du 13 février 1790. — L'abolition des vœux monastiques.—Une courte page d'histoire. —L'ordre de quitter le couvent.— Le discours d'adieu de la supérieure. — Le désespoir des religieuses.—Mademoiselle de Marconnay. — La Providence visible.—La jeune novice. — Le départ de l'hospice.—L'appartement de la rue du Mail.—Maladie de la mère Louise.—Souffrances de l'inaction forcée. — Désir ardent de reprendre la vie active. — Un malheur d'où naît un bonheur.— Le maçon Pierre Martin.— Les bonnes voisines.— La visite du médecin. — Rencontre imprévu.—La mère Louise a des nouvelles de ses filles. — Les angoisses de la femme du maçon.—Douces promesses qui les changent en joie.—Prière faite à genoux malgré les défenses de la République.—Les gardes-malades comme on en voit peu. — Prompte guérison de Pierre Martin —Encore mademoiselle de Marconnay.—Toute une famille sauvée de la misère. — La popularité du dévouement. — La maison de la rue du Mail transformée en hospice.—L'exercice de la charité recommandé comme la meilleure hygiène de l'âme et du corps.— Les pieux conciliabules.

Je vais franchir un intervalle de sept années, passées dans la maison de Paris, et pendant lesquelles rien d'extraordinaire ne m'arriva, pour rouvrir les pages de mes souvenirs, après la prise de la Bastille, c'est-à-dire vers le milieu de 1789.

Les doctrines philosophiques, les pamphlets incendiaires, et surtout, il faut bien l'avouer, la hideuse corruption du dernier règne, avaient porté leurs fruits : la France touchait à l'une de ces crises suprêmes, utiles peut-être dans l'avenir, mais qui, dans le présent, emportent, bouleversent, détruisent lois, trône, morale, religion... Mais je n'aurais pas l'imprudence, après tant de livres célèbres, de faire ici l'histoire de cette époque. Je me bornerai donc à parler de ce qui a trait à la désastreuse situation où se trouvait, au milieu du cataclysme général, l'inoffensif troupeau dont je faisais partie. Nos craintes furent déjà très-vives, pendant cette année 1789, où la disette sévissait, quand eut lieu, le 5 octobre, à Versailles, ce malencontreux banquet des Gardes du Corps qui eut de si sanglants résultats. Mais nous n'étions qu'à la première étape du douloureux chemin que nous devions parcourir, et la mère Louise était si bien préparée à tous les événements, que sa voix tremblait à peine, que son regard brillait aussi calme qu'à l'ordinaire, lorsque le 13 février 1790, elle nous apprit que les vœux monastiques venaient d'être supprimés. De là à l'abolition totale des couvents, il n'y avait qu'un pas : ce pas, la Convention le franchit, après la mort du Roi, en 1793. Au reste, ceci semblait assez rationnel : puisqu'on renversait les autels, qu'on fermait les églises, qu'on proscrivait les prêtres, on ne pouvait pas laisser subsister les ordres religieux. Peut-être aurait-on eu le droit d'espérer une exception en faveur de ces modestes Sœurs de Charité qui ne faisaient de mal à personne, et venaient au contraire en aide à tous. Il n'en fut point ainsi. La République les enveloppa dans l'aversion systématique qu'elle portait à tout ce qui tenait au domaine des choses vénérées. A ses yeux, la jeune fille, la femme qui renonçaient volontairement au bien-être, aux plaisirs mondains, pour se consacrer à la prière et aux bonnes œuvres, obéissaient à l'esprit de superstition, et nullement au besoin qu'éprouvent certaines âmes de se dévouer. Ce qui contribua plus que tout encore à la suppression des Sœurs de Charité, c'est que l'on connaissait et qu'on craignait leur empire sur le peuple, avec lequel elles se trouvaient continuellement en rapport, et qui les regardait comme des bienfaitrices envoyées par Dieu même pour le soigner et le consoler, lui enseigner ses devoirs, lui prêcher l'amour de la paix. Or, à cette époque funeste, ce n'était ni vers le devoir, ni vers la paix qu'il fallait pousser le peuple, mais vers la rébellion et le désordre. Les décrets de la Convention exilèrent donc sans pitié de leurs communautés les filles de saint Vincent de Paul et de Françoise-de-la-Croix, avec défense expresse de se présenter désormais dans les écoles et les hospices. Elles avaient eu l'air d'obéir. Mais la charité est la plus ingénieuse des vertus. Bannies des hôpitaux comme religieuses, les bonnes sœurs parvenaient à y reconquérir leur place à titre d'infirmières. Elles pouvaient bien, par cette pieuse ruse, abuser les directeurs, même les médecins, mais les malades, eux, ne s'y trompaient pas, et ils devinaient bien vite, à ce regard ami, à cette douce parole, à ce maternel sourire, que c'était le cœur d'une religieuse qui battait sous la mante de la femme du monde, ou sous le casaquin de l'ouvrière si empressée à calmer leurs souffrances. Cette ardeur qui les entraînait vers les misères humaines était si grande chez ces nobles âmes, que lorsqu'elles échouaient dans leurs tentatives près des administrateurs des hôpitaux, elles se mettaient à la piste des pauvres dans les quartiers les plus populeux, et passaient leur vie à courir de mansarde en mansarde, prodiguant leurs soins, leurs consolations, jeûnant comme des anachorètes afin de donner du pain à ceux qui en manquaient. J'en ai connu une qui, chaque soir, allait mendier pour nourrir les malheureux qu'elle visitait pendant le jour. Une autre, la mère Joséphine, ancienne supérieure de l'Hôtel-Dieu, lavait la vaisselle chez le Ministre de la Guerre, au profit d'une pauvre famille du quartier Mouffetard.

On se rappelle peut-être le vieux chevalier de Marconnay, dont j'ai parlé dans le chapitre précédent, et que j'avais eu le bonheur de reconcilier avec Dieu, lors de ses derniers moments. Sa nièce, personne d'une piété et d'un mérite hors ligne, m'en avait gardé une profonde reconnaissance, et cette reconnaissance se traduisait en bienfaits nombreux répandus sur les malades de notre maison.

Quoique fort riche, mademoiselle Élisabeth de Marconnay menait un train si modeste; elle faisait tant d'aumônes; elle s'occupait si peu, en apparence, des événements politiques, qu'elle n'avait point été inquiétée. Comme elle ne demandait jamais à celui qui réclamait ses secours s'il était royaliste ou républicain, il semblait que la terrible loi des suspects n'existait pas pour elle. Danton la saluait lorsqu'il la rencontrait, et Robespierre disait en parlant d'elle : « Si tous les ci-devant lui ressemblaient, Sanson n'aurait pas autant de besogne. »

La noble fille profitait de cette bienveillance des redoutables chefs du Pouvoir, en faveur de ceux que menaçaient sans cesse les décrets de la Convention, et elle nous tenait au courant de tout ce qui s'y tramait. C'est par elle que nous sûmes qu'il fallait nous attendre à être d'un moment à l'autre expulsées du couvent, et que nous supportâmes beaucoup plus courageusement l'ordre qui nous fut signifié, le 1er mars 1793, d'avoir à céder la place aux directeurs et aux infirmières laïques, dans les vingt-quatre heures.

Aussitôt que cette sommation nous eut été faite, la supérieure générale nous réunit toutes au réfectoire, et demanda maternellement à chacune de ses filles, quel parti elles allaient prendre? Les infortunées sanglotaient, et ne savaient que résoudre. La plupart étaient orphelines, les autres appartenaient à des familles trop pauvres pour les recueillir. Pas une n'était de Paris, et de longues distances les séparaient presque toutes de leur pays natal.

« Mes bien chères enfants, disait la mère Louise, si je possédais seulement le quart de ma fortune d'autrefois, votre avenir ne m'embarrasserait pas. Mais hélas! j'ai enrichi depuis cinquante ans, avec le produit de mes biens, les divers hospices de France livrés aujourd'hui au pouvoir séculier, et je suis aussi pauvre que vous! Ah! croyez-le bien, quoique j'en sois réduite à ignorer comment je pourvoirai à ma propre subsistance, ce n'est pas sur mon sort que je pleure. La tombe me réclamera avant peu, mais vous, vous, mon Dieu! »

La supérieure s'était tue; un silence lugubre, interrompu de loin en loin par des plaintes étouffées, régnait dans la salle, lorsque la porte s'ouvrit, et, calme, presque souriante, mademoiselle de Marconnay apparut sur le seuil. Elle s'avança, suivie de sa vieille femme de chambre, Véronique, qui pliait sous le poids d'un énorme paquet, et, se plaçant au milieu du cercle que formaient les Hospitalières éplorées :

« Comment, leur demanda-t-elle, de pieuses filles comme vous ont-elles pu croire que le Père céleste les abandonnerait à l'heure de la détresse? Il se sert des êtres les plus faibles en apparence, ce bon Père, pour tirer ses fidèles serviteurs des situations difficiles, et il veut bien se servir de moi aujourd'hui, pour vous donner les moyens d'échapper à la misère dont vous avez tant de fois préservé votre prochain. Donc, essuyez ces yeux humides, rassérénez ces traits bouleversés, ouvrez à l'espérance ces cœurs désolés, qui n'auraient jamais dû douter une minute de l'immense bonté de Dieu. »

Pendant ce petit discours, Véronique avait défait le paquet gigantesque, et des bonnets, des robes, des mantes de toutes dimensions, s'éparpillaient sur le plancher. Ces vêtements mondains étaient destinés à remplacer le costume monastique, sous lequel on ne pouvait plus se montrer en public.

Avec l'habileté d'une adroite camériste, mademoiselle Élisabeth, aidée de Véronique, eut promptement métamorphosé nos sœurs, au nombre de trente, en modestes femmes du peuple; puis, elle tira de sa poche un gros portefeuille bourré d'assignats, seule monnaie qui eût cours à cette époque. Le divisant alors en portions à peu près égales, elle le vida entre les mains des religieuses stupéfaites d'étonnement et de reconnaissance.

« Avec cela, leur dit la noble émule de son illustre patronne, plusieurs d'entre vous peuvent regagner leur pays moyennant des sauf-conduits que je leur procurerai. Celles-ci vont se rendre rue de l'Épée-de-Bois, chez une brave ouvrière qui mettra un vaste local à leur disposition. Les orphelines, elles, resteront à Paris, où je leur trouverai du travail. En attendant, elles iront habiter, rue Saint-Denis, n° 4, la maison de madame Verdier, vieille amie à moi, prévenue depuis hier de leur arrivée. »

Sur un signe de mademoiselle de Marconnay, je m'étais tenue à l'écart, ainsi que la supérieure, pendant cette distribution si touchante de vêtements, d'argent et de conseils; quand elle fut terminée, toutes les sœurs vinrent, l'une après l'autre, demander à la mère Louise sa bénédiction et m'embrasser; puis elles franchirent, en se retournant à chaque pas, la porte de cette humble demeure, où plusieurs avaient pratiqué pendant de longues années, avec un dévouement et une abnégation sans bornes, celle de toutes les vertus chrétiennes qui rapproche le plus la créature du Créateur : la sainte Charité.

Lorsqu'elles eurent disparu, marchant lentement deux à deux, pareilles à nos premiers parents s'éloignant du paradis terrestre, je regardai la mère Louise qui, pâle comme un suaire, donnait un libre cours aux larmes qu'afin de ne pas amollir le courage déjà si chancelant de ses filles, elle retenait à grand'peine depuis longtemps. Je m'agenouillai devant elle, mademoiselle de Marconnay s'assit à ses côtés, et nous employâmes, pour la consoler, tout ce que l'affection filiale peut avoir de plus persuasif.

Quand nous y fûmes à peu près parvenues : « Maintenant, dit Élisabeth, les directeurs sont en train d'installer les infirmières ; on va probablement venir visiter le réfectoire, n'attendons pas qu'on nous fasse sortir, partons. »

— Et pour où aller? demanda la supérieure, d'une voix brisée.

— Mais dans le petit logement que j'ai loué pour vous deux, rue du Mail, répondit mademoiselle de Marconnay. Pensez-vous donc que le sort de la mère ne me préoccupait pas autant que celui des filles? J'aurais bien voulu vous recueillir chez moi, mais j'ai vu que ce n'était pas possible, car, ajouta-t-elle très-bas, j'ai déjà un hôte qui peut être traqué d'un moment à l'autre, malgré mes précautions, et dont la découverte entraînerait votre perte, sans le sauver. Dans le refuge fort modeste que je vous ai choisi, personne ne vous remarquera. Vous pourrez même, au bout de quelques jours, vous y rendre extrêmement utiles, car il est habité par beaucoup de pauvres gens. Une voiture nous attend à la porte ; je le répète, partons.

— Oh ! pas sans moi ! je vous en supplie, Mademoiselle, murmura une voix douce qui sortait de l'un des angles de la salle.

Nous nous retournâmes vivement toutes les trois, et nous vîmes apparaître la gracieuse figure d'une jeune novice portant le nom charmant d'Aimée-de-Jésus, et qui allait prononcer ses vœux, lorsque l'ordre du départ nous avait été donné. La timide enfant était seule sur la terre, et elle nous avoua que si nous la repoussions, il ne lui resterait qu'à mourir, tant l'idée de vivre sans tutelle l'effrayait. La mère Louise lui ouvrit ses bras, je la baisai au front, et mademoiselle Élisabeth s'écria gaîment, en la poussant devant elle : Je cherchais une jeune fille alerte pour aider Véronique : la voilà trouvée, quel bonheur ?

Quelques minutes après, un fiacre nous emportait, au trot de ses maigres haridelles, à travers Paris que la nuit commençait à envelopper.

L'appartement que notre chère bienfaitrice nous avait retenu rue du Mail, non loin de l'église fermée, hélas ! de Notre-Dame-des-Victoires, se composait de trois petites pièces simplement meublées, mais d'une exquise propreté. Il était situé au second étage, au fond de la cour d'une maison de peu d'apparence, et habitée par dix ou douze familles d'ouvriers. En ces temps malheureux, où le moindre étalage de luxe donnait lieu à mille soupçons, aucune retraite ne pouvait mieux convenir à de tristes femmes qui ne demandaient qu'à être oubliées, puisqu'on leur interdisait la joie de soulager les infortunes d'autrui. Mademoiselle de Marconnay nous y installa avec sa bonne grâce accoutumée, nous laissa de quoi subvenir amplement à nos besoins, et nous quitta pour aller recevoir Camille Desmoulins qui devait, le soir même, l'honorer d'une visite, dans l'intérêt d'un patriote qu'il s'agissait d'arracher à la misère. C'était, comme je l'ai dit plus haut, en secourant toutes les détresses, sans distinction d'opinion, que mademoiselle de Marconnay échappait à la surveillance des tyrans, et pouvait circuler, de jour comme de nuit, dans n'importe quel quartier de Paris, sans être le moins du monde ni gênée, ni observée. Les pauvres l'adoraient, et le pouvoir qu'exerce la bonté est si grand, même sur les âmes féroces, que les puissants la respectaient. Je serais peut-être dans le vrai en ajoutant qu'ils la craignaient. Une chose certaine, c'est qu'au plus fort de la Terreur, elle eut des audaces de dévouement que d'autres auraient payées de leur vie, et qu'il ne lui arriva jamais rien.

La commotion éprouvée par la mère Louise, en se séparant de ses filles, avaient été si violente que sa robuste santé ne put pas y résister, et que pendant une semaine elle fut assez gravement indisposée. Les soins empressés d'Aimée-de-Jésus et les miens triomphèrent promptement de cette souffrance passagère, et nous eûmes la joie, après quelques heures d'inquiétude, de voir notre chère malade sur pied. Mais si le corps se rétablissait, il n'en était point ainsi de l'âme. Celle de la supérieure, habituée depuis cinquante ans à ne pas passer un jour sans soulager des peines morales ou physiques, succombait sous le poids de ce qu'on pourrait justement appeler la nostalgie de la charité. L'air fiévreux de l'hospice lui manquait, tout étrange que cela paraisse, comme l'air pur du dehors manque à la plante tenue en serre chaude. Il lui fallait des malades à visiter, des plaies à panser, des mourants à préparer aux joies du Ciel, des larmes à tarir ; privée de ce bonheur que les égoïstes traiteront de folie, l'existence lui semblait un fardeau impossible à supporter longtemps. Je comprenais parfaitement ce genre de torture, car je l'éprouvais, et si je gardais le silence, c'est que je ne voulais pas augmenter, par mes plaintes, l'état assez douloureux déjà de ma vénérable amie. Mais il n'entrait pas dans les desseins de Dieu de nous condamner indéfiniment à cette cruelle inaction, et il nous ménagea bientôt, dans notre petite retraite de la rue du Mail, autant d'occupations, relativement, que dans notre vaste demeure de la Cité.

Une après-midi, un grand bruit de pas et de voix retentit dans la maison ordinairement silencieuse. Ce bruit allait se rapprochant de plus en plus, et au bout d'un moment, à des cris partis de la chambre qui faisait face aux nôtres, nous comprîmes qu'il se passait quelque chose de grave.

Mademoiselle de Marconnay nous ayant recommandé

une extrême prudence, nous n'avions adressé la parole à personne depuis notre arrivée rue du Mail, et nos voisins nous étaient complètement inconnus. Cependant, la supérieure, émue de ces gémissements qui présageaient une catastrophe, dit à Aimée-de-Jésus d'ouvrir la porte et de s'informer. Dans cet instant, une femme traversait le palier. La jeune novice l'appela et lui demanda ce qu'il y avait. — Hélas! un grand malheur, citoyenne, répondit l'interpellée : Pierre Martin, maçon de son métier, est tombé d'un échafaudage ; on ne pense pas qu'il se soit rien cassé, mais il saigne à la figure, et on vient de le rapporter évanoui à sa femme que vous entendez se lamenter avec ses quatre petits enfants. On est allé chercher un médecin, mais le trouvera-t-on ?

Par la porte entr'ouverte, la mère Louise et moi n'avions pas perdu un mot de cette conversation, et la même pensée nous venant, nous ne fîmes qu'un bond de notre appartement dans la chambre du maçon. L'état de ce malheureux paraissait déplorable : ses bras pendaient inertes de chaque côté du lit, à ses cheveux en désordre perlait une sueur glacée, et le sang inondait son visage, pâle sous ce hideux voile rouge comme celui d'un mort. Ce sang coulait d'une large blessure qui lui partageait à peu près le crâne. Nous avions déjà lavé et bandé cette plaie, et le moribond commençait à reprendre connaissance, lorsque le médecin entra.

Par un de ces miracles qu'opère seule la Providence, et qu'on attribue faussement au hasard, ce médecin était un de ceux des Hospitalières ! Malgré notre changement de costume, il nous reconnut sur-le-champ, et, sans songer au danger qu'il pouvait nous faire courir, il s'écria : « Vous ici, ma mère ! Vous ici, sœur Théotiste ! »

— Chut ! dit à demi-voix la supérieure : ne trahissez pas notre incognito auprès de ces braves gens. Ils refuseraient peut-être les soins des *béguines*, comme la plupart d'entre-eux nous appellent, et la pauvreté de cet intérieur m'autorise à croire que ces soins ne leur seront pas inutiles.

— Mais, demanda le docteur, tout en palpant le blessé, comment vous êtes-vous trouvées à point nommé dans cette chambre, au moment où l'on y apportait ce pauvre diable ? Je vous croyais loin de Paris, cachées dans une des fermes que vous devez posséder encore.

— Je ne possède plus rien, répliqua la mère Louise, et depuis ma sortie des Hospitalières, je demeure ici, avec sœur Théotiste et une jeune novice. Et elle lui raconta ce qu'avait fait pour nous mademoiselle de Marconnay.

— A merveille, reprit le docteur ; la protection de cette vieille fille vaut presque celle de Robespierre. D'ailleurs, on ne vous inquiéterait pas, quand même on vous reconnaîtrait. Tout ombrageuse qu'elle soit, la République ne se défie pas des Sœurs de Charité rentrées dans la vie privée, parce qu'elle sait fort bien que ces bonnes âmes sont incapables de conspirer autre chose que le soulagement de ceux qui souffrent.

La preuve de ce que j'avance, c'est que les nouvelles infirmières s'acquittaient si mal de leur service, que les directeurs ont accepté avec empressement les religieuses qui sont venues s'offrir sous l'habit séculier. On ne veut plus de la cornette ni de la robe grise, cela sent trop l'ancien régime, mais on ne repousse pas le bonnet et le casaquin bleu, vert ou noir, quand celles qui les portent savent panser une plaie avec dextérité, et passer de longues nuits auprès des malades, sans se plaindre de la fatigue. Ce ne sont pas des êtres salariés qu'il faut dans les hospices, mais des cœurs profondément dévoués. Ce n'est point pour gagner une monnaie terrestre, qu'ils travaillent ceux-là, mais afin d'avoir une part dans les trésors du Ciel. N'est-ce pas, ma mère, ajouta le docteur en serrant la main de la supérieure, que c'est là votre but?

Elle sourit, et leur attention à tous deux se reporta sur le malade qui, les yeux démesurément ouverts, les écoutait sans les comprendre.

Après un silence de quelques instants, le médecin se tourna vers trois ou quatre personnes demeurées au fond de la chambre, et leur dit : — Allez vite chercher un brancard et transportez ce brave homme à l'hôpital de la Pitié où je vais le faire admettre d'urgence, car il en a au moins pour un mois avant d'être sur pied, et ce n'est certes pas sa femme qui pourra lui donner les soins nécessaires.

Ce mot d'hôpital, entendu par la compagne du maçon, plongea l'infortunée dans un tel désespoir, qu'elle parut en perdre la raison. Semblable à une lionne, elle se jeta sur son mari et s'écria qu'on ne le lui arracherait pas. Le docteur haussa les épaules et continua ses injonctions; mais la mère Louise, qui connaissait la terreur superstitieuse qu'inspirait l'hôpital à certaines gens du peuple, s'approcha de la pauvre désolée, lui prit affectueusement les mains et l'assura que son mari ne lui serait pas enlevé. Puis, revenant au médecin toujours impassible : — Docteur, dit-elle, nous sommes deux ici qui nous entendons à soigner les malades, vous le savez, vous nous avez vues assez souvent à l'œuvre. Laissez donc ce digne homme à notre garde. Faites simplement une ordonnance pour les remèdes à lui administrer et le traitement qu'il convient de suivre, venez le voir quand vous serez libre, puis, ne vous inquiétez pas du reste. Les blessures à la tête sont peu dangereuses, je vous promets que dans quinze jours, Pierre Martin pourra reprendre ses travaux.

Le médecin écrivit l'ordonnance, baisa respectueusement, sans qu'elle s'en aperçut, un des plis de la robe de la supérieure, et sortit les yeux humides. J'ai toujours pensé que son émotion lui avait coupé la parole.

Quant à la femme de l'ouvrier, elle s'était mise à genoux devant la mère Louise, et oubliant que les lois républicaines défendaient les signes extérieurs de piété, elle remerciait Dieu à haute voix d'avoir envoyé un de ses anges à son secours.

Tout se passa comme l'avait annoncé la supérieure : le père Martin, jeune encore et robuste, fut si bien soigné, qu'il put retourner avant la fin du mois à son ouvrage, et ce malheur, tant les desseins de Dieu sont impénétrables, devint, pour sa famille et pour lui, une source de prospérités. D'abord, mademoiselle de Marconnay plaça ses deux aînés, ensuite, les deux cadets, gardés par nous, permirent à la mère d'utiliser son talent de brodeuse, ce qu'elle n'avait pas eu le loisir de faire jusque-là, et bientôt l'aisance entra dans cet honnête ménage que la misère aurait dévoré tôt ou tard.

Comme on le pense bien, nous gagnâmes à cette simple action de bienfaisance une grande popularité dans la maison de la rue du Mail. Ce ne fut pas tout : peu à peu, cette popularité s'étendit dans le quartier, et comme la mère Louise et moi ne refusions jamais de nous rendre auprès d'un malade, dès qu'on venait nous chercher, comme de plus nous payions les remèdes et les médecins avec les assignats dont mademoiselle Élisabeth de Marconnay se montrait toujours prodigue, il en résulta que nous fîmes une véritable concurrence aux établissements officiels de la charité. On me croira quand j'affirmerai que cette vie active semée d'incidents tantôt bizarres, tantôt touchants, parfois dramatiques, nous apportait un tel bonheur, que j'étais presque gaie, sœur Aimée-de-Jésus, rayonnante, la mère Louise, rajeunie! C'est si bon et si fortifiant pour la santé de l'âme comme pour celle du corps, les saints exercices de la charité! Puis une chose contribuait encore à nous donner cette parfaite quiétude au milieu de nos incessants travaux. Il ne se passait guère de semaine sans que quelques-unes de nos anciennes compagnes, presque toutes employées dans les hôpitaux, ne vinssent retremper leur courage et s'édifier au contact de la noble femme qu'elles regardaient toujours comme leur mère et leur supérieure. Oh! que de pieux entretiens il a entendu ce pauvre petit appartement de la rue du Mail! Que de prières ferventes s'y sont élevées vers le ciel, implorant la fin de l'épouvantable tempête qui emportait tout sur ses ailes flamboyantes! Dans ces inoffensifs conciliabules, auxquels assistaient souvent mademoiselle de Marconnay, pas une parole de haine n'était prononcée. On plaignait les victimes, sans doute, mais on ne vouait pas les bourreaux aux anathèmes éternels. La mission des femmes, en ce monde, n'est point de maudire, mais d'aimer et de pardonner.

CHAPITRE VIII

PENDANT LA TERREUR.

La Terreur. — Le nouvel hôte de la rue du Mail. — La messe dans une mansarde. — Frayeurs bien naturelles. — Françoise Martin. — Précautions fort sages. — L'abbé de Germond. — La maison près des Invalides. — Justine Bastro. — La visite domiciliaire. — La lettre énigmatique. — Le sosie de sœur Théotiste. — Surprise et bonheur. — La marquise de Serlon. — Le récit. — L'amitié fraternelle. — Projet de fuite. — Le vieux Frantz. — Les blanchisseuses de qualité. — Le départ. — Sécurité trompeuse.

La Terreur était arrivée à sa période la plus sanguinaire : la tête de madame Élisabeth, cet ange de vertu, de résignation, de bonté, venait de rouler sur l'échafaud ; dans son ardeur de demeurer seul maître de la souveraine puissance, Robespierre n'épargnait pas même ses amis d'autrefois ; au mois d'avril de cette funeste année 1794, les Girondins avaient gravi, eux aussi, les marches de la hideuse plate-forme, toute dégouttante encore du sang des Rois.

Dans les quartiers soupçonnés de recéler quelques

nobles ou quelques prêtres, les visites domiciliaires devenaient si fréquentes, que mademoiselle de Marconnay, malgré ses bons rapports avec le Pouvoir, trembla pour l'hôte dont elle nous avait rapidement parlé lors de notre sortie du couvent des Hospitalières. Or, on l'a déjà deviné, cet hôte n'était autre qu'un prêtre non assermenté. L'un des plus pieux, mais des plus humbles parmi les vicaires de Notre-Dame-des-Victoires, il avait pu disparaître et se réfugier chez mademoiselle de Marconnay, qui le connaissait de longue date, sans éveiller l'attention. Il y vivait depuis environ six mois, soigné spécialement par Véronique, avec un respect filial, lorsqu'un soir des premiers jours de juin il vint occuper, dans notre maison, la petite chambre du cinquième étage que nous lui avions préparée. Il devait l'habiter sous le modeste costume d'un ouvrier horloger. Il se nommait l'abbé de Germond, et dépassait la soixantaine. Sa physionomie, douce, pensive, pleine de mansuétude, attirait au premier abord ; quand on le connaissait, on éprouvait pour lui la vénération qu'inspirent ordinairement les belles âmes. Jamais un mot amer ne sortait de sa bouche ; il excusait toutes les fautes, pardonnait toutes les injures, et allait même jusqu'à dire qu'il fallait s'en prendre beaucoup plus au démon qu'aux hommes, des malheurs et des crimes de l'époque.

Nous avions été privées depuis si longtemps des secours religieux, que nous ressentîmes une grande joie en présence de ce digne ecclésiastique. A force de nous ingénier, nous parvînmes à dresser un petit autel dans l'unique placard de sa mansarde, et à confectionner des hosties avec quelques pincées de farine que mademoiselle de Marconnay obtint d'un boulanger. Il résulta de tout ceci que chaque matin, à quatre heures, tandis qu'on dormait encore dans la maison, l'abbé de Germond put nous dire la messe et le dimanche nous donner la communion.

Ceux qui n'ont pas assisté à la célébration clandestine des Saints Mystères, dans ces jours néfastes, ne sauraient avoir une idée de ce qu'on éprouvait de terreur au moindre craquement d'un meuble, au plus léger souffle du vent venant ébranler une porte. Eh bien! en dépit de cela, on ressentait des élans de foi si vifs, si ardents, qu'on finissait par trouver un ineffable bonheur dans ces craintes mêmes. Jamais je n'ai mieux compris la courageuse ferveur qui embrasait les premiers chrétiens lorsqu'ils assistaient à la messe dans les Catacombes, qu'au moment où, agenouillée sur les carreaux de l'humble mansarde de la rue du Mail, je pouvais en être arrachée, et de là traînée à l'échafaud. Croirait-on, et cependant je ne suis pas fanatique, que j'en étais arrivée à désirer presque d'être soumise à quelque émotion terrible qui ressemblât à celle que durent éprouver les adorateurs du Crucifié, troublés dans leurs exercices pieux par l'entrée imprévue des sicaires romains? Quand on en est à ce degré d'exaltation, religieuse ou autre, on ne redoute rien. Aussi, je ne tremblai pas plus que si j'eusse été dans une église, au milieu de cent personnes, lorsqu'un matin j'entendis frapper, juste au moment solennel de l'élévation. L'abbé de Germond partageait-il mes sentiments? C'est probable, car il ne se troubla pas davantage, posa le saint ciboire sur la tablette qui servait d'autel, referma le placard, et comme il officiait avec ses vêtements laïques, alla tranquillement ouvrir. Une femme se tenait immobile dans la pénombre du palier : nous reconnûmes Françoise Martin, la compagne du maçon. Celle-ci ne venait certainement pas pour trahir ; nous respirâmes. Elle comprit l'interrogation anxieuse de nos regards, entra, referma soigneusement la porte, et nous dit :

— Une visite domiciliaire est ordonnée aujourd'hui dans toutes les maisons de la rue du Mail, et va commencer peut-être avant une heure. J'avais été chez vous, mes Bonnes Sœurs, vous en prévenir, afin que vous fissiez disparaître vos chapelets et vos livres de piété, si vous en avez conservé. Ne vous trouvant pas, et m'étant doutée que vous montiez ici, le matin, j'y suis venue en hâte, surtout à cause de M. l'abbé. Nous ne pûmes retenir un mouvement de surprise. Françoise sourit, et continua :

— Oui, pour M. l'abbé. Je l'ai reconnu dès son arrivée, et ce n'est pas étonnant, le saint homme m'a donné si souvent des secours quand il était diacre à Notre-Dame-des-Victoires !

— Vous croyez? demanda naïvement le digne prêtre.

— Je fais plus que croire, je suis sûre, Monsieur l'abbé, répondit la femme du maçon, et c'est précisément par cette raison que vous ne pouvez pas rester ici pendant qu'on fouillera de la cave au grenier.

— J'avoue ne pas comprendre... murmura l'abbé.

— Comment, interrompit Françoise, vous ne comprenez pas que, de même que je ne suis pas la seule à qui vous ayez tendu la main dans sa détresse, il peut fort bien arriver que je ne sois point la seule à vous reconnaître?

— Et quand cela serait, reprit M. de Germond, pensez-vous donc que ceux avec lesquels j'ai partagé mon pain autrefois auraient le courage de me dénoncer?

— Hélas! répliqua tristement Françoise, il ne faudrait pas s'y fier, Monsieur! L'ingratitude est une mauvaise herbe qui pousse plus souvent que la reconnaissance dans certains cœurs. Vous allez donc avoir la bonté de me suivre chez Justine Bastro, ma sœur, qui tient une petite maison garnie, derrière les Invalides, dans une impasse peu fréquentée. En marchant d'un bon pas, nous y serons en moins d'une demi-heure.

— Mais, objecta encore l'abbé, si j'allais compromettre votre sœur?

— Il n'y a pas de danger, dit Françoise; la veuve Bastro, cousine de Robespierre par alliance, a une si grande réputation de civisme, qu'on lui permet de loger tous les gens qui lui plaisent, tant on est persuadé qu'elle dénoncerait son père, si elle le soupçonnait d'être royaliste. Vous vous imaginez bien que c'est un rôle qu'elle joue dans l'intérêt des malheureux suspects qui peuvent venir lui demander asile. C'est l'être le meilleur que je connaisse. Hier encore, elle a rencontré une pauvre dame et sa jeune fille, aux environs de la Conciergerie. Elle les a suppliées de la suivre, les a inscrites sur son registre sous les premiers noms qui lui sont venus à l'esprit, et les fait passer aux yeux de l'autorité pour deux parentes qui lui arrivent de province. Votre installation, monsieur l'abbé, ne présentera pas plus de difficulté que celles de ces dames. Elle sera même beaucoup moins compromettante, car les infortunées ont avoué à ma sœur qu'elles étaient la femme et la fille du marquis de Serlon, guillotiné il y a trois jours. Mais, assez causé. Décampons. Je serai encore de retour à temps pour lever mes marmots. D'ailleurs, j'ai prévenu Pierre, au besoin il me remplacera.

Et Françoise, joignant le geste à la parole, entraîna l'abbé, qui sortit en nous bénissant.

Maintenant, il s'agissait pour nous de redonner à la mansarde l'aspect d'une chambre d'ouvrier, et de replacer devant le placard la vieille armoire qui le dissimulait. Cette besogne ne nous prit pas cinq minutes, et nous étions paisiblement occupées à nos travaux de ménage, lorsque la fameuse visite domiciliaire commença.

Dans les quartiers habités par le peuple, ces mesures inquisitoriales n'étaient guère que pour la forme. On y mettait si peu de rigueur, qu'on ne fouilla ni notre buffet, ni nos lits, et le chef de l'escouade n'eut pas plutôt lu sur nos cartes de sûreté les noms de Louise, Théotiste et Aimée, gardes-malades, qu'il se retira avec sa bande en nous saluant d'un brusque : Au revoir ! citoyennes; aimez et servez toujours en dignes patriotes la République, une et indivisible. Je répondis par un gracieux : Tu peux y compter, citoyen commissaire !

Françoise était en train de nous donner des nouvelles de l'abbé, parfaitement accueilli par sa sœur lorsque mademoiselle de Marconnay, qui avait eu vent le matin seulement de l'intempestive perquisition opérée rue du Mail, accourut presque tremblante, elle qui ne tremblait jamais !

Quand nous lui eûmes appris le sauvetage que venait d'accomplir la brave épouse du maçon, elle l'embrassa avec transport, et respira comme si on lui enlevait un poids énorme de la poitrine.

— Mais, demanda-t-elle aussitôt, le bon abbé ne gênera-t-il pas votre sœur, ma chère Françoise ? Même dans une maison garnie, on n'a pas toujours une chambre disponible.

— Soyez sans inquiétude, Mademoiselle, répondit la femme de Pierre. Si toutes les chambres avaient été occupées, Justine aurait donné la sienne à M. l'abbé. C'est une bonne chrétienne, voyez-vous, la mère Bastro, sous ses rudes dehors républicains, et elle pourrait, sans vanité, affirmer que toute pauvre qu'elle soit, elle a rendu de grands services à la noblesse et au clergé depuis la Révolution. A son hôtel garni, elle a eu l'excellente idée de joindre un petit débit de vins, liqueurs et épiceries, ce qui permet à ses locataires d'entrer et de sortir à tout moment sans être remarqués.

— A compter d'aujourd'hui je lui donne ma pratique! s'écria mademoiselle de Marconnay, en sus du loyer de l'abbé, dont voici le premier trimestre.

Et il fallut, bon gré, mal gré, que Françoise acceptât une poignée d'assignats.

La mère Louise et moi avions plusieurs malades éloignés à visiter, la femme du maçon un ouvrage pressé à finir, mademoiselle de Marconnay des secours quotidiens à distribuer; nous nous séparâmes.

Je rentrai la première au logis, où je trouvai cet énigmatique billet de l'abbé; billet apporté pendant mon absence par le jeune fils de Justine.

« Venez le plus tôt possible. La personne recueillie avant-hier par mon hôtesse, et dont vous a parlé Françoise, est dans un état d'exaltation que, seule peut-être, vous pourrez parvenir à calmer. Ce qui me le fait supposer, c'est que cette infortunée prononce fréquemment votre nom de famille, et qu'elle vous ressemble comme si vous étiez sœurs jumelles! Cela ne peut pas cependant être une des dames de Godberg, car elle paraît plus âgée que vous. Enfin, je m'y perds, et ne puis que vous répéter : Venez! »

Le petit commissionnaire de l'abbé m'attendait chez sa tante; en proie à une émotion indéfinissable, je le suivis, et un quart d'heure après, car nous avions plutôt couru que marché, je franchissais le seuil d'une chambre d'où s'échappaient de sourdes exclamations entrecoupées d'un silence qui avait quelque chose de lugubre.

Voici le tableau sur lequel s'arrêtèrent mes regards :
L'abbé et une très-jeune fille étaient, le premier pen-

ché, la seconde agenouillée, auprès d'un grand fauteuil où s'agitait une femme d'environ quarante-cinq ans, dont la pâleur contrastait d'une manière effrayante avec le noir d'ébène de ses cheveux crépus. M. de Germond avait dit vrai, cette inconnue était ma vivante image! Plus je m'approchais d'elle, plus je restais surprise, je dois même ajouter épouvantée, d'une aussi inconcevable ressemblance! Il paraît que je produisis sur l'hôtesse de Justine un effet pareil à celui qu'elle produisait sur moi; car elle me regarda fixement, étendit les bras, et s'écria : « Quel est ce prodige?... mon Dieu! Comment me trouvé-je à la fois assise dans ce fauteuil et marchant d'un pas ferme sur le plancher de cette chambre?... »

A ce son de voix, si exactement semblable au mien que je crus m'entendre parler, je tressaillis. Le voile léger qui flottait encore sur les soupçons éveillés en moi depuis la lettre de l'abbé, se déchira... Je me précipitai vers l'étrangère, et l'étreignant avec force, je m'écriai : — Ma sœur! ma sœur! il est impossible que vous ne soyez pas cette Christine enlevée il y a si longtemps à mon père, le baron de Saint-Vincent. A l'audition de ces paroles, le prêtre et la jeune fille s'étaient levés, se demandant sans doute si je devenais folle, et me regardaient tous les deux avec des yeux effarés. Quant à l'inconnue, un ineffable sourire détendait ses traits contractés; elle aussi s'était levée, de ses mains blanches et fluettes elle repoussait doucement la dentelle du bonnet noir qui cachait mon front, approchait son visage du mien, et murmurait : — C'est elle!

Oui ! c'est bien elle que j'ai tant cherchée, que j'ai vue si souvent dans mes songes ! O mon Dieu ! soyez béni ! je ne mourrai pas sans avoir entendu parler de ma véritable mère ! Monsieur, ajouta-t-elle plus haut, en devenant tout à coup calme, et s'adressant à l'abbé, veuillez emmener ma fille et me laisser seule avec celle qui, je l'espère, va m'aider à débrouiller enfin le mystère de mon étrange destinée. Suis ce bon prêtre, ma chère Alexina, dit-elle à l'enfant, et ne tremble plus pour ma raison, le Seigneur vient de m'envoyer l'ange qui doit me la rendre.

L'abbé et la fillette obéirent, et nous demeurâmes en tête-à-tête, ma sœur présumée et moi. Mon cœur battait si fort que je tombai plutôt que je ne m'assis sur le siége que l'inconnue me désigna à ses côtés. Elle se recueillit un moment, et commença un long récit que je ne rapporterai pas, parce qu'il n'était guère qu'une paraphrase de celui de la folle de Toulouse, et je me contenterai de dire qu'il me donna la certitude que je venais de retrouver cette Christine tant pleurée, tant cherchée autrefois par mes parents. Pendant bien des années, elle s'était crue la fille de ses ravisseurs, le comte et la comtesse Iwanoff, et avait été tirée de cette erreur, après leur mort, par une lettre trouvée dans un tiroir à secret, lettre qui lui révéla, avec le nom et le pays de sa véritable famille, les moyens employés pour son enlèvement. A cette découverte, qui la terrifia, elle hésita d'autant moins à quitter la Russie, en abandonnant les biens qu'elle devait à un criminel subterfuge, que le marquis de

Serlon, gentilhomme français, qu'elle avait épousé, nourrissait depuis plusieurs années le projet de retourner dans sa patrie. Ils quittèrent donc Saint-Pétersbourg presque clandestinement, accompagnés de la jeune fille que j'avais vue auprès d'elle, et qui était la seule survivante de cinq enfants morts en bas âge. Le moment était mal choisi pour revenir en France, car on y était en pleine révolution; mais ceci n'arrêta point les voyageurs. Ils se rendirent d'abord en Limousin, où M. de Serlon possédait de vastes propriétés. Après s'y être reposés huit jours à peine, ils prirent la route du Poitou, où la marquise espérait retrouver, sinon tous, du moins quelques membres de sa famille. Hélas! son espoir fut déçu : le baron et la baronne n'existaient plus, Suzanne et Pauline vivaient en Hanovre, et moi on ne savait où, depuis la suppression des couvents. Poussée vers Paris, par la pensée d'y découvrir peut-être mes traces à l'aide d'une cousine de notre mère, dont un vieil avocat de Poitiers lui donna l'adresse, madame de Serlon débarqua dans un hôtel de la rue Saint-Honoré, avec sa fille et son mari, la veille du 10 août. A dater de ce moment, la fatalité sembla s'attacher à poursuivre la malheureuse famille. Retourner en Limousin ne se pouvait plus : fermes, château, tout était au pillage. Ils restèrent, et menèrent l'existence misérable que les débris non émigrés de la noblesse menaient alors. — Il y a trois jours, me dit ma sœur en terminant, que M. de Serlon a été arrêté. On l'a exécuté avant-hier. Ne possédant plus rien, et dans l'impossibilité de payer la mansarde que nous occupions, je l'ai quittée, et j'errais, folle de douleur, avec ma fille autour de la Conciergerie, dans l'intention de me faire arrêter, lorsqu'une brave femme nous a amenées ici, sans que j'en eusse presque conscience. Ma folie menaçait de devenir furieuse; mon hôtesse a appelé le digne prêtre que vous connaissez, afin qu'il essayât de la calmer. C'est alors que, m'entendant répéter sans cesse le nom de Saint-Vincent, qu'il savait être le vôtre, il a pris le parti de vous envoyer chercher; qu'il en soit mille fois béni! La marquise se tut, et moi, devinant combien cette pauvre âme brisée avait besoin de douces émotions après ses épouvantables tortures, je la pressai dans mes bras, je lui parlai de notre chère famille, de la bonté de Dieu qui nous réunissait, de la tendresse que je ressentais déjà pour son enfant, et elle m'écoutait, ravie, si bien que nous avions fini par oublier, l'une et l'autre, tout ce que sa position présentait encore d'effrayant. Je me le rappelai la première, et je lui dis : — Tu ne peux pas rester à Paris, mon amie. Il faut fuir, il faut aller retrouver, dans le Hanovre, Pauline et Suzanne, avec lesquelles je suis toujours en correspondance, et qui seront trop heureuses de te recevoir, ainsi que ta fille.

— Mais comment franchir une pareille distance au moment où toute l'Europe se lève contre nous? me demanda-t-elle.

— Sois tranquille, repris-je, je m'en charge. Nous t'affublerons, jusqu'à la frontière, de quelque impénétrable déguisement : je te ferai délivrer un sauf-conduit

8.

et l'argent ne te manquera pas. Une fois sur le sol étranger, ton titre de marquise de Serlon, veuve d'un martyr de son royalisme, te donnera droit à toutes les protections possibles. Nos sœurs, prévenues par moi, viendront d'ailleurs t'attendre à un endroit dont nous conviendrons.

— Mais j'y songe, ajoutai-je, après avoir réfléchi ; Pauline a déjà envoyé deux fois à Paris, un brave allemand chargé de me conduire, saine et sauve, en Hanovre. J'ai obstinément refusé, parce que ma place à moi, épouse du Christ, est auprès des malades et des pauvres, et que les lois de la République, en ouvrant les portes des couvents, ne m'ont pas déliée du serment que j'ai fait à Dieu, de le servir jusqu'à mon dernier soupir. Toi, c'est autre chose ; tu n'as rien juré, tu es mère, il y a péril pour ton enfant ; je le répète : il faut fuir. Je vais me rendre immédiatement à la maison où loge le vieux Frantz. Si la Providence permet qu'il ne soit pas encore parti, tout s'arrangera promptement, et demain tu quitteras ce dangereux Paris, où la mort te menacerait désormais à chaque pas.

Quoique la soirée fût assez avancée, après avoir tendrement embrassé ma nièce, dont je ne fis qu'entrevoir les traits charmants, et recommandé madame de Serlou aux bons soins de l'abbé et de Justine, je me mis en quête de Frantz. Je le trouvai, mais il était temps, il faisait ses préparatifs de départ. L'excellent serviteur crut que je me ravisais et que j'allais enfin le suivre. Je le détrompai vite, en le mettant au courant de ce qui s'était passé, et il éprouva moins de désappointement en apprenant le nom des deux fugitives qu'il devait conduire aux dames de Godberg.

Sous les apparences de la bonhomie allemande, Frantz cachait une imagination très-fertile en expédients ; il eut plutôt trouvé que moi le travestissement qui pouvait le moins éveiller les soupçons. Nous convînmes que ma sœur, ma nièce et lui, revêtiraient le costume de paysans blanchisseurs, et se mettraient en route, dans une charrette pleine de linge, vers les huit heures du soir, pour une commune des environs de Paris, Pantin, par exemple. Une fois là, ils regagneraient le grand chemin en marchant à petite journée jusqu'à la frontière. Le plus difficile était de se procurer les cartes qu'il fallait absolument exhiber en franchissant la barrière. Ceci regardait mademoiselle de Marconnay. Je ne sais comment elle s'y prit ; mais le lendemain, à trois heures, elle me remettait les précieuses cartes délivrées à Brutus, Cornélie et Porcia Bernier, blanchisseurs à Pantin.

Je n'énumèrerai pas toutes les courses que je fis ce jour-là, afin d'assurer l'heureuse fuite de mes bienaimées proscrites. Je me contenterai de dire que, revêtues de leurs rustiques habits de blanchisseuses et, pour mieux dérouter les soupçons, elles vinrent chargées de linge, me faire leurs adieux rue du Mail, et redescendirent, pliées sous de gros paquets, s'installer dans la charrette qui les attendait, avec Frantz, à la porte. Cachée derrière un rideau, je les suivis de l'œil aussi longtemps que je pus les entrevoir ; puis, je priai

Dieu ardemment de donner à ma pauvre sœur, qui avait eu une peine infinie à s'arracher de mes bras, le courage et la résignation que l'état où elle se trouvait rendait si nécessaires. Présente à cette douloureuse séparation, la mère Louise joignit ses prières aux miennes, et, brisées toutes les deux par les secousses de cette anxieuse journée, nous allâmes demander au sommeil un repos dont nous avions grand besoin. Je dirai dans le chapitre suivant quel terrible réveil nous attendait.

CHAPITRE IX

CONDAMNÉE A MORT.

L'arrestation. — La prison du Luxembourg. — Entretien assez triste entre deux captives.— Le réfectoire des prisonniers.— Où l'on retrouve la marquise de Serlon et sa fille. — Où l'on apprend la mort de Frantz, et comment les blanchisseuses furent arrêtées.—Françoise se dévoue, et mademoiselle de Marconnay intervient. — Laconique billet remis par un geôlier.—Comparution devant le Tribunal révolutionnaire. — Comment ce tribunal procédait. — Condamnation à mort des trois prisonnières. — La Conciergerie. — La veillée funèbre. — L'appel nominal. — Les deux poëtes. — Départ de la marquise et de la mère Louise pour l'échafaud.—Le tour de sœur Théotiste est remis au lendemain. — Alexina. — Sombre rêverie. — Les bruits de la rue. — Pierre lancée par une fenêtre. — Ce que renfermait le papier qui l'enveloppait. — Le réveil d'Alexina. — Réunion des condamnés au réfectoire. — Nuit passée en craintes et en espérances. — La journée du 10 thermidor.

Il ne pouvait guère y avoir plus d'une heure que nous étions couchées, lorsque des coups violents, frappés à la porte de la maison, nous firent tressaillir sur nos maigres grabats. Une sourde rumeur leur succéda, puis un bruit de pas, de sabres traînants, de crosses de fusils retentit dans l'escalier, et s'arrêta proche de notre appartement. Il y eut quelques secondes de silence, et une voix impérative cria : — Ouvrez! au nom de la loi!

— Ma sœur a été découverte, nous sommes perdues, on vient nous arrêter! dis-je à la mère Louise, en me couvrant à la hâte d'un vêtement et allant ouvrir, car les coups et les sommations redoublaient.

— A qui en as-tu? demandai-je à une espèce de colosse ceint d'une large écharpe rouge, et derrière lequel se tenaient cinq ou six soldats. Pourquoi venir réveiller ainsi d'honnêtes citoyennes, qui se reposent des rudes travaux de la journée?

— Je te conseille de faire l'étonnée, farceuse d'aristocrate, me répondit le farouche porteur d'ordres des Comités [1], comme si Fouquier-Tinville ne savait pas que tu as facilité, il y a tout au plus deux heures, la fuite de l'épouse du ci-devant marquis de Serlon, qui a justement expié ses crimes avant-hier sur l'échafaud.

— C'est une erreur..., hasardai-je sans me déconcerter.

— Allons! allons! reprit-il, pas tant de façons! finis vivement ta toilette, ainsi que la vieille qui me regarde là-bas avec des yeux qu'elle essaye de rendre tranquilles, quoiqu'elle crève de peur, et suivez-moi toutes deux. Nous avons à la porte un équipage qui vous

---

[1]. C'est ainsi qu'on appelait ceux qui étaient chargés des arrestations.

brouettera, en moins de dix minutes, à la prison du Luxembourg, où sont déjà coffrées la ci-devant marquise et sa progéniture.

La résistance eût été inutile, je ne la tentai même pas. Nous nous habillâmes en silence, bénissant Dieu de ce qu'Aimée-de-Jésus fût retenue auprès d'une jeune fille malade, et nous descendîmes précédées et suivies des soldats, qui n'avaient pas ouvert la bouche et semblaient plus honteux que fiers du rôle de sbires qu'on leur faisait jouer. Ils aimaient bien, ces braves militaires, se mesurer à la frontière avec les ennemis de la France, mais il leur répugnait certainement d'aider à l'arrestation de paisibles femmes qu'ils savaient fort innocentes des méfaits qu'on leur imputait.

La scène que je viens de raconter s'était si rapidement passée, que les locataires des autres étages n'avaient rien entendu, ou peut-être avaient feint de ne rien entendre, ne se souciant pas d'affronter les regards scrutateurs des terribles agents de la République. Seuls, Françoise et son mari s'étaient faufilés parmi les soldats, et avaient cligné des yeux de manière à nous faire comprendre qu'ils allaient instruire mademoiselle de Marconnay, notre providence habituelle, de ce qui nous arrivait. La prudence exigeait qu'ils ne nous donnassent aucune marque verbale d'intérêt; ils se seraient exposés à être incarcérés eux-mêmes, et ne nous auraient pas tirées du péril. Le porteur d'ordres des Comités disait vrai. C'est à peine si nous mîmes dix minutes à franchir la distance qui nous séparait du Luxembourg, palais transformé en prison depuis la Révolution.

Au milieu de cette grande infortune, une pensée consolante me souriait : j'espérais qu'on me mettrait immédiatement en présence de ma sœur et de ma nièce. Je fus trompée dans mon attente. On nous conduisit dans une petite chambre à étroite lucarne, et on nous y laissa sans lumière, en nous enjoignant d'attendre jusqu'au lendemain matin notre comparution devant le Tribunal révolutionnaire.

Lorsque nous nous trouvâmes seules, et que nous eûmes rencontré, à tâtons, deux mauvaises chaises de paille, la supérieure, qui durant le trajet n'était pas sortie de son mutisme calme et digne, me dit d'une voix ferme : — Je crois, mon enfant, que notre mission en ce monde est finie, et que nous n'avons plus qu'à nous préparer à bien mourir. N'est-ce pas votre avis ?

— Oui, ma mère, répliquai-je avec un égal sang-froid. On nous en a prévenues, nous comparaîtrons demain devant le tribunal organisé par les soins de Fouquier-Tinville, et vous savez qu'on n'en sort que pour marcher au supplice. Quant à moi, je l'avoue, à part le regret très-vif que j'éprouve de ne pouvoir plus être utile aux malheureux, je me résigne facilement à mon sort. Si je ne craignais de vous paraître exagérée, j'ajouterais même que ce genre de mort, qui rappelle un peu celui des premiers martyrs chrétiens, me séduit beaucoup plus qu'il ne m'épouvante. Mais ceci m'est personnel, et quand je songe à ma sœur, à sa fille surtout, une immense douleur envahit mon âme.

— Alexina ne court aucun danger, reprit la supérieure. Jusqu'à présent, ils ont épargné l'enfance.

— Hélas! répondis-je, si sa mère est condamnée, comme cela est indubitable, que deviendra-t-elle?

— Il faudra demander qu'elle soit confiée à mademoiselle de Marconnay, qui tâchera, en temps opportun, de la remettre à vos autres sœurs.

— Mais qui nous assure que l'excellente Élisabeth n'est pas prisonnière, elle aussi?

— Tout est possible dans un pareil temps, c'est vrai! murmura la supérieure.

Puis, passant à un autre ordre d'idées :

— Qui a pu nous dénoncer? me demanda-t-elle. Nous n'avons fait que du bien dans cette maison. Les Martin sont incapables d'une pareille infamie.

— Oh! pour ceux-ci, m'écriai-je, j'en répondrais, c'est l'honnêteté personnifiée; mais je ne sais pourquoi j'aurais moins de confiance dans la vieille ravaudeuse, Claudette Bernavol, qu'on regarde comme folle, et que je crois, moi, en possession de toute sa raison, qu'elle cache, à dessein, sous un faux air d'idiotisme[1].

---

[1]. J'ai su plus tard que je ne me défiais pas à tort, et qu'en effet, cette malheureuse femme, dans l'espoir d'une récompense, sans doute, avait été avertir Fouquier aussitôt le départ de ma sœur. Ceci ne devait pas m'empêcher de lui donner mes soins et mes consolations lorsqu'elle mourut, quelques années après, à l'Hôtel-Dieu.

— Nous l'avions pourtant soignée pendant sa récente pleurésie, avec un zèle qui ne méritait pas cette ingratitude, objecta la mère Louise. Dans tous les cas, Dieu lui pardonne sa délation, comme je la lui pardonne moi-même! Prions pour elle et pour ceux qui nous jugent demain. Voulez-vous, Théotiste?

J'applaudis de grand cœur à cette généreuse pensée, et, moitié priant, moitié causant, nous atteignîmes le jour.

Vers huit heures, un geôlier, à figure sinistre, nous apporta notre déjeuner, composé d'une carafe d'eau et d'une mauvaise soupe. Il le déposa sur un vieux coffre servant de table, et se retira sans prononcer un mot. A midi, la porte se rouvrit, le même individu nous ordonna de le suivre, et nous conduisit dans une grande salle, au rez-de-chaussée, où les prisonniers prenaient ce qu'on appelait pompeusement leur *récréation*. Là, ceux qui avaient de quoi payer pouvaient se faire apporter quelques fruits ou pâtisseries en attendant le dîner général, fixé à deux heures. Quant au souper, il variait de six à sept.

Lorsque j'entrai dans la salle déjà occupée par les habitués, qui en faisaient gracieusement les honneurs aux nouveaux venus, j'aperçus, au milieu d'un groupe, ma sœur et sa fille, que leurs costumes de blanchisseuses n'empêchaient pas d'être traitées en égales par les duchesses et les baronnes qui les entouraient. Après une présentation, que j'abrégeai le plus possible, je laissai la mère Louise auprès d'une de ses cousines qu'elle venait de reconnaître, et j'entraînai mes chères bien-aimées dans l'embrasure d'une fenêtre où nous nous assîmes, étroitement rapprochées les unes des autres. La marquise m'apprit alors qu'on les avaient arrêtées juste au moment où elles franchissaient la barrière, et que Frantz, en voulant fouetter le cheval, qu'on avait choisi exprès fort et vigoureux, était tombé sous les roues qui lui avaient écrasé la tête. Je donnai des regrets sincères à ce fidèle serviteur, en songeant, toutefois, que cette mort instantanée n'était pas plus cruelle que celle qu'il aurait inévitablement subie sur l'échafaud, comme complice de la marquise de Serlon.

Ainsi que moi, ma sœur envisageait sa fin prochaine avec une chrétienne résignation ; mais l'avenir de son enfant la plongeait dans un désespoir que mes prières et mes efforts ne parvenaient pas à calmer.

Pendant notre conversation, je promenais mes regards investigateurs dans les moindres recoins de la vaste salle, et n'y découvrant pas mademoiselle de Marconnay, j'en concluais qu'elle était encore libre, et que peut-être, en ce moment, elle travaillait à nous tirer du guêpier où nous étions tombées. Je ne me trompais pas.

Aussitôt la nouvelle de notre arrestation que Françoise, n'écoutant que son dévouement, était allée lui apprendre au milieu de la nuit, elle avait couru au club des Jacobins, sachant qu'elle y rencontrerait Robespierre. Mais le farouche dictateur, moins que jamais porté à la clémence, se contenta de lui répondre que tout ce qu'il pouvait faire, c'était de l'empêcher d'être elle-même incarcérée; que, quant à nous, les griffes de Fouquier-Tinville ne nous lâcheraient que pour nous livrer à la mort. Désolée, Élisabeth pria, menaça d'ameuter ses nombreux obligés contre le tribunal sanguinaire, l'*Incorruptible* haussa les épaules, et demeura inébranlable. Mademoiselle de Marconnay le quitta, n'ayant obtenu qu'une chose : l'assurance qu'Alexina, vu son jeune âge, ne mourrait pas, et lui serait remise.

Je sus tout ce qui précède par un billet que Françoise apporta au chef des guichetiers, son cousin germain, et que cet homme consentit à me glisser furtivement, lorsque nous sortîmes de la salle pour regagner nos cellules.

J'aurais vivement désiré communiquer à ma sœur cet avis, qui l'aurait quelque peu rassurée sur le sort de sa fille, mais cela ne se pouvait pas. Il fallait attendre une seconde entrevue; je me demandais quand elle aurait lieu, et j'achevais d'avaler le laconique billet de mademoiselle de Marconnay, lorsqu'on vint nous chercher pour nous conduire au Tribunal révolutionnaire.

Je ne me sens pas le courage de décrire l'aspect de ce lieu sinistre, où des juges en bonnets rouges, en costumes carnavalesques, condamnaient sans appel une foule de malheureux, qui ne savaient pas, la plupart du temps, de quels crimes on les accusait. Il faut bien dire aussi que ces juges votaient la mort de ceux qu'on amenait à la barre, par peur plus encore que par cruauté. La crainte de paraître modérés, ce qui aurait certainement entraîné leur propre condamnation, les portait à trouver toujours des coupables, et jamais un innocent. Fouquier-Tinville, l'accusateur public, le féroce pourvoyeur de la guillotine, comme on l'appelait, à force d'exercer ces horribles fonctions auprès du tribunal, en était arrivé à une véritable démence. Ne proposa-t-il pas un jour de faire juger soixante personnes à la fois, et d'élever l'échafaud au milieu de la salle!... Cet énergumène alla si loin dans sa passion destructive, que le Comité du Salut public le réprimanda vertement, et que Collot-d'Herbois, furieux, lui dit : « Tu veux donc démoraliser le supplice? » Il dut renoncer à cette idée, mais il n'en poursuivit qu'avec plus de rage ses accusations quotidiennes, et il semblait avoir atteint le paroxysme de sa soif de sang, au moment où nous fûmes appelées à comparaître devant lui.

Dans l'obscure antichambre qui précédait le tribunal, je trouvai ma sœur. Sans affectation, je m'assis auprès d'elle, et, en ayant l'air de regarder le plafond, je lui dis d'être tranquille sur Alexina. Mes paroles furent si douces au cœur maternel de l'infortunée, que son visage en parut transfiguré. Ses traits reprirent leur calme habituel, ses yeux noyés de larmes devinrent secs, un sourire de gratitude effleura ses lèvres pâles. A ce moment, on l'appela dans la salle. Cinq minutes après, elle en sortait condamnée à mort. Cela se passa ainsi pour la mère Louise et moi. Cette rapidité de jugement se concevra, si l'on veut songer que deux ou trois questions, dont les juges n'écoutaient pas la réponse, vous étaient adressées, et que le prononcé de la sentence suivait immédiatement. Lorsque la justice a des formes aussi expéditives, on comprend qu'elle aille vite en besogne.

J'ai oublié de dire qu'en nous extrayant du Luxembourg, on nous avait conduites à la Conciergerie. Ordinairement, on y ramenait les condamnés à mort, qui de là étaient conduits à l'échafaud. Ma sœur, qui connaissait cette mesure, se disposait à supplier le tribunal de lui permettre au moins d'embrasser sa fille, lorsque, la place manquant, sans doute, on nous fit monter en voiture, et on nous réintégra dans notre première prison. La journée était trop avancée pour que nous fussions exécutées sur-le-champ.

La mère Louise et moi étions agenouillées, nous préparant, par un sévère examen de conscience, à paraître devant le juge suprême, lorsque, grâce à une faveur, obtenue à grand'peine, je l'appris plus tard par mademoiselle de Marconnay, le geôlier-chef amena auprès de nous la marquise et sa fille.

Quand on est parvenu au dernier degré de l'infortune, comme on est reconnaissant envers Dieu du moindre rayon consolateur qu'il daigne vous envoyer ! Cette nuit, qui devait être, pour trois d'entre nous, la dernière que nous eussions à passer sur la terre, fut la plus douce et plus calme de notre vie !

On touchait à la fin de juillet[1], et quoique l'unique fenêtre de la mansarde fût étroite et grillée, nous pou-

---

1. Ou, comme on disait alors, Thermidor.

vions contempler, à travers ses carreaux, les milliers d'étoiles qui se détachaient sur l'azur foncé du ciel. Je les regardais ce soir-là avec l'avidité de quelqu'un qui les aurait vues pour la première fois.

— Et dire, m'écriai-je tout à coup, que demain nous saurons les mystères cachés au delà de ces voûtes étincelantes ! Dire que le secret de cette formidable énigme de la mort, dont il nous est interdit de chercher à pénétrer ici-bas les profondeurs, nous sera révélé ! Notre âme, dépouillée de l'enveloppe gênante du corps, verra son Créateur face à face, et s'absorbera dans l'extase d'une ineffable félicité !

— Mais, interrompit la supérieure en soufflant brusquement sur mon enthousiasme mystique, vous parlez, ma fille, comme si vous étiez certaine qu'à l'heure même de la mort nous serons mises en possession de la gloire éternelle ! Cela n'est-il point un peu présomptueux ? Auriez-vous oublié qu'il faut être aussi pur que les anges pour entrer dans le royaume des cieux ?

— Non, ma mère, répondis-je, je ne l'ai point oublié, et ne me fais aucune illusion, croyez-le bien, sur la gravité des fautes dont j'aurai à rendre compte. Mais je suis si convaincue de la bonté du juge devant lequel je vais paraître, que nul sentiment d'effroi ne se glisse dans mon cœur. J'ai toujours pensé qu'en montrant Dieu trop sévère, on empêchait beaucoup de personnes de l'aimer. On n'aime pas ce qu'on craint : ceci est une vérité confirmée par maints exemples. Or, de quoi la créature, faible, imparfaite, chancelant à chaque pas, a-t-elle le plus besoin en ce monde ? N'est-ce pas d'aimer son Créateur? Laissez-moi-le donc aimer ce Dieu, dont un pieux écrivain[1] a dit qu'il est notre père et notre mère tout ensemble! Laissez-moi espérer qu'en considération de l'amour sans bornes que je ressens pour lui, il me pardonnera les défauts que je n'ai pas combattus avec assez d'énergie, les défaillances qui m'ont courbée vers la terre, à l'heure des suprêmes douleurs. Savez-vous quel est le but de l'incommensurable désir que j'éprouve de me trouver en sa présence? C'est afin de pouvoir le prier comme on doit prier au ciel pour ceux qui m'envoyent au supplice, et qui, dans une démence suscitée par l'esprit du mal, croyent travailler à rendre la France libre, tandis qu'elle l'est cent fois moins qu'elle ne l'était sous les rois les plus absolus. Parmi ces hommes, aux idées turbulentes, s'il s'en était rencontré un doué de ce génie qui fonde ou détruit les empires avec la seule puissance d'une énergique mais calme volonté, il les aurait dominés facilement, et ils ne se seraient pas livrés à ces actes sauvages qu'ils prennent pour du patriotisme, et qui ne sont que de la barbarie.....

Je m'étais animée par degré en m'exprimant ainsi, et je m'arrêtai presque honteuse de la véhémence de mes paroles. Un court silence suivit, puis ma sœur, me montrant Alexina endormie sur son épaule, murmura d'une voix altérée :

— Sans elle, moi aussi, Théotiste, je serais bien heureuse de retourner à Dieu; comme toi, je le crois

---

[1]. Le révérend père Bouhours.

miséricordieux et bon, et j'ai l'espérance qu'il me réunira aux êtres chéris qui m'ont précédée dans la grande patrie! mais ma fille! ma fille! que va-t-elle devenir?

— Tu veilleras sur elle de là-haut, répondis-je, et plus efficacement peut-être que si tu restais ici-bas. Sait-elle que tu dois mourir demain? l'as-tu préparée à cette douloureuse séparation dont chaque minute nous rapproche?

— Je n'en ai pas eu le courage, mais elle l'a devinée. La vie d'épreuve que nous menons depuis un an lui a donné une raison et une résignation au-dessus de son âge. J'en suis intimement persuadée, et cela adoucit un peu l'amertume de mes regrets, elle portera vaillamment le poids de sa destinée. Ses forces physiques l'abandonneront, c'est possible, lorsqu'elle me verra partir pour l'échafaud; mais sa force morale triomphera bientôt d'une défaillance passagère; elle se rappellera que Dieu est le père des orphelins, et que sa protection ne leur fait jamais défaut, lorsqu'ils s'appliquent à marcher dans la voie de ses commandements.

— Chère petite poursuivit la marquise en effleurant d'un baiser le front de l'ange endormi; comme si j'eusse pressenti les luttes qu'elle aurait à soutenir, bien que rien ne les fît prévoir, j'ai mis tous mes soins à la couvrir dès son enfance du bouclier de la Foi, et mieux que personne, ô ma pieuse sœur! tu sais que les malheurs les plus terribles de la vie se brisent toujours sur ce bouclier!

Pendant cette conversation, que madame de Serlon et moi faisions à voix basse, la mère Louise était tombée dans une profonde rêverie.

A quoi pensait cette vénérable sainte, digne d'être placée sur les autels, à côté de Jeanne de Chantal et de Françoise, la douce Romaine ?

Elle répondit à mon interrogation avant que je ne l'eusse formulée, et nous l'entendîmes murmurer comme se parlant à elle-même :

— Oui ! elle a raison, Théotiste ! elle vaut mieux que moi qui, en mourant, ne songeais qu'à retrouver mon époux et mon fils, et qui oubliais que mon devoir, si j'ai le suprême bonheur d'être favorablement accueillie de Dieu, est d'implorer, avant de savourer la moindre parcelle des joies célestes, la grâce de ceux dont la fureur s'appesantit sur tant de têtes innocentes. Le temps presse, ils sont peut-être à la veille de leur propre trépas, ces malheureux ! Une prière suffirait peut-être pour les retenir au bord de l'abîme béant sous leurs pieds, et cette prière ne serait pas ma première pensée en arrivant au ciel ?... Elle le sera, ô mon Dieu ! et un lien mystérieux l'unira à la dernière parole que je prononcerai en quittant la terre, et qui sera une parole de pardon.

Les mains jointes, le cœur palpitant, nous écoutions la mère Louise pendant qu'elle faisait cette sublime promesse, et du fond de notre âme, les regards tournés vers l'immensité des cieux, nous la fîmes aussi.....

En relisant dans mes vieux cahiers le récit de cette

veillée funèbre, dont le souvenir ne sortira jamais de ma mémoire, je me pose la question suivante : Si le hasard mettait ces lignes sous les yeux de quelques sceptiques, croiraient-ils à leur exacte vérité ? Ne traiteraient-ils pas de folles fanatiques, ces trois femmes injustement condamnées à la peine capitale, et qui se vengent de leurs bourreaux en les plaignant, en priant pour eux et en leur pardonnant ?

Eh bien, si cela devait être, qu'ils me permettent de les recommander fortement à la miséricorde divine, car ils n'auraient pas la Charité, vertu sans laquelle, a dit l'Apôtre[1], les martyrs eux-mêmes ne sauraient entrer dans le ciel !

Les premiers rayons de l'aurore nous surprirent occupées à réciter les prières des agonisants. Alexina s'était réveillée, elle quittait alternativement les bras de sa mère pour se jeter dans les miens, et baiser avec respect les vêtements de la supérieure. La douleur qui se lisait sur son visage enfantin n'avait rien d'exalté. Elle ne poussait ni cris, ni exclamations; elle nous regardait fixement, comme pour graver le souvenir de nos traits dans sa mémoire. nous pressait sur son cœur, et pleurait, mais doucement. Portrait vivant de M. de Serlon, m'avait dit ma sœur, en dépit de sa jeunesse, elle aurait marché à la mort avec le même calme et la même dignité qu'y avait marché son père.

Par une sorte de dérision cruelle, à six heures, on nous apporta un déjeuner, qui nous fit penser au fiel

---

1. Saint Paul.

mélangé de vinaigre dont on abreuva le Christ sur la croix, tant les herbes gâtées qui le composaient étaient amères et nauséabondes. Nous voulûmes le manger, cependant, en esprit de pénitence, et nous achevions la dernière bouchée, lorsque le directeur de la prison, accompagné de ses acolytes, vint nous ordonner de descendre pour qu'il levât notre écrou, et nous remit ensuite au greffier du Tribunal révolutionnaire, chargé de conduire les prisonniers à la Conciergerie, d'où on les menait à l'échafaud.

Au moment de sortir, nous embrassâmes convulsivement Alexina, qui demandait à nous suivre au moins jusqu'au greffe, chose que le sévère directeur ne permit pas, parce que, objecta-t-il, l'enfant ne se trouvait pas sur la liste des condamnés, et devait être remise à la citoyenne Marconnay, par ordre spécial de Robespierre. Ce moment fut affreux, mais il fallut se soumettre, et la porte se referma sur l'orpheline, dont les plaintes eurent pour échos les sanglots déchirants de sa mère et le bruit strident de la clef rouillée dans la serrure.

Après avoir signé les décharges de nos personnes, nous fîmes une station dans le corps de garde, où l'on nous enchaîna pour nous empêcher de fuir, disait-on; précaution bien inutile, car nous étions gardées par des gendarmes, le sabre au poing, et des guichetiers de la Conciergerie. Ce temps d'arrêt n'avait rien de fort agréable, on étouffait dans cet étroit espace empesté par des haleines avinées, et nous fûmes presque heureuses quand on nous entassa sur la charrette qui nous déposa au seuil de notre dernière prison. Arrivées là, les bras robustes des guichetiers nous poussèrent dans le lieu sinistre nommé *la salle des morts.*

Cette salle présentait un singulier tableau : rangés sur deux files, les prisonniers, les mains liées derrière le dos, souriants, comme s'il s'agissait d'aller faire une partie de plaisir, se tenaient la tête haute, le regard assuré. Je remarquai que la contenance des femmes ne le cédait en rien à celle des hommes, et que le sexe faible, dans cette circonstance suprême, montrait autant de fermeté que le sexe fort.

Il paraît qu'on n'attendait plus que nous, car aussitôt notre entrée, l'appel funèbre commença.

Les deux premiers appelés étaient deux poëtes. L'un se nommait André Chénier, l'autre Roucher. Je crois voir encore l'expression sereine du visage de ce dernier. Il devait cependant bien souffrir, l'époux affectueux, le tendre père, si fatalement enlevé à l'amour de sa femme et de ses enfants.

Quant à André Chénier, son attitude révélait une certaine révolte intérieure contre l'arrêt inique qui brisait sa carrière à peine commencée. On sentait qu'il avait dit vrai, cet homme de trente-deux ans, lorsqu'après sa condamnation, il s'était écrié en se frappant le front : « Il y avait quelque chose là ! »

Une vingtaine de personnes suivirent successivement les poëtes. Le nombre quotidien de ceux qu'on envoyait à la mort paraissait atteint, on n'avait encore désigné aucune de nous, lorsqu'enfin on appela ma sœur et la mère Louise. Je frémis, car un pressentiment secret m'avertit que je n'aurais pas le triste bonheur de mourir avec elles. En effet, quand le greffier les eut remises aux aides du bourreau, il signifia brusquement aux personnes qui restaient que la *fournée* était complète, et que leur tour ne viendrait que le lendemain. Il donna ensuite l'ordre de nous réintégrer chacun dans les prisons dont on nous avait extraits le matin, et sortit l'air inquiet, la figure légèrement bouleversée.

Lorsque je gravis de nouveau l'escalier de cette cellule que je ne croyais *jamais* revoir, je tremblais beaucoup plus qu'en le descendant, car je me demandais si je retrouverais encore Alexina sous les verroux, ou si mademoiselle de Marconnay était venue la réclamer. Les deux alternatives s'offraient à moi également douloureuses. Dans la première, l'enfant allait me briser le cœur en appelant sa mère; dans la seconde, que de tortures m'apporteraient le reste de ce jour et cette longue nuit qu'il me faudrait passer en tête à tête avec la pensée du supplice qui m'attendait le lendemain! Ces appréhensions me faisaient hésiter à chaque marche, mais le geôlier, qui ne les partageait pas, nécessairement, me pressait d'avancer, et m'ouvrit le cachot si vivement, que mes pieds s'étant embarrassés dans ma robe, je faillis tomber. Mon conducteur ne prit pas garde à cet incident, et refermant la porte aussi promptement qu'il l'avait ouverte, me laissa en face d'Alexina qui, assise dans un coin, poussa un cri de surprise à ma vue. Je ne lui donnai pas le temps de me questionner; je l'entourai de mes bras et lui dis de prier pour l'âme de sa mère, maintenant auprès de Dieu, devant lequel, moi, je ne comparaîtrais que demain.

La malheureuse orpheline comprit, et, se penchant sur mon épaule, elle pleura jusqu'au complet épuisement de ses forces.

Pauvre enfant! j'eus une peine infinie à la calmer, et je demandai comme une grâce immense qu'on nous dispensât du repas en commun que les prisonniers prenaient à deux heures. La femme du geôlier, que, sur mon instante prière, son mari m'envoya, consentit, moyennant les quelques assignats qui me restaient encore, à aller chercher une orange dont j'exprimai le jus sur les lèvres brûlantes de ma nièce. Quant à moi, je me contentai d'un peu de pain et d'un verre d'eau, juste ce qu'il me fallait pour ne pas tomber en défaillance.

Ce goûter terminé, je revins à ma jeune affligée, je la berçai longtemps, comme je berçais autrefois Marie-Julienne, et je parvins enfin à l'endormir d'un sommeil relativement paisible. A douze ans, les chagrins, même les plus vifs, n'agissent pas avec assez de puissance pour tenir éveillé pendant les longues heures qu'on passe morne et désolé dans l'âge mûr ou la vieillesse.

Je m'assis auprès de la couchette où j'avais déposé Alexina, et je m'absorbai bientôt dans des réflexions dont me tirèrent des bruits de toutes sortes qui montaient non-seulement des rues environnantes, mais paraissaient se produire dans le jardin et jusque dans l'intérieur de la prison. Je m'approchai de la fenêtre, elle donnait sur la rue de Vaugirard, et, malgré les barreaux de fer, je distinguai des hommes à cheval qui couraient tantôt dans une direction, tantôt dans une autre, se jetant, lorsqu'ils se croisaient, des mots dont le sens ne me parvenait pas, mais qui semblaient empreints de colère, d'émotion et de frayeur.

Certainement, il se passait quelque chose d'extraordinaire; mais quoi? Allait-on venir égorger les prisonniers, comme aux horribles journées de septembre, ou la tyrannie qui écrasait la France touchait-elle à son terme? Hélas! me disais-je, quand cette dernière supposition serait vraie, l'apaisement arriverait trop tard pour des milliers de nobles victimes! Et ma pensée, partant de là, se porta vers cet échafaud funeste où venaient de rouler la tête vénérable de la mère Louise et celle de cette sœur que je n'avais retrouvée que pour la perdre presque aussitôt. La douleur qui m'enveloppa à ce moment fut si intense, que je n'apportai plus aucune attention au tumulte qui allait grandissant, et qu'il fallut qu'un lourd projectile, lancé de la rue, vint rebondir violemment contre ma fenêtre, dont il brisa un des étroits carreaux, pour que je sortisse de mon accablante torpeur. Ce boulet d'un nouveau genre, dont j'ignorais la provenance, était tombé à deux pas de moi. Je le ramassai. C'était une pierre ronde enveloppée dans un morceau de papier sur lequel je lus ces lignes tracées au crayon rouge, et signées **E. M.** :

« Robespierre vient d'être mis hors la loi par la Convention. Ses satellites et lui se sont enfermés à l'Hôtel de Ville ; mais de nombreux bataillons cernent la place, tandis que d'autres pénètrent dans l'intérieur du monument ; les rebelles vont sans nul doute être arrêtés. J'ai su que vous n'aviez pas été exécutée, et j'en ai béni Dieu, en pleurant sur les deux saintes immolées. Espérons, chère amie ! Le régime de la Terreur va finir, c'est l'avis général. Je suis sous votre fenêtre, que m'a désignée le guichetier, cousin de Françoise. Plusieurs parents des infortunés qui gémissent comme vous derrière les grilles du Luxembourg sont en faction avec moi. On m'avertit que les prisonniers sont réunis au réfectoire. Ne refusez pas d'y descendre, lorsqu'on viendra vous chercher pour souper. Les geôliers, fort perplexes, se relâchent déjà de leur surveillance si sévère. Je crois qu'ils n'oseront forcer personne à rentrer dans les cachots pendant le reste de la nuit. »

Que ce billet m'aurait donné de joie, si mes deux bien-aimées avaient encore vécu ! Il me trouva presque indifférente dans la sombre disposition d'esprit où j'étais, et j'hésitai longtemps avant d'arracher Alexina au bienfaisant sommeil où la pauvre enfant oubliait qu'elle n'avait plus de mère. Il le fallait cependant, d'un instant à l'autre on pouvait nous appeler.

Je m'approchai doucement du lit : une petite main saisit la mienne ; ma nièce ne dormait pas, et chose que je mis avec vérité sur le compte d'un rêve consolant, elle souriait.

— Ma tante, me dit-elle, en sautant lestement au bas

de la couchette, je ne suis plus triste, je viens de voir maman, qui m'a recommandé de ne plus pleurer, parce que nous nous reverrions bientôt. Or, maman n'a jamais menti, et comme je ne puis garder l'espérance de la revoir en ce monde, puisque des méchants l'ont tuée, il me semble évident que j'irai avant peu la retrouver dans l'autre. Quel bonheur! ajouta-t-elle, en tournant vers le ciel ses beaux yeux noirs rayonnant d'une joie céleste.

Ce mépris de la vie, à douze ans, cet amour immense de la mort qui devait la réunir à une mère adorée me pénétrèrent d'admiration. Je ne trouvai pas un mot à répondre à cette enfant sublime; je la pressai étroitement sur mon cœur, et je l'y retenais encore, lorsqu'on vint nous inviter à descendre, d'un ton beaucoup moins arrogant qu'à l'ordinaire.

Une vingtaine de prisonniers seulement, destinés à être exécutés le lendemain, habitaient alors le Luxembourg. Tous les rangs semblaient s'être donné rendez-vous dans cette vaste salle, mal éclairée par une lampe fumeuse placée au-dessus de la table. Le marquis y coudoyait l'ouvrier, la grisette s'y asseyait à côté de la duchesse; mais ces divers personnages, si différents d'esprit, d'éducation, de mœurs, étaient unanimes pour demander à grands cris, comme un seul homme, la chute des tyrans. Le souper, auquel personne ne toucha, bien qu'on l'eût retardé ce soir-là de plusieurs heures, se passa en conversations bruyantes et animées. Quand on se sait condamné à mourir le lendemain, on ne craint pas de maudire hautement ses juges, et je dois constater que mes compagnons ne se firent pas faute de déchirer les leurs à belles dents. Vainement un vieux prêtre et moi essayâmes de leur prêcher le pardon en citant l'exemple du divin Rédempteur, ce fut peine perdue, et nous dûmes garder le silence, car on aurait fini par nous prendre pour des amis de Robespierre.

Ainsi que le prévoyait mademoiselle de Marconnay, lorsqu'on voulut réintégrer les causeurs dans leurs cellules respectives, ils refusèrent énergiquement d'obéir. Les geôliers et le directeur, instruits des événements qui se préparaient, n'osèrent pas insister, et on attendit le jour dans des alternatives de crainte et d'espoir que ne pourront jamais comprendre ceux qui ne se sont pas trouvés en pareille situation.

Les bruits, les vociférations, le cliquetis des armes, le galop des chevaux, devinrent plus intenses encore, au fur et à mesure que le soleil montait à l'horizon. Les geôliers, les guichetiers, les soldats de garde, couraient effarés ou chuchotaient, groupés au milieu des cours. Les prisonniers, eux, haletaient, le front collé aux fenêtres de la salle, s'attendant toujours à voir apparaître le terrible greffier du Tribunal révolutionnaire, chargé de les remettre au bourreau; mais les heures s'écoulèrent; pressés par la faim, les condamnés déjeunèrent; le greffier ne se présenta pas...

L'explication de ce sursis, sur lequel peu comptaient, malgré leurs bravades nocturnes, c'est que nous étions au 10 thermidor, et que le soleil éblouissant, qui brillait ce jour-là, devait éclairer le supplice de Robespierre, de Saint-Just, d'Henriot, ce triumvirat sanguinaire qui fit rouler sur l'échafaud tant de têtes innocentes.

Nous sûmes, à quelques minutes près, par la voix des crieurs publics, l'heure à laquelle Robespierre et ses collègues comparaissaient devant le Juge divin qui, je l'espère et le souhaite, aura été plus clément pour eux dans le ciel, qu'ils ne l'ont été sur la terre pour des milliers d'infortunés.

Les prisonniers applaudirent en apprenant que les tyrans avaient vécu. Seuls, le prêtre et moi, nous nous mîmes à genoux dans un coin, priant avec ferveur, je l'affirme, pour ceux qui s'en allaient dans l'autre vie, chargés d'un si lourd fardeau d'iniquités. La vérité m'oblige à dire qu'on respecta notre prière, et que, tout le temps qu'elle dura, les femmes joignirent les mains, et les hommes se découvrirent respectueusement la tête. Tous, j'aime à le croire, pensaient dans ce moment que nous devons faire miséricorde à nos ennemis, si nous voulons que Dieu nous la fasse un jour à nous-mêmes.

CHAPITRE X

A AUTEUIL.

Les bienfaits du 9 thermidor.— Les occupations de Théotiste en prison. — Démarches couronnées de succès.— La prisonnière comme on en voit peu.— Conversation pendant le voyage du Luxembourg à la rue Mazarine. — Ce que vit Théotiste en entrant dans la chambre de mademoiselle de Marconnay. — Le sauvetage. — La petite maison d'Auteuil. — Les visites aux pauvres et aux malades. — *La mère Féroce.*— La cabane du vieux berger. — Le coup de sang. — L'obligeante cordonnière.— Jours et nuits d'angoisses.— Jeanne Michaud. — A quels crimes peut entraîner le désir de se venger. — Le repentir. — Le jeune sous-lieutenant. — Quelques mots sur le général de brigade Davoust. — Un petit-fils modèle.

La mort de Robespierre devait amener, et elle amena en effet d'heureux changements dans la destinée des prisonniers échappés à la hache révolutionnaire. Le terrible tribunal fut suspendu ; la loi du 22 prairial cessa d'avoir son cours ; les Comités de Salut public et de Sûreté générale subirent d'importantes modifications, et l'espérance d'un meilleur avenir pénétra dans les âmes. Grâce à la légèreté devenue proverbiale de leur caractère, les Français passent facilement de l'extrême douleur à l'extrême joie, et à l'époque dont je parle, plusieurs chantèrent victoire, comme si les choses allaient reprendre leur marche accoutumée. Ils devaient bientôt apprendre qu'un fleuve débordé, surtout quand c'est un fleuve de sang, ne rentre pas aussi vite que cela dans son lit. Une foule de détenus remplissaient encore les prisons, bien des démarches devinrent nécessaires pour les en faire sortir, et quelque actives et appuyées qu'elles fussent, elles ne réussissaient pas toujours.

On se rendit d'abord en masse à la Convention, qui renvoya au Comité de Sûreté générale, chargé de vérifier si l'on avait justement appliqué cette fameuse loi des *suspects*, sous le glaive de laquelle tant d'infortunés courbèrent leur front pour ne plus le relever. Il était difficile, après les jours sanglants qu'on venait de passer, que le Comité ne se montrât pas clément. Agir d'une autre façon, d'ailleurs, aurait pu présenter de graves dangers dans l'état actuel des esprits, fatigués du rôle de moutons qu'ils jouaient depuis longtemps déjà, et qu'ils ne semblaient pas disposés à continuer. Les élargissements commencèrent donc à s'effectuer sur une grande échelle. Afin de hâter la besogne, deux des membres du Comité, Legendre et Merlin, se rendirent dans les prisons, pour y recueillir les réclamations des détenus eux-mêmes, tandis que les autres, siégeant jour et nuit, répondaient aux parents qui sollicitaient les mises en liberté des pères, des époux, des enfants, dont ils désiraient la présence avec une ardeur qui se comprend. Comme une foule de personnes avaient été arrêtées sans qu'on eût pris la peine d'énoncer les motifs de leur arrestation, et qu'on sentait le besoin d'en finir, on vida les prisons avec autant de précipitation qu'on les avaient remplies, quitte à les repeupler de nouveau si la tranquillité publique l'exigeait.

Ignorant l'époque de ma libération, j'avais remis à mademoiselle de Marconnay Alexina, que rien n'obligeait à rester sous les verroux. La chère petite ne voulait pas me quitter, et j'eus quelque peine à lui persuader qu'il y aurait déraison à préférer, surtout à son âge, l'obscurité d'une cellule aux rayons du soleil flottant dans l'air libre.

Comme j'avais réellement favorisé la fuite d'une *suspecte*, mon élargissement présenta plus de difficultés que l'excellente Élisabeth ne se l'était imaginé, et il s'écoula plusieurs semaines avant qu'elle l'obtînt. A vrai dire, je m'en inquiétais peu. Écrasée, malgré la virilité de mon caractère, par les poignants regrets que laissait dans mon âme la perte de ma sœur et de la mère Louise, j'envisageais désormais l'existence comme un fardeau qu'il faudrait porter avec résignation tant qu'il plairait à Dieu d'en charger mes épaules, mais il m'était parfaitement égal que cette torture me fût imposée au fond d'un cachot ou sur les pavés de Paris. Si j'avais entrevu la possibilité de reprendre mes fonctions d'autrefois dans un hôpital, et de m'asseoir attentive au chevet de mes frères malheureux, c'eût été bien différent. Je me serai cramponnée à la vie, au lieu d'en détourner mes regards, je l'aurais trouvée encore douce, en dépit de mes douleurs passées, au lieu de la trouver amère! Rêve que tout cela! La maison des pauvres s'était fermée en même temps que celle de Dieu, et ce Dieu, pour nous punir, voudrait peut-être que ces deux asiles de la prière et de la charité ne se rouvrissent jamais en France! Au sortir de la prison, l'exercice de la bienfaisance à domicile me resterait sans doute. Mais me le permettrait-on? Ne serais-je pas l'objet d'une surveillance continuelle? ne m'épierait-on pas jusqu'au chevet du lit des mourants?...

Accoudée au bois de ma couchette, je m'absorbais un matin dans ces pénibles réflexions, lorsque le directeur vint m'y arracher en me priant de descendre auprès d'une jeune prisonnière en proie à un effrayant délire que rien ne pouvait calmer.

Je ne me fis pas répéter deux fois l'invitation, et mon habitude de soigner tous les genres de maladies était si grande que je reconnus à l'instant une simple attaque de nerfs dans ce que le directeur prenait pour une fièvre dangereuse. Je demandai de l'éther, dont bon gré mal gré j'introduisis quelques gouttes dans la bouche de la jeune femme qui se calma aussitôt. Demeurée seule avec elle, je l'étendis sur son lit où je la frictionnai longtemps, puis, quand je vis qu'elle avait conscience des soins que je lui donnais, je me mis à lui raconter tout ce que je pus imaginer de plus attendrissant, afin de provoquer les larmes qui l'étouffaient. Bientôt, à ma vive satisfaction, ces larmes coulèrent avec abondance, et lorsque le médecin arriva, elle put aller au-devant de lui en affirmant qu'elle était guérie.

Cette cure rapide me fit un grand honneur dans la prison, où il se trouvait alors plusieurs malades. Immédiatement tous réclamèrent ma visite, que je leur rendis avec la permission du directeur. Mais cela ne leur suffit pas, il fallut que cette visite devînt quotidienne, et il en résulta que chacune de mes heures étant prise par les sinapismes de l'un, la pose des cataplasmes de l'autre ; la vie, qui me paraissait si lourde peu de jours auparavant, me sembla presque aussitôt légère comme une plume ! Bien mieux, quand on vint m'annoncer que j'étais libre, je faillis demander à rester afin d'assister à la guérison complète de mes malades !

Mademoiselle de Marconnay et Françoise, qui m'attendaient au parloir, en voyant ma figure beaucoup plus triste que joyeuse, ne purent s'empêcher de me questionner sur la mine piteuse que je leur apportais, et restèrent partagées entre l'attendrissement et le sourire, lorsque, la larme à l'œil, je leur en appris les motifs.

— Bonne Théotiste ! s'écria Elisabeth.

— Chère sainte ! murmura Françoise.

— Je ne suis ni bonne, ni sainte, répliquai-je presque en colère : je suis tout simplement égoïste, défaut qui ne mérite pas, je pense, d'être admiré. Je trouvais un bonheur infini à soigner ces pauvres souffreteux privés des douces joies de la famille ; on m'ôte ce bonheur et je regimbe. Allons embrasser ma nièce, cela me consolera, ajoutai-je en manière de conclusion. Où donc se cache-t-elle cette petite espiègle ? Est-ce qu'elle ne vous a pas accompagnées ? Il ne lui est rien arrivé de fâcheux, j'espère ? Je prononçai ces derniers mots en tremblant.

— Non, s'empressa de répondre mademoiselle de Marconnay, Alexina va très-bien, mais elle est retenue auprès d'une personne encore souffrante des suites d'un épouvantable danger qu'elle a couru, et les soins de votre nièce sont absolument nécessaires à cette personne.

— C'est différent, repris-je ; j'approuve fort cet acte de charité, bien que j'aie quelque peine à m'expliquer l'importance des services que peut rendre un enfant de douze ans, pour peu que l'état de la malade soit grave.

— Il ne l'est plus, dit Élisabeth, puis Aimée-de-Jésus seconde Alexina, dont, en effet, le dévouement, tout grand qu'il soit, deviendrait parfois insuffisant. Au reste, Théotiste, ne regrettez pas trop les fonctions de sœur hospitalière que vous exerciez au Luxembourg. Dès aujourd'hui vous allez les reprendre et avec un fier zèle, je vous en réponds.

Cette conversation, qui m'intriguait plus que je ne voulais le laisser paraître, avait lieu dans le fiacre qui nous ramenait, rue Mazarine, chez mademoiselle de Marconnay. Il s'arrêta juste au moment où j'allais demander le nom de l'intéressante malade qui excitait à un si haut point la sollicitude de ma nièce et d'Aimée-de-Jésus.

J'étais venue si souvent dans la maison de l'excellente Élisabeth, que je n'attendis pas qu'on me montrât le chemin, et que je gravis l'escalier avec une vivacité toute juvénile. Véronique se tenait comme en embuscade sur le palier, j'embrassai cordialement la bonne fille et m'apprêtais à entrer dans le salon, lorsque mademoiselle de Marconnay, passant mon bras sous le sien, m'entraîna vers sa chambre, dont elle entr'ouvrit doucement la porte, en me disant à l'oreille :
— Regardez, Théotiste, bénissez Dieu, mais surtout soyez calme, car *notre chère malade* est encore bien faible, et une émotion trop vive pourrait lui être funeste.

Étonnée au dernier point, je regardai, et voilà ce que je vis :

Alexina et Aimée se tenaient assises de chaque côté d'un lit placé au milieu de la chambre, et sur lequel reposait une femme dont le visage, pâli par la souffrance, resplendissait cependant d'un ineffable bonheur. L'abbé de Germond, Justine Bastro, Martin, le mari de Françoise, formaient, près de la fenêtre, à droite du lit, un groupe qui semblait échanger de joyeux sourires avec la malade...

J'étouffai un cri, mes jambes fléchirent, un voile s'étendit sur mes yeux : dans cette femme entourée de tant de témoignages d'affection, je venais de reconnaître ma sœur !!! Ma sœur ! que je croyais ne revoir qu'au jour des réunions éternelles! Comment avait-elle échappé au couperet de la guillotine ? Comment la retrouvais-je saine et sauve au milieu de ce cercle d'amis, la main dans celle de sa fille, quand je ne la voyais plus qu'au travers de mes douloureux souvenirs, courbant sa tête sous la hache du bourreau ?... Ce miracle, on me l'expliqua, lorsque, sortie de mon évanouissement, j'entourai de mes bras ma chère ressuscitée, dont les caresses me prouvaient que je n'étais pas le jouet d'un songe.

Tous ceux qui ont parcouru les annales de la Révolution savent que le tombereau qui conduisait au supplice André Chénier et Roucher, fut arrêté un moment, rue Saint-Honoré, par le peuple qui, indigné à la fin de voir immoler tant de victimes, voulut l'empêcher d'avancer. Il y serait parvenu, et les malheureux condamnés auraient été sauvés, si Henriot, ivre de fureur et de vin, n'était pas accouru, suivi d'une bande de forcenés qui fondirent le sabre haut sur les généreux libérateurs et les mirent en fuite. Dégagée du rempart vivant qui l'entourait, la charrette poursuivit sa marche, et le farouche commandant de la Garde nationale se félicita d'avoir envoyé à Sanson, comme il disait, la pâture quotidienne. Mais il n'était pas arrivé assez vite, cependant, pour empêcher Martin, qui se trouvait le plus rapproché de la charrette, de saisir dans ses bras vigoureux une femme qu'il avait pu attirer à lui, aidé par un homme dont nous avons toujours ignoré le nom.

La condamnée, que le brave maçon venait d'arracher à la mort, n'était autre que ma sœur qu'il avait reconnue grâce à sa ressemblance frappante avec moi. Après l'avoir abandonnée à l'inconnu qui la dissimulait de son mieux sous les ondulations de la foule, il se disposait à s'emparer également de la mère Louise, mais à cet instant survint l'avalanche de sbires que précédait Henriot, et Martin, violemment repoussé, faillit être écrasé par les roues de la charrette.

Tout ceci s'était passé avec la rapidité de l'éclair, pas un geste, pas un cri n'avaient dénoncé l'acte héroïque que deux hommes généreux venaient d'accomplir. Revenu de la rude secousse imprimée à tous ses muscles, le maçon reprit ma sœur que l'homme inconnu n'avait point lâchée, et protégé par une véritable muraille humaine, il l'entraîna vers une petite boutique de mercerie, dont la porte se referma aussitôt sur eux. Il était temps : succombant sous le poids des émotions entassées en elle dans l'espace de quelques minutes, la marquise ne donnait plus signe de vie. On finit par la ranimer, cependant, mais la raison de l'infortunée semblait disparue; elle ne prononçait que des paroles vagues entrecoupées de sanglots déchirants, et Martin, désolé, ne savait quel parti prendre. Pourtant il comprit bien vite qu'il fallait agir, et il envoya le fils de la mercière prévenir mademoiselle de Marconnay, qu'heureusement on trouva chez elle.

L'infatigable fille se hâta d'accourir. Son médecin, mandé aussitôt, donna les premiers soins à ma pauvre sœur, qu'on parvint à endormir à l'aide d'une potion calmante, et qu'Aimée-de-Jésus, secondée par Françoise, veilla toute la nuit dans l'arrière-boutique de l'obligeante mercière. Ce sont de braves cœurs que ceux des gens du peuple. Presque tous ont l'instinct de la générosité, et si l'on en voit quelques-uns devenir cruels, c'est qu'ils ont écouté les conseils perfides de ces hommes prétendus *éclairés*, qui se disent leurs amis, et qui ne sont que leurs corrupteurs.

Le lendemain du miraculeux sauvetage de madame de Serlon, les événements de thermidor s'accomplissaient, et rendaient possible sa translation chez mademoiselle de Marconnay. Elle s'opéra le soir dans une voiture bien fermée, que Martin conduisait au pas. Les merciers, trop payés, assuraient-ils, par le bonheur d'avoir contribué à sauver une femme innocente des griffes révolutionnaires, ne voulurent accepter aucune récompense. Ils demandèrent pour unique faveur qu'on leur permît d'aller quelquefois savoir des nouvelles de la marquise. Celle-ci demeura plusieurs jours entre la vie et la mort. Son délire prenait par moments une intensité effrayante. Tantôt, se plaçant dans l'attitude d'une personne qu'on va guillotiner; elle suppliait le bourreau de ne pas la faire trop souffrir; tantôt elle voulait fuir des étreintes invisibles, et appelait au secours! d'une voix étranglée. Le bon abbé de Germond n'avait pas pu continuer de rester caché chez Justine Bastro, en apprenant cette grande infortune. Au risque de ce qui pourrait en advenir pour sa propre sûreté, il était accouru, et passait de longues heures auprès de la malade, épiant le retour d'une lueur de raison dans ses yeux hagards, essayant vainement sur cette âme, autrefois si résignée, le pouvoir de ses pieuses paroles.

Enfin, la prostration d'abord, puis, ensuite, un

calme intelligent, qui permit à la marquise de reconnaître ceux qui s'empressaient autour d'elle, succédèrent à ces accès de folie furieuse. Bientôt la présence de sa fille, les tendres soins d'Aimée-de-Jésus et d'Élisabeth, l'espérance qu'on lui donna de me revoir avant peu, ramenèrent entièrement la paix dans ses esprits, la santé dans son corps brisé, et lors de mon arrivée elle allait aussi bien que possible. Ce mieux se continua de telle sorte, qu'au bout de quinze jours elle put se rendre, avec l'abbé, Alexina et moi, dans une petite maison de campagne que mademoiselle de Marconnay possédait à Auteuil. Nous attendîmes, cachées sous les discrets ombrages de ce nid entouré de fleurs et de verdure, la fin de l'orage qui grondait encore, et ne devait pas s'apaiser de si tôt. Pour que cet apaisement fût complet, pour que les églises fussent rendues au culte, la société reconstituée, les proscrits rappelés, le régime des violences terroristes définitivement aboli, il fallait passer par le Directoire et la moitié du Consulat, toutes choses qui demandèrent encore bien du temps.

Mademoiselle de Marconnay, que les charmes de la vie de campagne séduisaient peu, et à laquelle les bruits et l'agitation de Paris étaient absolument nécessaires, ne nous avait point suivies à Auteuil. Elle se contentait de venir nous y voir une fois par semaine, et manquait rarement d'amener soit Justine, soit Françoise, soit le brave Martin. Notre reconnaissante amitié pour ce dernier était telle, que nous regardions comme des jours de fête ceux où nous le voyions arriver.

Dans cette paisible solitude où ma sœur, secondée par l'abbé de Germond, travaillait à perfectionner l'éducation de sa fille, le temps m'aurait paru bien long, si je n'avais pas trouvé bon nombre de plaies morales et physiques à guérir. Nous n'habitions pas Auteuil depuis un mois, que je savais les noms d'une foule de pauvres êtres dont les corps comme les âmes réclamaient des soins assidus. Ils ne pouvaient point venir me les demander, puisqu'ils ignoraient mon existence, j'allai les leur offrir. Quelques-uns les acceptèrent tout d'abord; d'autres, soit défiance, soit fierté, les refusèrent d'une manière même assez sèche. Je persistai, et finis par triompher de la résistance des plus opiniâtres.

On a dit que le royaume des cieux ne pouvait être conquis que par la violence, ce qui signifie qu'il nous faut combattre énergiquement les passions qui s'opposent à notre prise de possession des joies éternelles; j'ajoute qu'il en est ainsi de la confiance de certains infortunés; on ne parvient à l'obtenir qu'à force de luttes.

La tempête sociale qui s'était abattue avec tant de ravage sur notre malheureux pays, avait jonché le sol d'épaves humaines. Ces épaves pullulaient dans les environs de Paris, et particulièrement à Auteuil. Ce charmant petit bourg, destiné à devenir presqu'une ville, n'abritait guère à cette époque que des gens ruinés par la Révolution, et quelques échappés des prisons, obligés de se cacher encore. Parmi ceux-ci, plusieurs avaient connu des jours opulents, et se trouvant réduits à une gêne voisine de la misère, souffraient mille fois plus que les personnes habituées depuis leur naissance à la pauvreté. Je m'intéressai à eux d'une manière spéciale, et quand ils me connurent mieux, quand ils surent le nom de l'habit que je portais autrefois, loin de me fuir, ils m'accueillirent à bras ouverts. Petit à petit, grâce à la bourse de mademoiselle de Marconnay, qui semblait inépuisable, j'apportai un peu d'aisance dans l'intérieur de ces honorables familles dénuées de tout.

Seule, une vieille femme qui habitait à l'extrémité du bourg une chaumière malsaine meublée d'un grabat de paille à moitié pourrie, d'un coffre et d'une chaise boiteuse, n'avait jamais voulu accepter de moi le moindre secours, la moindre consolation.

Grande, maigre, n'ayant de vivant que des yeux noirs dont le contraste avec ses cheveux d'un blanc de neige donnait à sa figure la plus étrange expression, cette femme paraissait toucher à l'extrême vieillesse. Des vêtements de couleur rouge, taillés sur le patron de ceux des paysannes aisées de Normandie, la couvraient, et l'espèce de haute coiffe qui surmontait sa tête, rappelait vaguement celle des fermières vendéennes. On ignorait son nom, son pays, ses moyens d'existence. Après les événements du 10 août, elle était venue, conduite par un homme de mauvaise mine qui n'avait point reparu, occuper cette masure que laissait vacante la mort d'un vieux berger; depuis ce temps jusqu'à la chute de Robespierre, elle n'avait pas manqué un seul jour de se rendre à Paris. Plusieurs habitants d'Auteuil, que ces voyages constamment répétés intriguaient, suivirent la vieille étrangère et découvrirent avec horreur que, placée au premier rang des hideuses femmes qui entouraient ordinairement la guillotine, elle paraissait se repaître d'une joie farouche, à chaque tête tombée sous la hache du bourreau. A dater de ce moment, elle devint un objet de répulsion pour tous, on la fuyait comme on fuit un animal venimeux, et les enfants, bientôt imités par les grandes personnes, l'appelèrent la *mère Féroce*.

L'histoire de cette déplorable créature, qu'on se hâta de m'apprendre dès qu'on vit mes pas se diriger vers sa demeure, ne m'arrêta point. Plus une âme semble chargée d'iniquités, plus, à l'exemple du Sauveur, on doit se rapprocher d'elle, afin de la remettre dans le bon chemin. C'est ce que j'essayai auprès de la *mère Féroce*; mais j'en fus pour mes frais. J'eus beau employer l'arsenal de ressources ingénieuses que possède la charité, je me brisai toujours à la froideur dédaigneuse de cet être incompréhensible, drapé dans sa misère, comme une reine détrônée dans son manteau royal!

J'étais presque décidée à renoncer à mes tentatives, lorsqu'un matin, en passant devant la masure de ma vieille terroriste, je me hasardai à faire encore un dernier effort. La porte ne fermait qu'au loquet, je le levai doucement, et j'entrai.

Je crus, au premier abord, la *mère Féroce* absente, car, d'habitude, elle se tenait assise sur son unique chaise, les mains croisées, la tête penchée sous le poids de ses sombres réflexions. Or, la chaise gisait renversée dans un coin, et nul être vivant ne semblait habiter la masure. Je m'approchai machinalement du grabat, et qu'on juge de mon effroi, lorsque j'y découvris la pauvre femme, le visage enflammé, les yeux sortis de leur orbite, et se tordant comme une personne épileptique. Je me précipitai vers elle, je la soulevai, et avec une peine infinie, je parvins à lui faire avaler quelques gouttes d'un élixir antispasmodique, dont je portais toujours une fiole sur moi. Ses bonds convulsifs cessèrent presque aussitôt, ses regards perdirent leur étrange fixité, les teintes rouges de sa face devinrent moins vives, mais au lieu de me remercier du secours que je lui apportais, elle me repoussa violemment, en s'écriant d'une voix rauque : — Arrière! arrière! fantômes! Ne m'approchez pas! Vous voulez m'entraîner dans la tombe où je vous ai envoyés. Arrière! vous dis-je! mon œuvre de destruction n'est pas encore finie...

Épuisée par ces paroles, elle essaya vainement de s'élancer vers moi, la force lui manqua, elle s'affaissa sur son grabat, mais cette fois si roide, si contractée, que je la crus morte.

Cependant elle respirait encore, je pus m'en convaincre aux battements précipités de son cœur, qu'on aurait dit vouloir bondir hors de sa poitrine oppressée. — Mon Dieu! murmurai-je mentalement : ne rappelez pas à vous cette âme coupable, avant que j'aie tenté de la sauver de votre colère!

Située au bout du village, la cabane n'avait pour

voisins qu'un vieux cordonnier et sa femme. J'avais guéri celle-ci récemment d'un mal assez grave au bras, je courus la chercher. C'était une excellente personne, elle comprit qu'il s'agissait du salut d'une de ses sœurs en Jésus-Christ, et malgré l'espèce de terreur que lui inspirait la *mère Féroce*, elle consentit sans hésiter à rester auprès d'elle tandis que j'irais prévenir le médecin. Je fus assez heureuse pour trouver ce médecin et le ramener. L'état de la moribonde n'avait pas changé. Après un rapide examen, le docteur secoua la tête, et me terrifia en disant qu'il doutait fort que la vieille femme pût recouvrer sa connaissance, et qu'il ne voyait, dans tous les cas, aucun remède à lui administrer. Cependant, à mon instante prière, il se décida à la saigner, et bientôt il s'en applaudit, car elle reprit ses sens et balbutia quelques mots. Je tremblais que sa fureur ne revînt : il n'en fut rien, elle resta calme, but même docilement la potion qu'à tout hasard le docteur avait apportée, puis, au bout de cinq minutes, s'endormit d'un sommeil que nulle souffrance ne paraissait troubler. Je demandai alors s'il serait possible de la transporter, sans danger, hors de ce trou noir et humide où l'on avait de la peine à respirer? Le docteur répondit que oui, si le trajet ne devait pas être long, et qu'évidemment il en résulterait un grand bien pour cette malheureuse, si on pouvait l'établir dans un lieu plus vaste où l'air et la lumière pénétreraient. Il n'avait pas achevé ces paroles, qu'avec l'élan que la charité chrétienne communique aux nobles cœurs, la brave cordonnière offrait sa maison, pauvre, sans doute, mais composée de deux chambres, dont l'une jouissait d'une splendide exposition au midi. J'embrassai cette digne créature, et sur-le-champ, aidées de son mari qu'elle appela, nous transportâmes la malade dans un lit garni de draps bien blancs, de chaudes couvertures, et que les rayons du soleil inondaient de la tête aux pieds.

L'effet de la potion était si puissant que ce déménagement s'opéra sans que la *mère Féroce* se fût réveillée. Il est vrai que nous avions pris des précautions extrêmes, et qu'on ne touche pas avec plus de délicatesse le corps frêle d'un nouveau-né.

L'heure à laquelle je rentrais ordinairement de mes visites quotidiennes aux malades d'Auteuil était passée depuis longtemps, lorsque je vins raconter à madame de Serlon et à l'abbé de Germond l'emploi de ma laborieuse matinée. Tous deux me félicitèrent, et vers le soir, quand je retournai auprès de la *mère Féroce*, l'abbé voulut m'accompagner.

— Je me tiendrai dans la première pièce, dit-il, et si Dieu permet que cette infortunée reprenne assez de connaissance pour comprendre le danger que court son âme, je joindrai mes prières aux vôtres, afin de l'amener au repentir.

La malade ne dormait plus, mais le sang qu'on lui avait ôté rendait sa faiblesse telle, qu'elle ne faisait pas un mouvement, et ne semblait pas même s'apercevoir de son changement de domicile. Il était tard, j'engageai ses braves hôtes à se coucher, puisque l'abbé et moi étions décidés à la veiller, et que leur concours nous serait inutile. Après quelques objections, ils y consentirent, et je m'installai, avec mon vénérable compagnon, au chevet de cette vindicative octogénaire dont la vie était certainement souillée par de grands forfaits, et qui, d'une seconde à l'autre, pouvait paraître devant son juge. A quelle classe de la société appartenait-elle? Ses vêtements bizarres cachaient-ils la femme du monde ou la femme du peuple? Quel mystère enveloppait son existence? Quelle vengeance sombre, implacable, poursuivait-elle depuis deux ans? Quel impérieux besoin de voir couler le sang de ses semblables la faisait courir aux pieds des échafauds, comme on court à une fête? Mais hélas! cette conduite n'avait-elle pas été motivée par de graves injustices? L'infortunée, qui gisait sur ce lit de douleur, cédant aux instincts de férocité dont les germes existent à l'état latent dans certaines âmes, ne s'était-elle pas cru, peut-être, le droit d'appliquer à ses ennemis, sans être criminelle, la terrible loi du talion?

Ces conjectures, que l'abbé et moi faisions à voix basse, jointes à l'extrême surveillance que nous apportions aux moindres mouvements de la malade, nous tinrent éveillés toute la nuit.

Vers huit heures le docteur entra, indiqua quelques boissons adoucissantes, dit que la vie pourrait durer trois ou quatre jours encore dans ce corps usé, mais que l'intelligence était déjà morte, et qu'il ne fallait espérer ni une pensée, ni une parole de la *mère Féroce.*

Cette sentence me navra. L'idée que ce malheureux être ne pourrait pas seulement faire un acte de contrition, me plongeait, je ne rougis pas de l'avouer, dans un véritable désespoir. Ce désespoir fera sourire les matérialistes, mais il sera compris de ceux qui croyent que nous avons une âme immortelle dont Dieu récompensera les vertus, mais dont il punira les vices.

Le salut de la *mère Féroce* me tenait tellement au cœur, qu'il devint ma pensée unique. Je chargeai madame de Serlon de me remplacer auprès de mes autres malades, et je ne quittai plus la maison du cordonnier. J'y passai cinq jours et cinq nuits sans désemparer. La vieille femme, immobile comme une momie, buvait, les yeux toujours fermés, les divers breuvages qu'on approchait de ses lèvres, mais à part cela, ne donnait aucun signe de vie. Cet état d'insensibilité avait lassé la patience du médecin et même celle de l'abbé, que, du reste, ses rhumatismes clouaient au logis. Seule, je ne me décourageais pas, et l'on va voir que j'eus raison.

Vers le milieu de la sixième nuit, au moment où je soulevais les oreillers de la malade, elle chercha ma main, fit un effort pour la porter à ses lèvres, et murmura faiblement : « Que vous êtes bonne ! »

Je tressaillis, un frisson d'ineffable joie me parcourut tout entière ! Jamais musique ne fut aussi harmonieuse à mon oreille que la voix sourde de cette pauvre femme chez laquelle le sentiment de la reconnaissance allait peut-être faire naître le repentir !

Me reconnaissez-vous? lui demandai-je doucement.

— Je vous ai reconnue dès le premier jour où vous m'avez apportée ici, répondit-elle. Aucun des soins que vous me donnez ne m'est échappé, mais je ne pouvais pas parler. C'est depuis quelques minutes seulement que ma langue s'est déliée.

— Dieu soit béni! m'écriai-je.

— Dieu! répéta-t-elle tristement : vous croyez en Dieu? Au fait, cela doit être, puisque vous êtes bonne. Moi aussi, quand j'étais bonne, je croyais en lui, je le priais, mais depuis que je suis devenue, ou plutôt qu'on m'a forcée de devenir méchante, je ne prie plus, je ne crois plus.

— Et qui vous a forcée de devenir méchante?

— Oh! je ne saurais vous le raconter, j'ai la tête trop faible, je m'embrouillerais dans mon récit. Puis, si je vous disais tout, je vous ferais horreur, vous m'abandonneriez, et je ne voudrais pas mourir seule; j'ai peur... Votre présence a fait fuir les fantômes... Si vous partiez, ils reviendraient.

— Mais quels fantômes peuvent vous poursuivre? demandai-je.

— Les fantômes de ceux que j'ai dénoncés et envoyés à la mort. Ils sont plus de vingt...

Un mouvement d'horreur, que je me hâtai de réprimer aussitôt, faillit me faire reculer. Je repris possession de mon sang-froid à l'aide d'une prière, et ma voix ne tremblait pas lorsque je dis à la malade :

— Que vous avaient-ils donc fait ces pauvres gens?

— Un d'entre-eux avait causé la mort de deux de mes petits-enfants.

— Mais s'il n'en est qu'un seul qui soit coupable envers vous, pourquoi étendre votre haine sur dix-neuf innocents?

— Parce qu'ils appartenaient à la noblesse comme celui qui a envoyé mon petit-fils Jean aux galères, et qui a été cause que Marguerite, ma petite-fille, est morte de désespoir.

— Alors, selon vous, tous les nobles étaient responsables du crime commis par un des leurs?

— Oui, et si je n'en ai pas envoyé davantage à l'échafaud, c'est que Saint-Just n'était plus là pour recevoir mes dénonciations.

— Mais c'est horrible, une pareille vengeance, malheureuse femme! m'écriai-je. Quand vous l'accomplissiez avec tant de férocité sur des êtres que vous ne connaissiez pas, et qui, par conséquent, ne vous avaient jamais offensée, il fallait que votre raison fût troublée.

— Vous vous trompez, répondit-elle, je n'étais point folle, mais j'avais tant souffert que j'éprouvais un immense besoin de faire souffrir.

En dépit de tous les raisonnements que j'accumulai, je ne puis pas obtenir de Jeanne Michaud, c'est ainsi que se nommait la vieille femme, une autre justification de son abominable conduite.

— Songez-donc, me disait-elle, après avoir puisé quelques forces dans un breuvage fortifiant, songez donc, citoyenne, aux tortures que j'ai endurées. Ces deux enfants, qu'un crime m'a enlevés, et leur frère, le cadet, qui s'est enrôlé sous les drapeaux de la République, étaient toute ma joie en ce monde. Leur père, mon fils unique, étant mort à trente ans, et sa femme l'ayant suivi au bout d'un mois, je me consacrai entièrement à eux. Nous habitions, aux portes de Caen, une belle ferme qui, sans rapporter des revenus considérables, nous permettait de vivre dans l'aisance. Jean, l'aîné de la famille, s'occupait de diriger nos nombreux travailleurs, Étienne, le second, étudiait chez un vieux savant de la ville, et Marguerite, leur sœur, la plus jolie créature du monde, allait épouser un jeune et riche meunier. Jean aimait passionnément la chasse, et malgré ma défense, se hasardait souvent à aller braconner sur les terres du comte de Civray, dont le château touchait presque notre ferme. Plusieurs fois déjà, il avait été menacé par le comte lui-même, dont l'arrogance était proverbiale dans le pays. Un jour, le manant, comme on disait alors, et le grand seigneur se rencontrèrent face à face, sur un terrain giboyeux appartenant à ce dernier. Mon petit-fils portait un fusil, le comte une canne de jonc. Il en cingla la figure de Jean qui s'effaçait pour lui livrer le passage, en le traitant de vassal et de maraudeur. Jean ne put garder son sang-froid, et d'un revers de main envoya le noble comte rouler à vingt pas dans la poussière. Le lendemain, mon pauvre enfant fut arrêté. De faux témoins attestèrent qu'il avait provoqué M. de Civray; d'ailleurs, le pouvoir de la noblesse égalait presque le pouvoir royal, à cette époque (on était en 1786), et le seul fait de braconnage aurait suffi pour entraîner une punition sévère. Jugez de celle qui attendait l'*esclave* assez osé pour porter la main sur *son maître !* Les juges opinaient pour la peine de mort ; les prières de l'évêque obtinrent, comme une faveur, les galères perpétuelles. Jean n'eut pas assez d'énergie pour supporter cette flétrissure. Au bout d'un an, il mourut ; sa sœur, que les parents du jeune meunier n'avaient plus voulu pour fille, le précéda de deux mois dans la tombe. Il me fallut dévorer en silence ce double malheur, et j'obtins à grand'peine qu'Étienne, le frère des deux victimes, m'imitât. Mais le désir de la vengeance pénétra si avant dans mon cœur, que je n'eus plus d'autre pensée. Nièce d'un prêtre qui m'avait donné une instruction assez étendue, je savais très-bien que Dieu commande de pardonner ; mais je ne pouvais pas parvenir à me soumettre à cet ordre, et j'en arrivai à ne plus prier ce Dieu qui, selon moi, ordonnait des choses impossibles.

Jugez si je fus heureuse quand la Révolution éclata, quand les nobles se virent poursuivis et traqués comme des bêtes fauves !

Aux premiers grondements de canon sur les frontières, Étienne s'engagea. Je restai seule avec une sorte d'âpre bonheur : personne ne serait là pour entraver ma vengeance, je la disposerais et la préparerais à mon gré. Elle ne se fit pas attendre.

J'avais eu l'art de placer, sans qu'il le soupçonnât, un homme qui m'était tout dévoué auprès de mon ennemi. Un matin, cet homme vint m'avertir que le comte, qui acclamait bien haut la République et la maudissait en secret, devait le soir même prendre la fuite, avec sa jeune femme et son vieux père. Au reçu de cette nouvelle, je me rendis à Caen, j'y dénonçai les ci-devants. La nuit venue, on cerna silencieusement le château, et au moment où les fugitifs en sortaient par une porte dérobée, on les arrêta. Vingt-quatre heures après, leurs trois têtes tombaient. Quand le comte gravit l'échafaud au pied duquel je me tenais debout, le regard sombre, le geste menaçant, je lui criai : « Souviens-toi de Jean Michaud !... »

Je croyais que ma haine s'éteindrait dans cette triple mort : je me trompais ; elle sembla redoubler au contraire, et s'étendit sur tout ce qui ne portait pas un nom roturier. Bientôt la soif du sang s'empara de moi avec tant de violence que je ne pus lui résister, et que, pour l'assouvir, il me fallut un plus grand théâtre que la modeste ville de Caen. Je vendis ma ferme, les terres qui l'entouraient, et, munie d'une forte somme, moitié argent, moitié assignats, je partis pour Paris. J'y connaissais un enragé républicain, comme moi enfant de la Normandie. Il m'aboucha avec Saint-Just, auquel j'offris d'être sa pourvoyeuse de victimes. L'ami de Robespierre accepta ma proposition, qu'il mit sur le compte d'un ardent patriotisme ; mais afin de ne pas éveiller les soupçons de ceux que je voudrais perdre, il me conseilla de feindre la pauvreté, de me loger hors Paris, et d'y venir quotidiennement rôder aux alentours des maisons réputées pour abriter des suspects. Je suivis ses conseils de point en point. Mon compatriote me conduisit à la cabane inhabitée du vieux berger. Je la louai presque pour rien, et m'y installai.

Vous devinez le reste. Chaque matin, je commençais dans Paris ma chasse aux nobles, et elle était toujours fructueuse, car on ne se méfiait point d'une vieille mendiante qui se présentait comme une victime de la Révolution, et s'offrait à faciliter de mille manières l'évasion des persécutés.

Vous frémissez, n'est-ce pas? Vous regrettez de m'avoir interrogée? Je le comprends; mais puisque je suis en train de me confesser, il faut que vous m'écoutiez jusqu'au bout. Sachez-donc ce qui est le comble de l'infamie, que depuis longtemps je ne dénonçais plus par haine, mais par habitude, et que mes heures les plus délicieuses étaient celles que je passais aux pieds des échafauds! Quand, à la suite des événements du 9 thermidor, je me vis privée de cette joie, je tombai dans un profond chagrin. Seule, dans ce froid sépulcre dont je n'osais sortir crainte des huées dont m'accompagnaient les enfants d'Auteuil, passant quelquefois ma journée sans nourriture, je crois bien que ma tête se dérangea. J'avais des frayeurs soudaines, je poussais malgré moi des sanglots convulsifs; il me semblait vivre au milieu des fantômes de ceux que j'avais livrés au bourreau... Que pouvaient être de telles visions, sinon de la folie?

— Non, lui dis-je, et bénissez-en ce Dieu que vous avez outragé: non, ce n'était pas de la folie, c'était le remords qui, à votre insu, vous entrait dans le cœur et le déchirait comme un vautour.

Elle demeura un instant pensive, puis elle reprit:

— Peut-être avez-vous raison. Oui, la mort de mes

ennemis aurait dû me suffire. J'ai été coupable en provoquant celle de mes autres victimes.

— Vos forfaits remontent plus haut, répliquai-je sévèrement. Vous avez été coupable dès que vous avez cédé à la première pensée de vengeance qui s'est éveillée dans votre âme contre M. de Civray. Un véritable chrétien laisse le soin de sa vengeance à Dieu. Vous paraissez intelligente, vous avez été élevée à l'école d'un ministre de l'Évangile, vous êtes donc cent fois plus blâmable qu'une ignorante qui n'aurait pas lu, comme vous, dans les Livres Saints, que puisqu'un Dieu a pardonné sa mort à ses assassins, il peut bien exiger que nous pardonnions à nos frères, quelque grands que soient leurs torts envers nous. On a tué mes enfants! me direz-vous... La mère de Jésus a-t-elle cherché à se venger de ceux qui ont crucifié son Fils unique, après l'avoir abreuvé d'outrages que l'imagination ne peut se représenter sans frémir? Non! elle a pleuré sur eux, elle les a plaints, j'ose ajouter qu'elle les a aimés! Et vous! non-seulement vous broyez votre ennemi désarmé, implorant votre pitié peut-être pour sa femme et son vieux père; mais, pareille à une hyène, vous poursuivez de votre vindicative rage des innocents, des inconnus, uniquement parce qu'ils appartiennent à la caste de l'homme que vous abhorrez!... Malheureuse! qu'aurez-vous à répondre, dans une minute, dans une seconde peut-être, à ce Juge qui vous demandera : *Qu'as-tu fait de tes frères?*

Vous m'avez dit que j'étais bonne, ma pauvre et

chère sœur; les quelques soins que j'ai pu vous donner ont paru toucher votre cœur endurci par la haine. Eh! bien, ces faibles soins, ces secours tout matériels, vous pouvez me les payer au centuple, en vous repentant de vos actes sanguinaires, en pardonnant à votre ennemi, afin d'être à votre tour pardonnée...

— Oui, grand'mère, repentez-vous! pardonnez! dit une voix mâle et douce à la fois, en joignant ainsi ses supplications aux miennes.

Presque effrayée, je me retournai brusquement, et je vis, à genoux, au pied du lit de la mourante, un jeune officier, les mains jointes, le visage baigné de pleurs.

— Étienne! murmura la vieille femme : ne suis-je point encore le jouet d'une hallucination? Étienne! mon petit-fils, est-ce toi?

— Oui, grand'mère, c'est moi! moi, votre Étienne que vous aimiez bien jadis, et qui, de concert avec cette pieuse dame, vous supplie de ne pas mourir sans avoir pardonné au comte de Civray.

L'octogénaire se redressa, sa figure prit une teinte violacée, ses cheveux se hérissèrent, son regard étincela. On voyait qu'à ce moment suprême, un violent combat se livrait dans son âme entre le mal et le bien. Je priais, le jeune homme priait aussi... Dieu daigna nous écouter : le mal fut vaincu, le bien triompha...

— Je pardonne! je me repens! prononça Jeanne Michaud d'une voix forte : Seigneur! faites-moi miséricorde!... Et elle ajouta plus bas, en retombant épuisée sur son lit : Oh! si je pouvais emporter la bénédiction d'un prêtre!

— Vous l'emporterez, cette bénédiction! m'écriai-je : priez Dieu qu'il vous accorde seulement encore une heure de vie.

Et, me retournant vers le cordonnier qui venait d'entrer : Mon ami, lui dis-je, courez chercher l'abbé de Germond. Vous savez qu'il habite chez ma sœur, dans la maison au bout du Chemin-Creux. S'il dort, reveillez-le ; s'il ne peut pas marchez, portez-le ; mais, d'une manière ou d'une autre, amenez-le.

Le brave cordonnier, retrouvant ses jambes de vingt ans, partit comme une flèche : Attendez-moi! cria l'officier. La voiture qui m'a conduit ici est à la porte ; avec elle, nous ne pouvons pas manquer de ramener M. l'abbé.

Ils sautèrent dans le véhicule dont les chevaux, vigoureusement stimulés, prirent le galop.

Dix minutes après, l'abbé entrait dans la chambre de la mourante, qui l'accueillit avec un sourire d'ineffable gratitude. Je les laissai seuls, et rentrai dans la première pièce, où m'attendait le jeune officier. Il me raconta alors brièvement que, porteur d'une lettre écrite par le général de brigade Davoust, à la Convention, il s'était enquis de sa grand'mère qu'il savait devoir habiter Paris, et avait appris sa résidence, à Auteuil, par ce même compatriote dont il a déjà été question. — J'accourais, ajouta-t-il, dire à la fois un bonjour et un adieu à ma pauvre aïeule, car il faut que je rejoigne, dans le plus bref délai possible, à Luxembourg, le corps d'armée auquel j'appartiens.

Je vis que ce jeune homme, qui me parut extrêmement

distingué, ne croyait Jeanne Michaud coupable que de la mort de M. de Civray, et qu'il ignorait absolument ses autres crimes. Je me gardai bien de les lui apprendre, et je fis à l'honnête cordonnier et à sa femme un signe qu'ils comprirent, pour les engager à m'imiter. Ce que je ne pus pas empêcher, par exemple, c'est l'énumération des services que j'avais rendus à la vieille terroriste, énumération que le digne couple fit avec une telle chaleur, que l'officier ne savait en quels termes me remercier. Il recommençait pour la vingtième fois ses actions de grâce, lorsque l'abbé nous appela. Il lui tardait de nous montrer l'ouvrage d'un repentir profond, et, je dois le constater, cet ouvrage atteignait les proportions du miracle. *La mère Féroce*, dont le visage portait déjà, l'instant d'auparavant, une teinte cadavéreuse et repoussante, n'était plus la même femme. Le pardon divin, en descendant sur son front, avait transfiguré ses traits. Il venait de leur rendre ce calme majestueux qui fait courber la tête et fléchir les genoux, devant ces vieillards dont le dernier souffle s'exhale au milieu des regrets et du respect de tous. Elle bénit son petit-fils, me tendit une de ses mains, donna l'autre au cordonnier et à sa femme, puis collant ses lèvres au crucifix que l'abbé lui présentait, elle leva vers le ciel ses yeux pleins d'espérance, et les referma pour jamais.

J'arrachai d'auprès du lit mortuaire le jeune soldat qui pleurait comme un enfant. Quand M. de Germond le vit plus calme, il lui demanda s'il faisait partie de la garnison de Paris?

— Non, répondit Étienne ; il faut que je retourne dès ce soir à l'armée de Luxembourg. Le Ministre de la Guerre doit me remettre une dépêche à cinq heures, et à six je serai à cheval.

— Alors, reprit l'abbé, suivez-moi, mon fils, dans la masure qu'habitait votre aïeule, afin que je vous remettre les quatre-vingt mille francs qu'elle y a déposés au fond d'un vieux coffre. Cette somme est le prix de la vente de ses biens, et représente votre héritage.

— Mon Dieu ! s'écria l'officier, beaucoup plus affligé que joyeux, que vais-je faire de cet argent?... Madame, ajouta-t-il, et vous, monsieur l'abbé, daignez être assez bons pour vous en charger. Vous le placerez ou le garderez, selon votre volonté, et si une balle m'envoie rejoindre ma pauvre grand'mère, comme je ne me connais pas de parents, vous le distribuerez aux pauvres.

Il était difficile de rien refuser à cet excellent jeune homme. Seulement, M. de Germond insista pour qu'ils se rendissent ensemble à la cabane vérifier le contenu du coffre. Il renfermait bien les quatre-vingt mille francs annoncés. On le ficela, et on le mit dans la voiture qui le transporta chez ma sœur, où je me rendis avec l'abbé et le jeune Michaud, que je voulus retenir à déjeuner et présenter à madame de Serlon.

Avant de quitter la maison du cordonnier, Étienne alla s'agenouiller une fois encore auprès du lit funèbre, et baiser pieusement le front de la morte.

— Qu'il m'est pénible, me disait-il, de ne pas pouvoir assister à son convoi, et de vous en laisser tous les tristes embarras !

— Ne vous préoccupez pas de cela, repris-je ; je suis une ancienne Sœur de Charité, ces douloureuses corvées me sont familières. D'ailleurs, hélas ! aujourd'hui, il ne s'agit que d'une simple déclaration de décès. On a supprimé les cérémonies religieuses, et le corps, comme celui d'un animal, est descendu dans la fosse sans qu'aucun chant pieux l'accompagne. Je suivrai votre pauvre aïeule demain à sa dernière demeure, l'abbé, ma sœur, ma nièce, lui feront cortège aussi. Partez donc tranquille, mon enfant, les prières ne manqueront pas à la défunte, et si jamais vous revenez à Auteuil, vous pourrez aller déposer la vôtre sur la petite tombe que je me charge de faire élever à la mémoire de Jeanne Michaud.

Bon jeune homme ! par quel regard reconnaissant il me paya de cette promesse !

En arrivant chez la marquise, j'y trouvai mademoiselle de Marconnay, dont c'était le jour de visite, et qui, selon son habitude, m'attendait avec impatience. Depuis qu'elle s'était remise à fréquenter les salons, elle prétendait avoir plus besoin que jamais d'entendre parler des œuvres de charité.

Je racontai brièvement la mort édifiante de ma vieille protégée, puis je présentai son petit-fils, que ces dames entourèrent de consolations et de prévenances.

Pendant le déjeuner, afin d'apporter quelque diversion aux sombres pensées qui, malgré lui, mouillaient de larmes les yeux du jeune officier, on le questionna sur l'armée, sur ceux qui la commandaient, et il se mit à nous parler avec enthousiasme du général de brigade Davoust, cet homme fort jeune encore à cette époque, et destiné à une si éclatante gloire militaire.

— Le général Davoust, nous disait Étienne Michaud, est adoré de ses soldats, et cependant, il est très-sévère. Mais cette sévérité est toujours accompagnée d'une telle justice, qu'elle augmente le respect sans diminuer l'affection. Toujours le premier à la brèche ou à l'assaut, sa bravoure et son intrépidité commencent à devenir proverbiales. Le siége de Luxembourg, qui vient d'être levé, ne le serait certainement pas encore, sans l'ingénieuse énergie déployée par le général Davoust. Vous allez en juger.

Si vous lisez les gazettes, vous savez que notre général en chef, Ambert, ordonna au général de brigade Davoust de refouler dans l'intérieur de la place les troupes que le général ennemi s'obstinait à tenir hors des murs. Davoust ne se le fait pas répéter deux fois. Il fond sur nos adversaires comme un lion, les renverse, s'empare de leur artillerie, et les poursuit l'épée dans les reins jusque sous leurs palissades. Ce n'était pas assez : trois magasins de blés, que les assiégés croyaient à l'abri de toute surprise sous les glacis, sont complètement détruits, et aggravent la situation, déjà fort périlleuse, des soldats et des habitants de Luxembourg. Bender voyant le moral de ses troupes sensiblement affecté par d'aussi rudes chocs, veut essayer de le remonter à l'aide de trois sorties, que Davoust repousse avec un succès qui lui vaut les applaudissements de ses chefs et de ses subordonnés.

Frappées d'admiration, les vieilles moustaches se demandaient à quelle école ce blond jeune homme, à l'œil vif et doux en même temps, au front large, à la forte encolure, avait appris cet art si difficile de la guerre, qui exige une longue théorie avant d'être mis habilement en pratique.

Stimulé par les éloges qu'on donne à sa valeur, Davoust veut les mériter dans une mesure plus vaste encore. Il prend avec lui une compagnie de grenadiers, dont j'avais l'honneur de faire partie. Précédés par un déserteur, nous nous introduisons, sur les pas de notre jeune général, non sans avoir affronté plusieurs dangers, dans l'intérieur des ouvrages de la place. Nous y surprenons un poste de soixante hommes, auquel nous ne laissons pas le temps d'appeler au secours, et nous ne nous retirons qu'après la destruction du moulin d'Erich, le seul qui jusqu'alors eût résisté à nos boulets. Les Luxembourgeois ne purent pas tenir tête à ce coup terrible : la ville se rendait le lendemain.

Un acte si témérairement héroïque méritait une récompense à son auteur : on lui offrit le grade de général de division. Cette offre lui avait déjà été faite une fois, il l'avait refusée ; il la refusa de nouveau.

— Pourquoi ? demanda mademoiselle de Marconnay. Il est donc aussi modeste que brave, cet intrépide général ?

— J'ignore les motifs de ce refus, répondit Étienne,

mais j'affirmerais que la pensée qui l'a dicté est aussi grande que généreuse. Les actions de Davoust, que je crois appelé à de hautes destinées, auront toujours pour mobile la droiture chevaleresque qui fait le fond de son caractère. Il devra ses grades à son incomparable valeur, jamais à la bassesse et à l'adulation.

Chose qui pourra paraître étrange chez une religieuse, j'ai ressenti constamment une profonde sympathie pour les illustrations militaires, et ce que nous racontait le jeune officier de la supériorité du général Davoust me transportait d'une véritable joie. Cet entretien resta si bien gravé dans ma mémoire, qu'il m'inspira un vif désir de connaître le héros de Luxembourg, et qu'il contribua beaucoup à la demande que je fis plus tard, de me rendre, en qualité de sœur infirmière, à l'armée que l'intrépide général, devenu maréchal alors, commandait si brillamment.

En sortant de table, au moment où il allait monter en voiture pour retourner à Paris, Étienne m'attira dans l'embrasure d'une fenêtre, et me pria de remettre mille francs aux braves gens qui avaient reçu son aïeule sous leur humble toit, et de les remercier des soins qu'ils lui avaient prodigués. — Quant à vous, Madame, ajouta-t-il, je ne puis vous payer de vos bontés que par une reconnaissance qui durera autant que ma vie. Et pourtant, voyez comme je suis insatiable de ces mêmes bontés dont je ne sais comment m'acquitter! J'ose vous supplier de les continuer en m'associant à vos nombreux actes de charité, et de me promettre que vous puiserez largement en faveur des pauvres, dans le petit trésor que je mets à votre entière disposition. Ces aumônes, en passant par vos mains, obtiendront, je l'espère, à ma pauvre grand'mère, le pardon divin que son tardif repentir ne lui obtiendrait peut-être pas de longtemps encore.

J'étais vivement émue, et je promis à cet excellent jeune homme, qui possédait toutes les délicatesses du cœur jointes à une éducation parfaite, de me conformer à ses pieux désirs. Il nous laissa enchantés de lui, et faisant des vœux pour que Dieu épargnât ses jours dans les batailles et nous permît de le revoir.

Le lendemain, eurent lieu les modestes funérailles de Jeanne Michaud, dont je m'appliquai à réhabiliter la mémoire, en mettant sur le compte de la folie les actions qui l'avaient fait si mal venir des habitants d'Auteuil. Je ne mentais pas en parlant ainsi : la vengeance n'est-elle pas une folie? et la plus terrible de toutes, hélas !

CHAPITRE XI

DE 1796 A 1799

Comment Théotiste usait de la liberté tacite de visiter les malades. — Un pieux utopiste. — Le général Bonaparte. — Le lieutenant-colonel Étienne Michaud. — Ses visites à Auteuil. — Portrait d'Alexina. — Combat entre l'orgueil et l'amour maternel. — Ce dernier triomphe. — Les fiançailles. — Le dix-huit brumaire. — Le récit d'Étienne. — Le mariage. — Départ pour l'armée. — Beau-Mignon. — Le Premier Consul. — Le Concordat. — La supérieure de la maison de la rue de l'Épée-de-Bois. — La cérémonie à Notre-Dame.

Pendant que la France essayait tant bien que mal de reprendre, à l'intérieur, l'équilibre que lui avaient fait perdre tant de brusques secousses, ses armées se couvraient de gloire d'un bout de l'Europe à l'autre, et Bonaparte attachait son drapeau au sommet des vieilles pyramides égyptiennes. De jour en jour aussi on se relâchait de la surveillance apportée aux actions des anciens suspects. Les femmes, surtout, jouissaient d'une liberté de demeure et de promenades à peu près entière, et j'employais cette tolérance tacite au profit des malades que mademoiselle de Marconnay me priait souvent de venir exhorter et consoler à Paris. Ces malades n'appartenaient pas tous à la classe populaire, et je dus aux sentiments religieux des uns et à la curiosité des autres de me trouver en présence d'une foule de personnages.

Je ne parlerai certes pas de tous, ceci m'entraînerait trop loin ; mais je ne puis résister au désir d'en signaler un qui devint mon ami, et dont le souvenir me fut toujours cher.

Presque en face de la maison de mademoiselle de Marconnay habitait un jeune homme que la Révolution avait surpris au séminaire, juste à l'époque où il allait être ordonné prêtre. Il se nommait Marc Salvian et approchait de la quarantaine lorsque je le connus. C'était une âme profondément pieuse, un peu exaltée peut-être, mais pleine des plus nobles et des plus généreux sentiments. Les utopies avaient jeté de bonne heure leur poudre dorée à ses yeux. Il s'était cru appelé à remplir une mission providentielle en ce monde, mais une mission de paix et d'amour. Cette idée s'était tellement emparée de son imagination, qu'il y rapportait tous les actes de sa vie, et que les sanglantes horreurs de 93 ne parvinrent même pas à l'en détourner.

Comme l'abbé de Germond, qui m'avait mise en rapport avec lui, il ne désespérait pas de faire du reste des hommes, avec l'aide de Dieu, un peuple de frères qui mettraient en pratique le doux commandement du Christ : « Aimez-vous les uns les autres. »

Dire ce que Marc dépensa d'énergie, de temps, de patience, d'argent, à poursuivre la réalisation de ce rêve, je ne le pourrais pas. Il adjura sur tous les tons les hommes de s'entr'aider, de se chérir, au lieu de se nuire et de se haïr : peine perdue, hélas ! vaines exhortations jetées à des sourds, et auxquelles ils ne répondirent pas, comme le pauvre prédicateur aurait dû s'y attendre. Il fit bien par-ci par-là quelques adeptes, mais le grand nombre ne le comprit pas, et le traita nécessairement d'halluciné. Il n'y a pas un novateur auquel cette injure ne soit lancée à la tête. Malheur à ceux qui ne savent pas en prendre leur parti. Marc Salvian fut de ce nombre. Quand je le connus, il était tombé dans un découragement profond, une fièvre lente le minait, ses cheveux étaient blancs, ses traits ridés ; à quarante ans à peine, il en paraissait soixante. Nous eûmes ensemble de longs entretiens, et comme je l'écoutais avec une attention bienveillante à laquelle ses amis, même les plus intimes, ne l'avaient pas accoutumé, il me développa, mieux encore que dans ses ouvrages, ses plans de régénération religieuse et politique. Je ne les énumérerai pas ici, mais je dirai seulement que c'était la religion catholique, la douce et belle religion du divin Crucifié, que Marc Salvian voulait voir un jour, reine victorieuse, asseoir son empire d'un bout à l'autre de l'univers. Hélas ! quel temps choisissait-il, le malheureux ! pour émettre de semblables idées ?... Comment espérer qu'on les honorerait du moindre examen, après une révolution telle que la nôtre ? Quand nos autels étaient encore brisés, nos temples fermés, nos prêtres bannis! quand un volcan mal éteint grondait encore dans les cerveaux! quand le couperet de la guillotine suintait encore d'un sang fraîchement versé!... Je fis remarquer tous ces obstacles à M. Salvian. Il convint de leur vérité, mais il n'en persista pas moins à affirmer que s'il avait pu rencontrer dix chrétiens dévoués comme lui, son œuvre se serait accomplie, en dépit de l'inertie des uns et de l'indifférence des autres... — Au reste, ajoutait-il, avec la conviction de ceux qui ne mettent pas en doute la bonté de leur cause, tôt ou tard ce grand événement religieux et humanitaire arrivera. Je serai mort depuis un siècle peut-être, mais j'aurai eu la gloire de l'avoir préparé dans mes écrits; cela me suffit.

Tandis que Marc Salvian oubliait ses souffrances physiques dans la contemplation de ce rêve d'avenir, trop brillant pour devenir jamais une réalité, un homme qui agissait, lui, beaucoup plus qu'il ne rêvait, le général Bonaparte, organisait l'événement qui devait lui livrer d'abord le pouvoir consulaire et le trône peu d'années après. Mais avant de parler de ce coup d'État du 18 brumaire, l'un des plus hardis peut-être qu'ait enregistrés l'histoire, il est nécessaire de nous entretenir de ce qui s'était passé dans la petite maison d'Auteuil, pendant que le Directoire gouvernait la France et que nos soldats rivalisaient de courage sur les champs de bataille.

Ma sœur avait résisté aux instantes prières de Pauline et de Suzanne. Elle s'était obstinée à ne pas vouloir quitter sa modeste retraite pour leur somptueuse demeure, prétextant que l'éducation de sa fille aurait à souffrir des distractions mondaines qui remplissaient l'existence des habitants du château de Godberg. La vérité, c'est que, sans aigrir positivement son caractère outre mesure, le malheur avait donné à madame de Serlon de sourdes irritations qu'elle ne parvenait pas toujours à maîtriser, et qui ne lui permettaient pas de se prêter aux exigences, souvent très-fatigantes, de la société qui se pressait sans cesse dans les riches salons de nos jeunes sœurs. Alexina savait et comprenait tout cela, elle qui mettait tant de soin à éloigner de sa mère, qu'elle adorait, l'ombre d'une contrariété. D'ailleurs, au lieu d'attrister la jeune fille, le peu de sympathie que madame de Serlon témoignait pour aller en Hanovre la charmait. Elle aimait le toit solitaire qui l'abritait depuis quatre années; elle me portait une extrême affection; mademoiselle de Marconnay, l'abbé, l'excellent Martin, Françoise, Justine, étaient pour elle de véritables amis, dont elle aurait eu une peine immense à se séparer. Ensuite, il existait quelqu'un duquel elle parlait rarement, mais qui, plus que tous les autres, peut-être, lui faisait souhaiter de ne pas quitter la France. Ce quelqu'un était Étienne Michaud, promu au grade de lieutenant-colonel, et en congé à Paris depuis deux mois, par suite d'une blessure qui lui avait valu ses nouvelles épaulettes.

De 1796, époque où nous l'avions connu, à l'automne de 1799, qui commençait, porteur de diverses dépêches adressées par ses chefs au Directoire, le jeune officier avait fait de fréquents voyages à Paris.

et trouvé toujours une heure pour venir à Auteuil. A chacune de ses visites, entre lesquelles il s'écoulait souvent un intervalle de trois ou quatre mois, Alexina lui apparaissait de plus en plus embellie, et il assistait avec délices à l'épanouissement de cette charmante fleur qui, bien qu'elle exhalât ses parfums dans la solitude, n'en était pas moins radieuse. Étienne, il me l'a dit plus tard, emportait dans les camps le souvenir de cette pure image. On le devine, longtemps avant qu'il eût osé se l'avouer à lui-même, le petit-fils de Jeanne Michaud aimait ma nièce d'un de ces nobles amours qui, loin d'amollir le cœur, le poussent à l'accomplissement des grandes choses, et affermissent l'âme dans la vertu, au lieu de l'en détourner. Étienne connaissait ma triste histoire : il savait qu'avant de revêtir l'humble habit des sœurs de charité, j'avais été épouse et mère. Ce passé lui faisait supposer qu'initiée aux sentiments auxquels une religieuse est ordinairement étrangère, mieux que personne, je serais capable de le comprendre, de le protéger peut-être, ou du moins de le plaindre, si je ne pouvais pas davantage. C'est donc à moi, à moi seule, que, dans une de ces heures où le cœur trop plein a besoin de s'épancher sous peine de se briser, il révéla son secret... — A moins que mes regards ne lui aient appris ce secret, votre nièce l'ignore, me dit-il. Elle l'ignorera toujours, je vous le jure, si madame la marquise ne me permet pas de le lui apprendre. Mais s'il m'est ordonné de le garder à jamais dans mon âme, si tout espoir de rompre le silence m'est enlevé, je le sens, ma carrière est perdue, il n'y a plus rien en ce monde que je puisse ambitionner. Je donnerai ma démission, et lorsque, avec l'aide de Dieu, je serai parvenu à penser sans trop de trouble à mademoiselle de Serlon, je me retirerai à Rome, dans un couvent. Alexina ou le Seigneur, je n'aurai pas d'autre amour sur la terre.

Je dois confesser que nulle femme ne mérita mieux que ma nièce d'inspirer, au moral comme au physique, une aussi profonde, une aussi sainte affection. D'une taille moyenne, mais exquise dans ses proportions, elle avait une démarche si souple et si légère, que, pareille à la *Camille* de l'Énéide, elle aurait pu marcher sur les épis sans les courber. Son front large, couronné par une abondante chevelure châtaine, se dressait fièrement, et indiquait cette énergie, cette puissante force de volonté qu'elle tenait de son père et qui lui venait aussi un peu de moi. Des yeux d'un bleu limpide, doux dans le repos, étincelants dans l'action ; une peau blanche, fine, nuancée d'un rose vif ; des traits d'une extrême délicatesse, sans être fades, cependant, complétaient ce gracieux ensemble. Mais ce qui surpassait de toute la splendeur des beautés impérissables la fragile beauté du visage d'Alexina, c'étaient les vertus de son âme, ardent foyer de dévouement, d'abnégation, de charité. Oui, Dieu, il faut en convenir, l'avait richement dotée !

Les scènes sanglantes et terribles auxquelles elle s'était trouvée mêlée presque au sortir de l'enfance, la vie sédentaire qu'elle menait sous l'œil vigilant et quelque peu sévère de sa mère, en mûrissant de bonne heure son jugement, l'avait rendue sérieuse. Aucune compagne de son âge n'était jamais venue se mettre en tiers entre elle et nos graves conversations, et un sourire joyeux n'entr'ouvrait guère ses lèvres que les jours où Étienne Michaud, aussi aimable conteur que vaillant soldat, nous narrait, avec une verve entraînante, les divers épisodes de ses nombreux voyages en pays ennemi. Il contrefaisait si comiquement l'accent des Prussiens, des Bavarois, des Italiens, qu'il avait tant de fois observés, que l'abbé de Germond lui-même ne pouvait réprimer un rire inextinguible.

Peu à peu, sans qu'elle y prit garde, Alexina fit dater les époques heureuses de son existence monotone, des rapides moments où Étienne venait, entre deux batailles, nous raconter ses récents succès, et nous demander nos prières pour ses succès à venir.

Ma sœur, en sa qualité de mère, fut la première à s'apercevoir du bonheur qui brillait sur le front ordinairement grave de sa fille, et celui du jeune officier, lorsqu'ils se trouvaient ensemble. Cette découverte l'inquiéta, et un soir, où nous étions seules, elle me fit part de ses craintes, avec une certaine vivacité.

— Mais, lui dis-je, je ne vois pas dans cette mutuelle affection, au cas où elle existerait, matière à se désoler. Étienne a près de cent mille francs de fortune; je crois son cœur excellent; il est en passe, par le temps qui court, d'arriver aux premiers grades militaires, et ce ne serait pas, à mon avis, un parti à dédaigner pour Alexina.

— Oh! reprit ma sœur : la fille d'un de Serlon, la petite-fille d'un baron de Saint-Vincent, épouser un ancien paysan! tu n'y penses pas, Théotiste! Jamais je ne consentirai à une pareille mésalliance!

— Christine, répondis-je, même au temps où la noblesse pouvait impunément écraser le peuple de ses dédains, je ne partageais point ce préjugé qui met une démarcation si grande entre les enfants de Dieu, ce père commun de tous les hommes. Juge du peu d'importance que je dois y attacher aujourd'hui, lorsque le niveau révolutionnaire, en passant sur toutes les têtes, semble prouver, moralement parlant, que celle du grand seigneur n'est pas plus haute que celle de l'ouvrier. Crois-le bien : ce ne sont ni la particule, ni les titres qui font la noblesse, mais les belles actions et les vertus hors ligne. Quel a été le premier de ces aïeux dont plusieurs se montrent justement si fiers de descendre? Un homme sorti des rangs de ce qu'on appelle le peuple, et s'élevant au dessus de tous par l'héroïsme de son courage, l'éclat de son génie. La noblesse, la royauté elle-même, en France particulièrement, n'ont pas d'autre origine. Égaux devant la création, les hommes le deviendront un jour devant la loi, d'un bout à l'autre de la terre, comme ils le sont déjà dans notre pays. La seule différence morale qui existera désormais entre eux sera dans l'éducation. Or, cette différence n'existe pas entre ta fille et Étienne. Sous ce rapport, le plus important de tous, le premier, selon moi, ils sont parfaitement dignes l'un de l'autre. Tu as fait d'Alexina une femme aussi distinguée par l'étendue de son instruction qu'elle l'était par les qualités natives de son cœur et de son esprit : l'oncle d'Étienne a obtenu un semblable résultat, et je n'hésite pas à dire que j'aimerais mille fois mieux voir ma nièce devenir la compagne du général, même du colonel Michaud, estimé de ses chefs, chéri de ses soldats, que celle d'un gentillâtre qui n'aura à lui offrir que son titre et sa gentilhommière ouverte aux quatre vents du ciel. Réfléchis, sans parti pris, sans préjugés, et tu seras de mon avis. D'ailleurs, voudrais-tu donc faire le malheur de ta fille unique, si réellement, ce que je ne sais pas, elle aimait ce jeune homme ?

Alexina, qui rentrait en ce moment, mit un terme à notre conversation, mais nous la reprîmes plusieurs fois, toujours sans succès de mon côté, et je n'étais pas encore parvenue à ébranler l'orgueil aristocratique de la marquise, lorsque Étienne, paré du double prestige de sa blessure et de ses épaulettes neuves, après m'avoir priée d'interroger adroitement le cœur de ma nièce, osa demander quelques minutes d'entretien à madame de Serlon.

Il tremblait comme un collégien surpris en faute, le brave garçon, et je suis bien sûre qu'à ce moment suprême il aurait mieux aimé affronter la fusillade ou la mitraille, que d'entrer dans ce petit cabinet où l'attendait, pensive et sévère, celle qui allait décider de sa destinée.

Rien ne rend timide comme une affection véritable, et si je ne m'étais pas glissée derrière Étienne, il est certain qu'une fois en présence de la marquise, il n'aurait jamais eu le courage de formuler sa demande. Lui, d'ordinaire si éloquent, il restait là, les yeux baissés, debout, quoiqu'on l'eût prié de s'asseoir ; ses lèvres remuaient, sa bouche s'ouvrait convulsivement, mais aucune parole n'en sortait. Je me hâtai de lui venir en aide, et j'exposai hardiment sa requête à la terrible marquise, qui ne me faisait pas peur, à moi.

Je l'avais prévu : son premier mot fut un refus poli, mais sec. Tout porte à croire qu'elle eût persisté, ce jour-là du moins, si un auxiliaire, sur lequel ni Étienne ni moi ne comptions, n'était pas miraculeusement apparu, comme dans le *Deus ex machinâ* des tragédies antiques.

Cet auxiliaire était le père Martin, qui, en sa qualité de sauveur de madame de Serlon, avait ses entrées libres chez elle, et qui, prévenu par mademoiselle de Marconnay que son intervention ne serait peut-être pas inutile dans cette grave circonstance, sortait du coin obscur où il s'était dissimulé jusqu'ici.

Avec l'autorité que lui donnaient un immense service rendu et un dévouement qui ne s'était jamais démenti depuis quatre années, il s'avança vers la marquise, et d'une voix respectueuse, mais ferme :

— Madame, lui dit-il, vous m'avez fait souvent l'honneur de me répéter que vous conserveriez toujours le souvenir du moment terrible où j'ai été assez heureux pour vous arracher à la mort, et rendre une mère à sa fille. Bien des fois aussi, vous avez ajouté que vous aviez contracté ce jour-là, envers moi, une dette dont vous auriez un grand bonheur à vous acquitter. Cette dette, madame la marquise, vous pouvez aujourd'hui l'acquitter au centuple, et je viens vous sommer de le faire, au nom du Dieu qui m'a inspiré jadis la pensée de vous sauver. Accordez à M. Étienne Michaud la main de mademoiselle Alexina; vous ne me devrez plus rien. Au contraire, c'est moi qui serai votre obligé; c'est moi qui, à mon profond dévouement, joindrai une reconnaissance sans bornes.

Il se tut. La marquise avait tressailli pendant cette prière presque impérative. Ses yeux s'étaient fermés, comme si elle eût voulu éviter de revoir le drame lugubre que les paroles du vieux maçon venaient de lui remettre en mémoire. On devinait, à la contraction de ses traits, la lutte violente qu'elle soutenait avec l'amour maternel, d'un côté, et l'orgueil de l'autre. A demi-vaincue, elle hésitait encore cependant; puis lorsqu'en rouvrant les yeux elle vit l'anxiété de Martin et la mienne, la pâleur livide d'Étienne, quand elle sentit les larmes du rude soldat, tombé à genoux, mouiller ses mains, elle n'y tint plus. Dans un élan d'affectueuse tendresse elle releva le jeune homme, le pressa sur sa poitrine en l'appelant son fils; puis, se tournant vers Martin :
— Merci, mon vieil ami ! lui dit-elle avec un doux regard : tu m'as empêché de céder à un orgueil coupable.

Pendant ce temps, j'avais ouvert la porte du cabinet derrière laquelle Alexina, soutenue par mademoiselle de Marconnay, écoutait haletante, de sorte qu'au moment où Étienne, fou de joie, entassait les baisers sur le front et les joues de la marquise, mademoiselle de Serlon franchissait comme un ouragan le petit espace qui la séparait de sa mère, se jetait dans ses bras, et s'y trouvait réunie avec celui qui allait devenir son fiancé.

A ces émotions, dont la violence n'aurait pas pu durer sans jeter quelques-uns d'entre nous dans une crise nerveuse, succéda un calme voisin de la béatitude. Quiconque serait venu ce soir-là visiter les hôtes de l'humble maison d'Auteuil, y aurait vu ce qu'on ne voit guère en ce monde : l'image du bonheur le plus parfait. Bonheur recueilli, chaste, semblable à celui que durent éprouver nos premiers parents lorsque, purs encore, ils erraient, appuyés l'un sur l'autre, à travers les solitudes embaumées de l'Éden.

Nous étions au jeudi. On convint que les fiançailles se feraient solennellement le dimanche suivant, dans un dîner où seraient conviés nos bons amis de Paris, mademoiselle de Marconnay, Martin, sa femme, Justine, Aimée-de-Jésus.

L'abbé demanda la permission d'amener Marc Salvian; ce qu'on lui accorda avec d'autant plus d'empressement, qu'Étienne connaissait déjà l'aimable utopiste, et que ma sœur raffolait de ses ouvrages.

A ce dîner, l'un des plus gais, des plus charmants auxquels j'aie jamais assisté, nous aurions bien voulu fixer l'époque du mariage; mais cela ne se pouvait pas. On sait qu'un militaire ne se marie point comme un simple particulier : il lui faut l'autorisation de ses chefs, accompagnée de celle du ministre qui, en temps de guerre, ne la donne pas toujours facilement. Marc Salvian, très-lié avec le ministre actuel, se chargea de lever cette difficulté. Restait le consentement du général sous les ordres de qui servait Étienne. Cet officier supérieur était le général Davoust. — Il est bon, disait pour se rassurer Michaud, qui tremblait bien un peu : il est jeune, peut-être a-t-il, lui aussi, une belle et douce fiancée qu'il désire appeler sa femme ; il ne me refusera pas.

Bercé par cette espérance, notre lieutenant-colonel écrivit le lendemain ; et, en effet, le général ne se montra pas hostile aux projets matrimoniaux de son subordonné, tout en exprimant la crainte que le bonheur de l'époux ne fît quelque tort à la vaillance du soldat.

Le ministre fut beaucoup moins facile à convaincre que le général. On crut même un moment qu'on ne parviendrait pas à triompher de ses refus.

Enfin, les instances réitérées de M. Salvian, jointes à la lettre du général Davoust, l'emportèrent, et l'on décida que le mariage, secrètement béni par l'abbé de Germond, aurait lieu à la municipalité le 18 brumaire. Mon futur neveu ne se doutait pas que, ce jour-là, il lui faudrait se tenir à cheval depuis le matin jusqu'au soir, et qu'il ne se marierait pas sous le Directoire, mais au bruit des joyeuses fanfares qui saluèrent la proclamation du Consulat.

Acteur et spectateur dans les événements de ces journées de brumaire qui changèrent d'une façon si inattendue le mode de gouvernement de la France, Étienne put, mieux que personne, nous en raconter les émouvantes et curieuses péripéties.

Sans savoir positivement à quels résultats aboutirait l'agitation qui s'était emparée de tous les esprits, on les soupçonnait bien depuis le retour de Bonaparte à Paris, et Marc Salvian, mieux instruit que beaucoup d'autres, nous avait engagées à reculer, par précaution, le mariage de nos jeunes gens. Mais Étienne, qui voyait arriver la fin de son congé et qui savait qu'aussitôt ce congé expiré, il recevrait l'ordre de rejoindre son régiment, Étienne ne voulait pas partir sans être le mari d'Alexina, et pressait de toutes ses forces l'union que la prudence nous prescrivait d'ajourner. Les derniers préparatifs venaient d'être terminés, le contrat était passé, le voile, la blanche robe, la symbolique couronne de fleurs d'orangers, s'étalaient gracieusement sur le canapé du salon, lorsque, le 17 brumaire, on enjoignit au lieutenant-colonel Michaud de se rendre rue Chantereine, à l'hôtel du général Bonaparte, où il passerait la nuit et recevrait l'ordre de se libérer de tout engagement pour le lendemain. Sa stupéfaction, sa colère ne sauraient se peindre. Il nous avoua qu'il avait failli jeter sa démission à la tête de l'officier qui lui faisait ces agréables recommandations. Mais une minute de réflexion le fit rentrer sous le joug puissant de la discipline. Il demanda qu'on lui permît d'expédier à Auteuil un soldat porteur de quelques lignes écrites à la hâte; puis, s'enveloppant dans sa courageuse résignation comme dans un manteau imperméable, il attendit, impassible, les événements qui allaient se dérouler.

Nous ne le revîmes qu'au bout de quarante-huit heures, harassé, presque malade, mais si heureux de la chute du Directoire, du triomphe de Bonaparte, de la déconfiture des Cinq Cents, qu'il riait comme un écolier en vacances, en nous faisant un récit que j'abrégerai, mais qui, au milieu de scènes imposantes, présentait vraiment des côtés du plus haut comique.

— Vous savez déjà par Salvian, nous dit Étienne, que trois des Directeurs s'étaient démis de leurs fonctions, que les deux autres, retirés au Luxembourg, voyaient les baïonnettes des soldats s'interposer entre eux et la rue, et que le Pouvoir exécutif rendait le dernier soupir, bel et bien étranglé par la main puissante de Bonaparte, seul possesseur de la force, c'est-à-dire de tout. Vous savez aussi qu'on avait transporté, ou déporté plutôt, à Saint-Cloud, le Conseil des Anciens et celui des Cinq-Cents. Ceux-ci étaient furieux, et quand ils entrèrent en séance, à deux heures, un tumulte effroyable retentit d'un bout de la salle à l'autre. Ils comprenaient qu'on venait de les pousser dans un véritable traquenard, que l'épée allait probablement mettre la toge en fuite, que le général Bonaparte aspirait à un honneur encore plus grand que celui de conduire nos armées au combat, et c'étaient des rugissements, des cris : à bas les Dictateurs ! vive la Constitution ! capables d'ébranler sur leur base les vieilles pyramides d'Égypte. Lucien Bonaparte, leur président, s'époumonait en vain à les rappeler à l'ordre ; ils ne l'écoutaient pas, et devenaient de plus en plus intraitables.

Fatigué de tout ce tapage, qu'il entendait du dehors, le vainqueur d'Arcole, que quelques généraux commençaient déjà à railler, fait un signe à son état-major et se présente résolument, suivi de cet imposant cortége, dont je faisais partie, devant le Conseil des Anciens. Pour un homme qui, je le crois, parlait en public pour la première fois et sans aucune préparation, il se tira de ce pas difficile avec une telle habileté que nous nous tenions à quatre pour ne pas l'applaudir. Après avoir esquissé la situation actuelle de la France, les dangers qu'elle courait, l'impérieuse nécessité où l'on était de la sauver, il termina ainsi : « Si quelque ora-
» teur, payé par l'étranger, parlait de me mettre hors
» la loi, alors j'en appellerais à mes compagnons d'ar-
» mes. Songez que je marche accompagné du dieu de la
» fortune et du dieu de la guerre. »

A cette foudroyante aprostrophe, articulée d'un ton qui n'admettait pas de réplique, les Anciens, terrifiés, se courbèrent. Leur arrogance tomba comme par enchantement, et tous les honneurs de la séance furent pour le soldat orateur.

Sa cause était gagnée de ce côté. Rendu plus hardi encore par ce succès, il marcha droit aux Cinq-Cents, dont les clameurs redoublaient au lieu de s'apaiser. Quelques grenadiers, qu'il laissa à l'entrée, l'accompagnaient. La tête haute, le pas assuré, il s'avança; mais il atteignait à peine le milieu de la salle, qu'une foule de députés, indignés sans doute de ce qu'ils regardaient comme le comble de l'audace, l'entourèrent, en criant : « A bas le dictateur ! à bas le » tyran ! Vos lauriers sont flétris ! Votre gloire s'est » changée en infamie ! Respectez le temple des lois ! » Sortez ! sortez ! »

Coudoyé, pressé au point d'en perdre la respiration, le héros ne recula pas d'une semelle ; mais ses agresseurs étaient nombreux; ils pouvaient le terrasser, dans un moment de fureur irréfléchie, le poignarder peut-être... J'avais suivi les grenadiers ; d'un saut je saisis le général à bras le corps, et tandis que mes camarades contenaient les énergumènes, je l'emportai hors de la salle. Il était pâle, ému, mais il ne tremblait pas. D'un bond il enfourcha son cheval et arriva auprès des troupes, auxquelles il apprit en peu de mots qu'on avait tenté de l'assassiner. On lui répondit par un cri formidable de : Vive Bonaparte !

Comme vous le pensez bien, un pareil incident n'était pas fait pour réduire les Cinq-Cents au silence. Ils vociféraient plus fort que jamais, et, impuissants à frapper Napoléon, toute leur rage se tournait vers Lucien, qui cherchait avec une rare énergie à justifier son frère.

« Vous n'avez pas voulu l'entendre, leur disait-il : » ses services méritaient du moins qu'on lui donnât le » temps de s'expliquer. — Non ! non ! s'écriaient les » entêtés : à bas le tyran ! » Puis, dans un paroxysme de fureur, ils ajoutaient : « Hors la loi ! hors la loi ! » Ce mot qui avait eu de si terribles conséquences pour Robespierre, pouvait en avoir d'aussi désastreuses pour

13

Bonaparte. Malgré l'amour immense que les soldats lui portaient, qui sait s'ils ne l'abandonneraient pas devant cette sentence de réprobation ?

Lucien le comprit, et s'opposa énergiquement à ce qu'on formulât la proposition de mise hors la loi contre un homme auquel la France devait tant de gloires impérissables. Mais sa voix ne parvenant pas à dominer le tumulte, sa demande de ne pas condamner son frère sans l'entendre étant rejetée, il déposa la toque et la toge, quitta le fauteuil présidentiel, et s'élança à la barre pour défendre du moins jusqu'à son dernier souffle celui qu'on accusait.

Bonaparte, aux oreilles de qui ce débat effréné arrivait, craignit pour les jours de son frère, et envoya dix grenadiers qui ne l'entraînèrent pas sans peine au dehors de cette salle changée en un véritable club de forcenés.

A partir de ce moment, l'hésitation ne fut plus possible : puisque les moyens oratoires échouaient, il fallait employer la force ; on l'employa. Lucien harangue les troupes dont Bonaparte parcourt le front ; il leur dit que le Conseil des Cinq-Cents est dissous ; que des assassins ont fait violence à la majorité, et qu'il somme la brave et vaillante armée de la délivrer. Il accompagne ces paroles du serment solennel que son frère et lui seront toujours les défenseurs de la liberté. Alors deux généraux prennent le commandement d'un bataillon de grenadiers et s'avancent à l'entrée de la salle où les Cinq-Cents continuaient de s'agiter. En apercevant les baïonnettes, ils jettent des cris encore plus aigus que ceux qu'ils avaient poussés à l'aspect de Bonaparte. Mais les roulements du tambour couvrent leurs clameurs. *Grenadiers, en avant!* crient les officiers. Les grenadiers obéissent, ils font irruption dans la salle... Alors c'est un tohu-bohu indescriptible, un sauve-qui-peut général... Les députés se voyant ainsi menacés, effarés, ahuris, disparaissent par les corridors, par les fenêtres, par toutes les ouvertures qui s'offrent à leurs regards... En moins de quelques minutes, cette salle si animée, si pleine de bruits, est devenue silencieuse comme une tombe... Elle est vide, déserte, et Bonaparte peut s'y promener aussi paisiblement que sur un champ de bataille abandonné tout à coup par l'ennemi.

En apprenant cette rapide victoire, les Anciens, qui ne l'avaient pas prévue, firent bien un peu la grimace; mais Lucien se chargea de leur prouver qu'il eût été impossible d'agir autrement, et, bon gré mal gré, ils se résignèrent.

Cependant, comme, en définitive, la France ne pouvait pas rester sans gouvernement, on se hâta de réunir une cinquantaine de ceux des députés qui approuvaient fort le coup d'État; ils rendirent un décret qui en consacrait l'opportunité. Ce décret a été adopté par les Anciens, et, sans perdre de temps, Bonaparte, Roger-Ducos et Sièyes ont été nommés immédiatement consuls provisoires.

C'est dans leurs mains que repose désormais le Pouvoir exécutif. Quant aux Conseils, ils ne reprendront leurs fonctions que le 1er ventôse prochain. Et voilà comment, ma belle fiancée, ajouta Étienne en terminant, le soleil du 18 brumaire, qui devait éclairer notre hymen, a éclairé la déroute de l'éloquence parlementaire et l'avénement de l'épée au pouvoir.

Trois jours après, au retour de la municipalité, l'abbé de Germont bénissait, à huis clos, le mariage d'Étienne et d'Alexina. La semaine suivante, le nouvel époux retournait à son régiment. Sa jeune femme montra un grand courage à l'heure douloureuse des adieux. Elle s'y était préparée d'avance, et l'accepta sans amertume, sans récrimination.— Mon ami, dit-elle à son mari, la tendresse profonde qui nous unit n'a rien de matériel. Nous nous aimons en Dieu et avec le cœur. Or, quand on s'aime ainsi, on n'est jamais séparé, même par l'absence. Nous vivrions à mille lieues l'un de l'autre, que nos âmes s'entendraient toujours, ne cesseraient pas d'être en communication. N'offensons donc pas le Ciel par une douleur trop vive, et portons la croix qu'il lui plaît de mettre sur nos épaules avec le calme résigné des vrais chrétiens. »

C'est à l'aide de ces consolantes paroles, dont le léger tremblement de sa voix n'altérait pas la fermeté, qu'elle parvint à enchaîner le chagrin d'Étienne plus impétueux que le sien, et qu'elle put s'arracher, sans secousse, des bras qui cherchaient à la retenir.

Elle suivit des yeux, tant qu'il lui fut possible de l'apercevoir, cet être chéri qui emportait la moitié de sa vie; puis, quand il eut disparu, elle rentra à pas lents dans sa chambre, où elle pria le reste du jour.

Dans les premiers temps, la sérénité de son âme ressentit bien quelque trouble de cette séparation, mais peu à peu elle redevint ce qu'elle avait toujours été, bonne, souriante, aimable, gaie même, lorsqu'elle voyait les nuages des sombres souvenirs s'amasser sur le front de sa mère.

Étienne lui avait apporté, le lendemain de leur mariage, un charmant petit chien noir, aux yeux intelligents, aux longues oreilles pendantes, et qu'on appelait Beau-Mignon. Ce gracieux animal devint son compagnon fidèle. Elle jouait, elle causait avec lui comme avec une personne raisonnable, et prétendait qu'il la comprenait lorsqu'elle lui parlait de son mari. Elle l'avait habitué à l'avertir quand il se présentait des pauvres à la porte, et il n'y manquait jamais, soit en la tirant par sa robe, soit en aboyant d'une façon toute harmonieuse.

Ce que je raconte ici, à propos d'un humble quadrupède, semblera peut-être puéril, mais Beau-Mignon a fait, pendant près de dix ans, partie de la famille, et il m'a donné en particulier tant de preuves d'affection, que je me serais accusée d'ingratitude, si je ne lui avais pas consacré quelques lignes dans ces Mémoires. D'ailleurs, il mérite d'autant plus cette rapide mention, que je pourrai citer plusieurs traits héroïques de sa courte existence qui ne dépareraient pas l'histoire des chiens célèbres. Je me contenterai de celui-ci : le fils d'Alexina se roulait sur la pelouse, sous l'œil de Beau-Mignon, chargé de le surveiller. Tout à coup, une couleuvre s'avance sournoisement vers l'enfant : le chien lui barre le passage, engage une lutte acharnée avec elle, et finit par lui couper la tête bel et bien. Quand ma nièce, qui avait vu ce combat de loin, accourut, Beau-Mignon, encore en arrêt devant son adversaire mort, balançait sa tête d'une manière toute belliqueuse et jetait au vent de joyeux jappements de triomphe. Alexina écrivit le récit de cette vaillante action à son mari, lequel envoya à Beau-Mignon un collier d'honneur au nom de tous les chiens du régiment.

Mais je m'aperçois que ma parenthèse, touchant ce qui se passait à Auteuil de 1795 à 1799, commence à devenir bien longue, et qu'il est plus que temps de la fermer. Donc mon récit, arrêté au 18 brumaire, va reprendre sa marche avec les événements qui suivirent le fameux coup d'État.

On sait qu'une fois installé au pouvoir, Bonaparte y montra de telles aptitudes, une telle supériorité, qu'il annula bien vite ceux qui le partageaient avec lui, et qu'on pût facilement prévoir qu'il en deviendrait tôt ou tard l'unique dépositaire. En effet, il se fit d'abord nommer Premier Consul, pour arriver au consulat à vie qui devait précéder le titre d'Empereur. C'est pendant cette dernière période qu'eut lieu le Concordat, que les églises furent rouvertes, les prêtres rappelés et les ordres religieux rétablis en ce qui concernait les sœurs de charité.

Certes, j'aimais bien madame de Serlon, sa fille, mon petit neveu Alexis qui venait de naître; mais le jour où je les quittai pour entrer au couvent de la rue de l'Épée-de-Bois, dont on me nomma supérieure, fut après, et peut-être même avant celui de ma prise d'habit, le jour le plus heureux de ma vie.

J'y avais été préparée, à ce jour béni, par deux imposantes cérémonies : le sacre des quatre premiers évêques, le dimanche des Rameaux, 11 avril (21 germinal) 1802, et le *Te Deum* solennel chanté à Notre-Dame le jour de Pâques de la même année, pour remercier Dieu de la paix générale qui venait d'être signée, et du rétablissement du culte. La veille au soir on avait publié le Concordat dans tous les quartiers de Paris, aussi le peuple se porta-t-il en foule à la cathédrale le lendemain. Elle présentait vraiment un coup d'œil féerique, la vieille métropole dont on avait restauré à la hâte l'intérieur dégradé par les bandes révolutionnaires. Le Premier Consul, revêtu du costume rouge, marque de sa dignité, s'y était rendu entouré et suivi des principaux corps constitués, d'un brillant état-major et d'un véritable essaim de femmes du monde distingué, au milieu desquelles brillait madame Bonaparte, avec sa ravissante grâce créole.

Les troupes formaient la haie sur le passage de ce pompeux cortége. Placée de bonne heure dans l'église, avec Alexina, par les soins de son mari, je vis là pour la première fois Bonaparte, à qui l'archevêque de Paris, Mgr de Belloy, vint offrir l'eau bénite. Le jeune chef du pouvoir se rendit sous le dais à la place qu'on lui avait réservée; le Sénat, le Corps législatif, le Tribunat, se rangèrent des deux côtés de l'autel, et les chants pieux vibrèrent sous les voûtes sonores de l'antique basilique, comme le roulement d'un tonnerre impétueux. Je tombai à genoux, suffoquée par mon émotion, mes yeux se remplirent de larmes, et, du plus profond de mon cœur, je demandai à Dieu de pardonner à ceux qui avaient renversé ses autels, et de bénir celui qui les relevait.

CHAPITRE XII

LE RETOUR A L'HOSPICE.

La visite du Premier Consul.—Les nouvelles connaissances.—La rencontre à Saint-Roch. — La princesse Vanila. — Le bien moral qu'on peut faire dans les hospices. — Épisodes à l'appui. — Le septembriseur.—La victime d'un incendie.—La brebis coupable revenant au bon pasteur. — Un homme de bien.

Après un ouragan comme celui qui avait bouleversé la France, on se doute bien que les premières semaines de mon installation furent quelque peu rudes. Je ne savais trop, d'abord, comment je m'y prendrais pour peupler la solitude de cette vaste demeure, abandonnée aux rats, aux araignées, aux chauves-souris et autres animaux immondes qui s'en étaient victorieusement emparés. Mais, petit à petit, le bruit succéda au silence; les pauvres brebis du bon Dieu, dispersées par l'orage, revinrent au bercail de la prière et de la charité; les choses s'organisèrent régulièrement; on se reconnut, on se casa. Aidée d'Aimée-de-Jésus que j'avais demandée pour suppléante, je mis ordre à tout, et lorsqu'au bout de deux mois, le Premier Consul honora le couvent de sa visite, je pus lui présenter un assez nombreux bataillon de religieuses, et le promener dans des salles, des réfectoires, des parloirs, propres, bien tenus, ne portant nulles traces d'un abandon de dix années. Il daigna me complimenter, et remarquant que nous étions encore vêtues de nos habits de ville, il donna des ordres, séance tenante, pour que l'argent nécessaire à l'achat des costumes monastiques nous fût immédiatement fourni. Je n'ai pas besoin de dire avec quelle joie je repris ma robe de laine, mon grand tablier, ma chère cornette, et surtout ce crucifix qui repose sur la poitrine des sœurs de charité, afin de leur rappeler constamment qu'elles doivent aimer les pauvres, comme leur divin modèle les aima.

Rajeunie, transfigurée par mon retour à ces pieuses occupations, j'avais repris l'activité des débuts de mon apostolat. Connaissant le zèle éclairé d'Aimée-de-Jésus, et sachant que je pouvais lui abandonner en toute sécurité les soins de l'intérieur, même la direction du noviciat, je me remis comme autrefois à la recherche de ces malheureux qui n'osent pas solliciter des secours dont ils ont souvent plus besoin que le mendiant des rues. Mais ce n'était pas tout de découvrir les infortunes cachées, il fallait trouver des gens riches qui m'aidassent à les soulager. Appuyée par mademoiselle de Marconnay, j'y parvins facilement. Il semblait que la Providence mît une bonté particulière à protéger mes démarches, et je ne rentrais guère chaque soir au couvent sans rapporter de quoi ne pas arriver le lendemain la poche vide auprès du chevet des vieillards et du berceau des petits enfants.

Que de belles et nobles âmes j'ai rencontrées sur ma route, pendant ces pérégrinations à travers le monde élégant de Paris! Je me souviendrai toujours, entre autres, d'une princesse, polonaise d'origine, mais parlant et écrivant le français comme si elle fût née à la cour de Louis XIV. Mariée très-jeune à un prince italien, et veuve depuis plusieurs années, elle avait habité notre pays aux heures les plus effroyables de la révolution, sans s'épouvanter, sans songer une minute à regagner sa patrie. C'était bien un des plus grands cœurs, une des plus brillantes intelligences que j'aie jamais connus.

Nous nous étions rencontrées au pied d'un autel de la Vierge, à Saint-Roch, une après-midi, à ce moment de la journée où ceux qui ont besoin d'implorer et ceux qui viennent remercier, aiment à répandre en secret leurs prières. Mon habit l'attira vers moi, sa sereine et expressive physionomie me poussa vers elle. Je ne sais quoi de doux et de fier à la fois rayonnait dans son regard d'aigle. Il s'exhalait de l'ensemble de cette femme, à la taille imposante, aux manières dignes et simples en même temps, un parfum qui révélait non-seulement la grande dame, mais l'esprit le plus éminent.

Nous sortimes ensemble de l'église. Ce fut elle qui

me parla la première, et le timbre de sa voix résonna si harmonieusement à mon oreille, qu'il acheva la conquête que son beau regard avait commencée. J'entrai tout de suite en franchise avec elle, et lui avouai naïvement mon métier de quêteuse auprès des favoris de la fortune, en faveur des déshérités. Elle accueillit ma confidence du plus bienveillant sourire, me fit monter dans le riche équipage qui l'attendait à la porte, et, arrivée à son hôtel, me glissa dans la main une bourse bien garnie. Que de larmes je séchai ce jour-là ! Que de bénédictions je rapportai à la généreuse bienfaitrice, de la part des nombreuses familles que ses largesses inattendues venaient d'arracher au désespoir !

Sur les vives instances de la princesse, je la revis souvent, et bientôt notre intimité devint telle, qu'elle me lut, avant de le livrer à l'imprimeur, un ouvrage de philosophie religieuse qu'on aurait cru écrit par Pascal ou Bossuet. Les idées qu'elle y développait, marquées au coin de la plus pure orthodoxie, me parurent si peu ordinaires, si élevé, que je lui demandai la permission de la mettre en rapport avec M. Salvian qui, de son côté, venait de terminer un opuscule qu'il désirait vivement soumettre à sa critique. Elle y consentit, et il s'établit entre ces deux êtres, aussi passionnés l'un que l'autre pour la gloire de Dieu et le bonheur de l'humanité, une étrange communauté de pensées.

Mes relations avec la princesse Vanila se trouvèrent interrompues par suite de son départ pour l'Italie, où l'appelaient de graves intérêts. Je n'eus plus de ses nouvelles que de loin en loin, lorsqu'un de ses compatriotes, envoyé par elle, m'apportait des secours pour mes pauvres, secours qu'accompagnait toujours une affectueuse lettre.

Je restai peu de temps à la maison-mère. L'Hôtel-Dieu avait besoin d'être réorganisé; on voulut bien me croire capable de remplir cette tâche, et je fus nommée en remplacement de la supérieure qui venait de mourir.

Quel rendez-vous de toutes les misères humaines, que l'hospice! Il faut y avoir passé comme moi de nombreuses années, pour s'en faire une idée exacte. Si je consignais dans ces Mémoires les désespoirs que j'y ai vus, les sanglots, les blasphèmes et les prières que j'y ai entendus, je pourrais facilement trouver la matière de dix volumes. En général, les sœurs et les médecins qui donnent leurs soins aux hôtes de ces tristes asiles, n'ont pas le temps de s'informer des événements qui les y ont amenés. Puis, d'ailleurs, pour plusieurs de ces modestes religieuses, de ces savants praticiens, la vie a été si peu accidentée, qu'ils ne soupçonnent même pas les tortures de l'existence tourmentée des autres. Une femme se jette par la fenêtre, un maçon tombe d'un échafaudage, une jeune ouvrière est à moitié écrasée par une voiture, dans la rue; arrivés à l'hospice, on raccommode leurs membres brisés, on les entoure d'une sollicitude matérielle de chaque instant, mais voilà tout. On ne s'inquiète pas de ce qui a conduit cette femme au suicide, des enfants sans appui, peut-être, que le maçon a laissés, de la vieille mère que l'inaction forcée de la jeune ouvrière va livrer à toutes les horreurs de la misère. Pour moi, et pour la plupart des supérieures d'hôpitaux, il n'en était point ainsi. Je ne m'attachais pas seulement à guérir les maux physiques ; je m'occupais des blessures de l'âme, et pour y apporter un remède, il fallait bien que je sache ce qui les avait provoquées. Quand j'entendais un malade appeler son père, son enfant ou sa compagne, dans le délire de la fièvre, il fallait qu'au premier moment de répit que lui accordait le mal, il me donnât l'adresse de ceux qu'il appelait pour que j'allasse leur porter quelques consolations. Voilà comment j'ai recueilli tant de douloureuses histoires ; comment j'ai pu verser un peu de ce baume céleste qu'on nomme l'espérance dans le cœur torturé des coupables et dans le cœur meurtri des innocents. Je prends au hasard deux ou trois exemples.

Un soir on nous apporta un homme que j'avais remarqué mendiant discrètement aux alentours de Notre-Dame, et qu'une attaque de paralysie venait de frapper dans le voisinage de l'Hôtel-Dieu. Je me rendis auprès de lui, accompagnée de l'interne de service. Il le trouva fort mal, et prescrivit quelques frictions, qu'on s'empressa de faire. La tête seule du moribond avait échappé à l'invasion de la maladie; le reste du corps, déjà semblable à un cadavre, reposait immobile sur le lit, les mains pendantes, le torse affaissé.

Quand j'eus terminé la visite que je faisais chaque soir dans les salles, je m'approchai du paralytique, et m'assis, décidée à veiller une partie de la nuit ce vieillard à longue barbe blanche qui m'inspirait une profonde pitié. Il dormait d'un sommeil fiévreux qui cessa quelques minutes après mon arrivée. Ses yeux, en s'ouvrant, promenèrent des regards inquiets autour de la salle, et s'arrêtèrent enfin sur moi. Je lui demandai affectueusement s'il se sentait mieux, et s'il désirait quelque chose ? — Je ne souffre pas, me dit-il, et ce que je désire, vous ne pouvez pas me le donner, ma sœur. — Qu'est-ce donc ? demandai-je. — La paix de la conscience... répondit-il d'une voix sourde. Vous voyez devant vous un grand criminel, si grand, qu'il doit désespérer de la miséricorde de Dieu. — Ce serait une faute de plus ajoutée à celles que vous vous reprochez, car vous n'êtes pas sans savoir que la bonté du Créateur égale sa puissance, et qu'il n'est pas permis de mettre en doute cette bonté. Si vous vous repentez sincèrement, comme j'aime à le croire, des crimes que vous pouvez avoir commis, ils vous seront certainement pardonnés. Voulez-vous que je fasse prévenir l'aumônier ? Vous lui raconterez votre passé, et vous verrez comme cette confidence vous soulagera. — Mais, s'écria-t-il, je lui ferai horreur ! il fuira épouvanté, comme vous allez probablement fuir vous-même, ma sœur, quand vous apprendrez que je suis un des plus féroces massacreurs des journées de septembre... Oui, poursuivit-il avec véhémence, pendant vingt-quatre heures, j'ai tué presque sans relâche... Vieillards, nobles, prêtres, femmes, tombaient égorgés sous mon couteau... Ni les cris, ni les prières ne m'arrêtaient ; mes bras, mon visage, mes vêtements ruisselaient de sang, je frappais toujours... Ah! ce sang! je crois le voir couler encore... Il m'inonde, il m'aveugle... Je n'y vois plus... J'étouffe... Je meurs... Je meurs damné...

Et le malheureux tomba dans une syncope dont j'eus beaucoup de peine à le tirer. Quand il revint à lui, et qu'il me vit à son chevet aussi bienveillante qu'avant ses terribles aveux, sa reconnaissance fut sans bornes. — Vous ne vous êtes pas éloignée ! murmurait-il. Vous continuez d'avoir pitié de celui qui n'en a eu pour personne ! — Mon pauvre frère, lui dis-je, on voit bien que vous ne connaissez pas les filles de Saint-Vincent-de-Paul ! Moi, m'éloigner, quand je vous suis plus que jamais nécessaire ? quand vous venez de m'apprendre l'énormité des comptes que vous avez à rendre à ce Dieu devant lequel les anges eux-mêmes ne sont pas purs ! Oh! non, je ne vous abandonnerai pas ! d'accord avec l'aumônier qui sera ici dans un moment, je ferai tous mes efforts pour adoucir les angoisses, qui, je le comprends maintenant, viennent assaillir votre âme. Espérez, mon frère ; Dieu en vous réduisant à l'état misérable dans lequel vous vivez depuis longtemps peut-être, vous a préservé de l'éternelle expiation. Comment êtes-vous arrivé à ce degré de misère? Étiez-vous seul à en souffrir ? — Hélas ! non, répondit-il, et c'est encore une de mes poignantes douleurs, j'ai une femme, aussi vertueuse que j'étais vicieux, et qui, depuis six mois, malade des suites de son travail forcé de blanchisseuse, ne vit que du produit des faibles aumônes que je rapportais chaque soir dans notre mansarde. — Vous allez me donner son adresse, repris-je, et je vous promets que désormais elle ne manquera de rien. — Oh! s'écria-t-il, si Dieu est aussi bon pour les pécheurs, que doit-il donc être pour les justes! Ma sœur, je le bénis maintenant d'avoir permis que tous les ateliers me fussent fermés; que tous les honnêtes gens se détournassent de moi, et que ma pauvre femme n'ait pu trouver à gagner sa vie qu'en cachant le nom déshonoré qu'elle portait. »

Comme il achevait ces mots, l'aumônier entrait. Je les laissai seuls pendant une demi-heure, au bout de laquelle le septembriseur rendait à Dieu une âme purifiée, j'en ai la ferme espérance, par le repentir. Le soir même, sa femme, recommandée par moi à une dame charitable, était placée dans une chambre aérée, soignée par un excellent médecin, et allait, moins d'un mois après, habiter une ferme que sa protectrice avait en province.

Quinze jours à peine s'étaient écoulés depuis la mort du paralytique, lorsqu'au milieu de la nuit, on déposa aux portes de l'Hôtel-Dieu un brancard sur lequel gisait une jeune femme couverte de brûlures, et que suivait une petite fille de quatre ans, pleurant à chaudes larmes. Je voulus assister au pansement de cette pauvre créature dont les chairs pendaient littéralement en lambeaux, et qui, me dit tout bas l'interne, n'avait que peu d'heures à vivre. Quand on lui eut donné tous les soins que réclamait son déplorable état, et qu'un calme relatif eut succédé à l'agitation qui tordait ses membres, je pris la petite fille sur mes genoux, et je m'établis auprès de la moribonde. C'était une femme du peuple, dont un rude travail ou le chagrin, les deux peut-être, pensai-je, avait ravagé les traits, ne laissant intacts que de grands yeux noirs, fixés, mornes et pleins de pleurs, sur l'enfant qui, déjà consolée, jouait avec mon chapelet.

Les braves gens qui avaient apporté la malade à l'hospice, avaient dit que l'incendie qui venait de détruire la pauvre maison qu'elle habitait la laissait absolument dépouillée de tout, et que c'était en sauvant des flammes un vieillard aveugle, tandis qu'un voisin sauvait sa fille, qu'elle s'était fait les épouvantables brûlures qui la couvraient. Ils n'en savaient pas davantage, et moi je n'osais pas lui demander en quelles mains il faudrait remettre la pauvre petite qui allait devenir orpheline. Je ne sais si elle devina mon anxiété, mais triomphant de son mal par un effort suprême, elle me fit signe de me pencher vers elle, et me dit : — Ma sœur, je vais mourir à vingt-huit ans, de la mort la plus affreuse, et je n'ai pas le droit de me plaindre. Celle qui a été mauvaise fille et mauvaise épouse, mérite le sort qui m'est fait. Ma mère, restée veuve de bonne heure, m'a élevée à la sueur de son front, en s'imposant mille privations. J'ai été dure, cruelle à son égard ; je l'ai laissée s'étendre sur un grabat, secourue par la charité publique. Mon mari, laborieux ouvrier charron, fatigué de mes injustes reproches, de mes emportements continuels, s'est engagé comme soldat, et a péri dans une bataille. Ma fille, ma chère petite Adèle, qui n'avait qu'un an quand son père est parti, a eu, elle aussi, à souffrir de mon caractère brutal ; enfin, j'ai causé le malheur de tout ce qui m'entourait. Mais je suis déjà bien punie, car je vais quitter la vie, en songeant que j'y laisse ma fille, sans appui, sans asile, à moins que l'hospice des enfants-trouvés ne s'ouvre pour la recevoir. Voulez-vous me promettre, ma sœur, que vous la conduirez vous-même dans cet hospice, et que vous demanderez qu'on y soit meilleur pour elle que je ne l'ai été ? — Je ferai mieux que cela, pauvre femme, répondis-je ; je la conduirai chez ma nièce, qui, je puis vous en donner l'assurance, l'élèvera avec ses enfants. Maintenant, n'ayez plus de craintes de ce côté. Pensez à Dieu, repentez-vous, et mourez en paix. »

Délivrée par cette promesse d'une angoisse qui triplait ses intolérables souffrances, la femme du charron, après avoir reçu les derniers sacrements, mourut calme et résignée. Le soir, je menai sa fille chez Alexina, qui l'accueillit avec bonheur et reconnaissance. Elle lui fit partager les jeux et presque l'éducation de ma petite-nièce Étiennette, et Dieu la récompensa de cette bonne action par l'excellente conduite d'Adèle, qui est encore aujourd'hui au service de la famille Michaud. Je clorai ce petit aperçu du bien que peuvent faire et que font, en dehors de leurs fonctions matérielles dans l'hospice, les sœurs de la charité, par quelques lignes sur un homme qui expia rudement le crime d'avoir manqué aux serments sacrés que prononce le prêtre, lorsqu'il se consacre au service de Dieu. Cet homme, chassé en 91, comme tous les autres religieux, du couvent où s'était écoulée sa jeunesse, au lieu de songer qu'un décret humain ne le déliait pas de ses vœux, adopta avec enthousiasme les idées révolutionnaires. Il s'associa aux plus exaltés, fit partie de tous les clubs; nommé membre de la Convention, il vota la mort du roi, et envoya à l'échafaud plusieurs de ses anciens collègues. Au 9 thermidor, il parvint à s'échapper, passa à l'étranger où son existence ne fut pas heureuse, et revint en chercher à Paris une qui ne valut guère mieux. Une malédiction terrible pesait sur lui, rien ne lui réussissait; tombé gravement malade dans l'espèce de grenier qu'il habitait, on le transporta à l'Hôtel-Dieu. L'abbé de Germont l'avait connu autrefois. Il me raconta sa déplorable histoire, et le recommanda à mes soins particuliers. Atteint d'une fièvre cérébrale qui lui donnait des accès de délire effrayant, il fallut souvent l'attacher dans son lit, et afin qu'il ne troublât pas les autres malades, je le confinai dans une petite chambre éloignée des salles, et où, du moins, personne n'entendait ses hurlements. Il demeura quinze jours dans cet état, puis, le calme revint; mais il était brisé. Peu à peu, cependant, sa robuste constitution reprit le dessus, il entra en pleine convalescence, et je profitai de ce moment pour lui parler du Dieu qu'il avait tant outragé. Satan le tenait encore, il accueillit assez mal mes premières tentatives; mais l'abbé de Germont se joignit à moi. Dieu nous aida, et nous parvînmes à triompher de toutes ses résistances. Aussitôt son complet rétablissement, il fit sa soumission à l'archevêque de Paris, qui lui ordonna d'aller se jeter aux pieds du vicaire de Jesus-Christ, et d'accepter sans murmurer la pénitence qu'il plairait au saint Pontife de lui infliger. Il obéit, passa trois années dans un des plus sévères couvents de Rome, où il édifia ses frères par une ardente piété, puis, quoique approchant de la soixantaine, il demanda et obtint la faveur de faire partie d'une troupe de missionnaires qu'on envoyait évangéliser des peuplades sauvages. Dieu lui avait pardonné, car il eut le bonheur de subir le martyre.

Je parlais bien rarement, en dehors de ma famille, de ce providentiel enchaînement de circonstances qui me mettait à même de soulager ces plaies de l'âme, plus difficiles encore à guérir que celles du corps. Toutefois, j'avais fait une exception en faveur de Marc Salvian, que je le fis confident intime de mes cures morales à l'hospice. Je n'eus point à m'en repentir. Je n'ai jamais connu d'être aussi affectueux, aussi bienveillant que ce digne Marc. Il plaignait toutes les douleurs, il compatissait à toutes les infortunes. Que dis-je? il souffrait du mal de ses amis, mille fois plus qu'eux peut-être! La charité et non l'orgueil servait constamment de mobile à ses belles actions. Voilà pourquoi les parias, les dédaignés, à quelque religion, à quelque parti qu'ils appartinssent, trouvaient toujours en lui le plus aimable, le plus doux des consolateurs. Les pauvres n'avaient pas de meilleur ami, les riches, de meilleur conseiller. Le jour où ce modeste grand homme de bien a quitté ce monde aurait dû être un jour de deuil public. Je sais qu'il l'a été pour plusieurs, mais ce n'est pas assez. Il était mort depuis six mois à peine lorsque je revins d'Espagne, en 1810, et déjà l'oubli enveloppait son nom comme s'il se fût écoulé vingt années! Pourtant, que de gens il avait obligés! que de familles lui devaient de n'avoir pas succombé dans les angoisses de la faim et du désespoir! Rien de ce qu'il possédait ne lui appartenait, à ce généreux cœur. Sa fortune, son temps, sa vie, étaient la propriété de tous. Oh! quels ingrats que les hommes! Comme il serait à plaindre celui qui leur viendrait en aide dans l'unique but d'être aimé et regretté par eux après sa mort! Quand on se dévoue pour l'humanité, ce n'est jamais la terre qu'il faut regarder, mais le ciel...

CHAPITRE XIII

QUELQUES PAGES DE LA VIE D'UN HÉROS.

La proclamation de l'Empire. — Le sacre. — État de la France de 1804 à 1806. — Parenthèse. — Démarches. — Théotiste intrigue. — Succès. — Départ des sœurs de charité pour l'armée. — L'arrivée au Naumbourg. — L'entrevue de Théotiste avec le maréchal Davoust. — Le portrait d'un héros. — Hommage poétique à la mémoire du prince d'Eckmühl. — Retour aux souvenirs de la campagne de Prusse. — Pourquoi Théotiste avait voulu connaître la vie des camps. — Une partie des sœurs est envoyée à Iéna. — Le commandant Poize. — Théotiste interprète. — Les précautions du maréchal. — Ce qu'on nommait les défilés de Kosen. — Abandon de Naumbourg par Bernadotte. — Davoust resté seul avec 26.000 hommes en attaque 70.000. — Bataille d'Auerstaëdt. — Le blessé du bois des Saules. — Napoléon à Naumbourg. — Théotiste chevalière de la Légion d'honneur malgré elle. — Davoust à Berlin. — Nouveaux triomphes. — Théotiste rappelée en France. — Elle trouve sa sœur morte. — Elle est envoyée en Espagne. — Rencontre imprévue. — La famille d'Alvaro. — Les cœurs reconnaissants.

Pendant que tout entière à mes devoirs de supérieure d'un grand établissement de bienfaisance, ma vie se passait au chevet des malades et dans les mansardes des pauvres, le temps marchait avec une étonnante rapidité. Nous étions en mai 1804, et le 16 de ce même mois, le Sénat s'était rendu en corps au palais de Saint-Cloud, pour y saluer Empereur le vaillant soldat qui, sous le titre de Premier Consul, avait rendu depuis quatre années à la France, sa religion, son crédit, son calme, sa dignité. Des témoins oculaires m'ont raconté que rien ne fut plus grandiose dans sa simplicité, que cette proclamation notifiée à l'élu par l'archichancelier Cambacérès, au nom de l'Assemblée sénatoriale. Napoléon fut ému sans doute, mais toujours maître de lui, il cachait sous un visage impassible une émotion dont Joséphine, son heureuse compagne, laissait au contraire deviner facilement les traces. Cette journée a dû rester profondément gravée dans la mémoire du moderne César, car on n'en voit pas briller deux semblables dans sa vie, et il n'est pas même possible de la mettre en parallèle avec celle où s'accomplit le couronnement d'un prince destiné au trône dès le berceau. Ici, tout est prévu et suit le cours ordinaire des choses ; là, tout est étrange, inouï, c'est un rêve réputé impossible, qui devient une vivante réalité. Plusieurs ont dit que Napoléon l'avait caressé dès le 18 brumaire, ce rêve ambitieux. Je ne sais si cela est vrai, mais à coup sûr, il n'a pu manquer d'être plus surpris que personne de sa prodigieuse réalisation.

Comme tous les hommes de génie, Napoléon se souciait peu de suivre les routes battues, et mettait même une sorte d'affectation à s'en écarter. Il voulait que les circonstances qui se rattacheraient à son entrée en possession de la puissance suprême, ne ressemblassent en rien à celles qui avaient accompagné l'avénement au trône de ses prédécesseurs. Le Sénat l'avait proclamé empereur; le peuple, par son vote, rendait héréditaire l'empire naissant; l'Autriche et la Prusse promettaient de le reconnaître, et l'on pouvait espérer que les autres nations les imiteraient bientôt. Mais cela ne suffisait pas à l'orgueil du nouveau monarque. À l'étonnement général, il voulut que le Pape vînt exprès de Rome à Paris, reconnaître en lui l'oint du Seigneur et le sacrer à la face de l'Europe.

Il semblait fort difficile d'obtenir une pareille faveur, sans précédents dans les fastes de l'Église et de la royauté. Un seul roi de France, Pépin, avait été couronné par le souverain pontife Étienne; mais ce dernier n'était venu dans notre pays que pour nous demander de le secourir contre les violences des Lombards, et nullement parce que la volonté royale l'y appelait. Ce serait donc la première fois que le Vicaire de Jésus-Christ quitterait la Ville éternelle pour venir, au nom du Dieu qu'il représente, consacrer les pouvoirs d'un roi de la terre.

Comme chacun le sait, on n'arriva pas aisément à faire consentir le saint-père à ce voyage; mais enfin le 2 décembre 1804, la vieille basilique de Notre-Dame fut témoin d'un spectacle encore plus extraordinaire et mille fois plus pompeux que celui du jour où on avait célébré le rétablissement du culte.

C'était un dimanche, par un temps froid, mais si

beau, que le ciel paraissait illuminé de toutes les splendeurs de l'été. Cachée dans un coin de la cathédrale, et me dissimulant de mon mieux, je vis entrer d'abord le Pape, suivi d'un clergé dont les magnifiques chasubles étincelaient comme si elles eussent été tissées avec des fils d'or mêlés de diamants. Des détachements de la garde impériale avaient accompagné ce brillant cortége jusqu'aux portes de l'église. Tout autour de la place, s'élevait un portique richement orné, destiné à recevoir, lorsqu'ils quitteraient leurs voitures, les souverains et les princes qui devaient se rendre à la cérémonie. L'archevêché, lui aussi, avait été embelli pour la circonstance, le pape et l'empereur ayant eu le désir d'y faire une courte station, soit à l'allée, soit au retour.

Quand le saint-père arriva à la cathédrale, il y trouva une foule innombrable, composée de députés des villes, de chefs de la magistrature, de généraux. Les soixante évêques de France, assistés de leur clergé, formaient une haie de chaque côté du chœur, tandis que le Sénat, le Conseil d'État, le Tribunat, le Corps législatif, auxquels s'étaient joints les princes de Bade, de Hesse, de Nassau, l'archichancelier de l'Empire germanique, et plusieurs ministres étrangers, remplissaient la nef.

Quand le vénérable pontife, précédé de la croix, mit le pied sur le seuil de l'antique basilique où pria saint Louis, l'assemblée se leva comme un seul homme, et le chant *Tu es Petrus*, entonné par cinq cents musiciens, retentit sous les voûtes sacrées avec la majesté et l'éclat du tonnerre. Ce n'était pas seulement solennel, c'était divin.

Le saint-père, aussi ému que l'assistance, traversa lentement l'église, se prosterna devant l'autel, et, après une courte prière, s'assit sur le trône qu'on lui avait préparé à la droite du sanctuaire. Les évêques vinrent successivement le saluer. Il n'adressa naturellement la parole à aucun ; mais il eut pour tous un bon regard, un aimable sourire.

On n'attendait plus que l'empereur et sa famille pour commencer la cérémonie. Cette attente fut si longue, que le pape, pour tromper l'ennui qu'elle devait lui causer, examina discrètement les somptuosités dont on avait revêtu l'intérieur de Notre-Dame. Il dut être ébloui, car rien ne peut se comparer à l'effet que produisaient ces tentures de velours rouge sur lesquelles se détachaient des essaims d'abeilles d'or, et qui, fixées à la voûte, balayaient les dalles de leurs franges étincelantes. Cette sorte de muraille féerique servait d'encadrement au trône impérial, adossé à la grande porte de l'église qui ne s'ouvrait pas ce jour-là. Ce trône, d'une circonférence gigantesque, s'élevait au-dessus de vingt-quatre marches. Des colonnes soutenant un fronton l'entouraient ; on aurait dit qu'il voulait rivaliser avec ceux dont les contes arabes nous ont donné de si pompeuses descriptions. L'Empereur ne pouvait y monter qu'après avoir reçu la couronne des mains du Pape, ce qui expliquait les deux fauteuils assez modestes où l'Impératrice et lui allèrent s'asseoir lors de leur arrivée à l'église. Bien qu'il ne dût l'occuper qu'un moment, cet humble siége ne semblait pas plaire beaucoup au vainqueur des Pyramides, et on voyait qu'il avait hâte de le quitter pour s'installer sur le trône monumental.

On m'a dit, car ceci je ne l'ai pas vu, que Napoléon était venu, des Tuileries à Notre-Dame, dans une voiture tout entourée de glaces, au sommet de laquelle planaient des génies soutenant une couronne d'or massif. Le nouveau monarque portait un habit allant merveilleusement à sa taille, et rappelant un peu les riches costumes du seizième siècle. Un manteau court flottait sur ses épaules, et la plume d'une élégante toque se balançait sur son front. Acclamé par les vivats de la foule, entouré de ses maréchaux, précédé par les grands dignitaires, tous étalant leurs broderies dans de somptueux équipages, il descendit devant le portique, entra prendre à l'archevêché les insignes impériaux, couronne, sceptre, manteau, puis, d'un pas grave, il se rendit à la cathédrale. Une grande couronne en forme de tiare, pareille à celle de Charlemagne, était respectueusement portée à ses côtés. Tout cela, il faut l'avouer, ressemblait bien un peu à une pompe théâtrale, mais on n'y prenait pas garde, et chacun admirait, entourée du laurier d'or, la couronne des empereurs romains dont venait de se parer cette belle et noble tête qu'on aurait cru détachée de quelque toile représentant Auguste ou Marc-Aurèle.

A l'entrée de Napoléon dans l'église, comme à celle du Pape, une musique formidable retentit. Il s'agenouilla une seconde, et s'assit sur le fauteuil. Son sceptre, son manteau, son épée, reposaient sur l'autel. Un rayon de soleil, qui glissait obliquement à travers les vitraux vint les caresser, et voilé sans doute par un nuage, disparut presque aussitôt. A ce moment je regardai ma nièce appuyée, comme moi, au tronc d'une colonne. La même pensée germa dans notre esprit : ce rayon de soleil, si vite obscurci, ne serait-il pas l'image de cette puissance impériale qui, comparée à la durée des siècles, ne devait briller qu'un instant? Je me sentis froid au cœur, et mon âme se chargea de tristesse, quand l'allégresse la plus vive resplendissait sur tous les visages.

Cependant, on procédait à la cérémonie. Après avoir fait les onctions prescrites sur le front, les bras et les mains de l'empereur, le souverain pontife bénit l'épée qu'il lui agraffa, le sceptre qu'il lui remit, et voulut prendre la couronne pour la lui poser sur la tête. Mais l'arrêtant d'un geste, Napoléon s'empara du diadème, et le met sur son front avec autant d'aisance que s'il se fût agi d'une coiffure ordinaire. L'effet produit par cet acte hautain ne saurait se décrire. Le caractère altier du soldat monarque, déjà soupçonné, s'affirmait complètement. Cet homme ne voulait tenir la couronne que de lui seul. Qui sait si elle n'aurait pas été plus solide, assujettie par les mains vénérables de Pie VII?

Cette première partie du sacre accomplie, l'Empereur prit la couronne destinée à l'Impératrice qui s'était prosternée à ses pieds, et la lui plaça sur le front avec un attendrissement qu'il ne parvint pas à dissimuler. Elle

14.

pleurait, la douce femme ; mais les larmes du bonheur ne font pas de mal, au contraire, elles parfument délicieusement le cœur.

En possession de tous les insignes du pouvoir suprême, Napoléon marcha vers le trône, dont il escalada plutôt qu'il ne monta les degrés, escorté de ses frères, portant chacun un des pans du manteau impérial. Tous rayonnaient et semblaient avoir une peine infinie à modérer l'expression de leur joie.

L'Empereur, assis sur son trône, ce fut au tour du Pape de se rendre auprès du nouveau monarque pour le bénir. Puis, il fallut que sa voix chevrotante chantât ce fameux *Vivat in æternum semper Augustus!* chanté jadis à Saint-Pierre, quand Charlemagne reçut de la papauté reconnaissante, le titre glorieux d'Empereur d'Occident.

Les sentiments de l'auditoire, longtemps comprimés par le respect dû au saint lieu, éclatèrent alors, et les échos de la cathédrale répétèrent par milliers les cris de Vive l'Empereur! Bientôt le canon tonna, les cloches s'ébranlèrent, les exclamations du dehors répondirent à celles de l'intérieur : c'en était fait, Napoléon régnait sur la France, la nouvelle monarchie venait d'enterrer définitivement la République.

Quand le calme se fut rétabli, l'Empereur prêta sur l'Évangile le serment par lequel il s'engageait à gouverner d'après les principes de la Révolution française, et une grand'messe pontificale termina la cérémonie.

Le jour touchait presqu'à sa fin, lorsque le cortège

impérial rentra aux Tuileries, précédé, entouré, suivi d'une foule enthousiaste, et qui poussait des vivats si nourris et si éclatants que le bruit des décharges d'artillerie en était couvert.

Napoléon était en trop beau chemin pour s'arrêter. Jaloux d'imiter en tout ce grand Charlemagne, dont la vieille renommée l'offusquait quelque peu, je le crois, un an après son sacre comme empereur des Français, il se faisait proclamer roi d'Italie, en érigeant la République Cisalpine en royaume. De ce côté, les choses marchaient à merveille, mais de l'autre, elles devenaient de jour en jour menaçantes. La paix, si pompeusement signée en 1802 par toutes les puissances, n'avait pas été de longue durée.

Depuis la fin de 1803, les hostilités avaient été reprises par l'Angleterre, qui ne se montra pas la moins empressée à faire sa partie dans ce terrible concert que les canons donnèrent à l'Europe, pendant une période de plus de vingt années. En 1805, la Russie, l'Autriche, les deux-Siciles se joignirent à elle. Cette entente nous coûta cher. Les flottes françaises et espagnoles se virent anéanties par l'amiral Nelson à la bataille navale de Trafalgar; mais cet échec fut compensé par une série de victoires éclatantes, au premier rang desquelles il faut placer celle d'Austerlitz.

La paix de Presbourg, extrêmement avantageuse pour nous, en ce qu'elle ajoutait les États de Venise au royaume d'Italie, créait les royaumes de Wurtemberg et de Bavière en faveur des alliés de Napoléon, et donnait à son beau-frère, Murat, le grand-duché de Berg;

la paix de Presbourg, dis-je, termina glorieusement cette mémorable campagne.

Vers la même époque, Joseph Bonaparte alla régner dans les Deux-Siciles, où il remplaça Ferdinand IV, renversé de son trône. Louis, un autre frère de l'Empereur, prenait presque simultanément possession de la Hollande. C'étaient deux rois et deux États de plus, entrés, si j'ose m'exprimer ainsi, au service de la France.

Ce ne fut pas tout. Bientôt, sous l'influence irrésistible du héros corse, s'organisa la fameuse confédération du Rhin, à laquelle adhérèrent quatorze princes, et qui fit cesser l'empire d'Allemagne. Bien plus, elle investit Napoléon du titre de protecteur ou président perpétuel de cette pléiade de souverains qui s'engageaient tous à prendre les armes pour le défendre, et devaient l'appeler à leur aide, au cas où ils seraient attaqués.

Ces arrangements ne furent pas du goût de la Prusse qui, après avoir essayé sans succès une contre-confédération, nous déclara la guerre. Mal lui en prit. Nos troupes lui donnèrent de si rudes leçons à Iéna et à Auerstaëdt, qu'elle dut regretter de nous avoir cherché querelle.

J'y étais, moi, à cette bataille d'Auerstaëdt, où le maréchal Davoust se couvrit de gloire. Je veux la raconter, elle en vaut la peine, c'est un des plus beaux faits d'armes de l'Empire. Mais je suis obligée d'ouvrir une large parenthèse pour dire comment j'avais échangé l'existence relativement calme de l'hospice.

contre celle si tumultueuse des camps. Mon neveu, Étienne Michaud, avait fait un rapide chemin pendant les quelques années qui s'étaient écoulées. On venait de le nommer général de brigade. Resté sous les ordres de Davoust, devenu maréchal, durant ses rares apparitions à Auteuil, où sa femme, mère de deux enfants charmants, un fils et une fille, demeurait toujours, il ne tarissait pas en éloges sur les hautes capacités de son illustre chef. Sans le savoir, il entretenait ainsi le désir que j'éprouvais de connaître ce héros qui, à des talents militaires hors ligne, joignait, disait-on, une sévérité de principes et de caractère dont il fallait aller chercher le modèle chez les anciens généraux de la Grèce et de Rome. Une occasion s'offrit pour moi d'entrer en relations directes avec cet homme de mœurs antiques, et je la saisis avec empressement.

Les nations comme les individus sont sujettes à d'étranges aberrations : la Prusse le prouva en nous déclarant la guerre, le lendemain d'Austerlitz, et lorsque notre armée n'avait pas encore quitté l'Allemagne. C'était d'autant plus insensé que, pour le moment, elle ne pouvait compter que sur ses propres forces, étant en hostilité ou en froid avec les autres Puissances. Napoléon n'avait pas eu jusque-là les Prussiens devant lui sur les champs de bataille, et il ne parut nullement fâché de la rencontre qui se préparait, espérant bien traiter ces nouveaux adversaires comme il avait traité les autres. Après avoir confié à l'archichancelier Cambacérès les pouvoirs les plus étendus, il partit de Paris le 25 septembre 1806, traversa Mayence, où il congédia sa maison civile, et se sépara de l'Impératrice qui l'avait accompagné jusque-là, puis se rendit à Wurtzbourg où une foule de princes allemands et de généraux l'attendaient.

Je n'ai pas à m'occuper ici du plan de campagne de Napoléon contre la Prusse, au dire des connaisseurs, l'un des plus grands peut-être qu'il ait conçus et exécutés ; j'écris mon histoire et non celle de l'Empire, et je ne rappelle jamais cette dernière que pour les besoins de mon récit. Je laisserai donc l'Empereur réunir ses troupes dans ses campements de la haute Franconie, pour les faire rentrer en Saxe, où il se mit à leur tête, et je dirai rapidement que mon neveu, arrivant un soir à Auteuil, quand nous le croyions auprès de son maréchal, nous apprit qu'il venait présider au départ d'une petite escouade de sœurs de charité qui devaient rejoindre l'armée pour donner leurs soins aux blessés. Il ajouta que le concours de ces dignes filles de Saint-Vincent-de-Paul était vivement réclamé par les chirurgiens, même par les soldats.

A cette nouvelle, ma tête se monta ; j'entrevis la réalisation de mon rêve ; dès le lendemain, je courus à la maison-mère, à l'archevêché, au ministère de la guerre ; j'aurais été trouver l'archichancelier, s'il l'avait fallu. Je frappai à toutes les portes, pour la première fois de ma vie, j'intriguai, et je parvins à faire partie des dix religieuses désignées pour se rendre à l'armée. On me nomma leur supérieure.

Tandis que je bénissais Dieu de mon succès, ma famille et mes amis se désolaient. Ils prétendaient qu'un pareil voyage, à mon âge (j'avais 54 ans), frisait la folie, et employaient vainement tour à tour les gros mots et les prières pour me retenir. Je leur affirmais, ce qui était vrai, que je ne sentais en moi aucun des affaiblissements précurseurs de la vieillesse, et que j'étais aussi forte, aussi ingambe que lors de mon entrée en religion.

J'ai toujours été très-tenace dans mes résolutions, et quand on vit l'impossibilité absolue de me faire renoncer à celle-ci, on n'insista plus.

Mes compagnes et moi, munies de la bénédiction de l'archevêque, nous partîmes en poste, le 4 octobre 1806. Étienne, trois ou quatre officiers, autant de cantinières et une couple de centaines de soldats, également en poste, afin d'aller plus vite, nous escortaient. On ne s'arrêtait ni jour ni nuit. Le temps d'avaler un potage, de changer de chevaux, et en route. Ma bonne étoile voulut que nous fissions notre entrée à Naumbourg, juste quelques heures avant le maréchal Davoust, auquel Étienne alla sur-le-champ annoncer notre arrivée. Peu d'instants après, mon neveu venait me chercher pour me conduire en présence de son chef, en ma qualité de supérieure des religieuses. Non sans un léger battement de cœur, je l'avoue, je suivis le général Michaud dans la salle basse d'une petite maison pleine d'officiers. Le maréchal était seul, debout, appuyé au manteau de la cheminée. Il m'accueillit avec une politesse froide et sévère, et ne me cacha pas qu'il fallait mettre ses nerfs de côté quand on consentait à soigner, sur le sol même de la lutte, ceux que la mitraille frappait. — Vous vous tromperiez, ajouta-t-il en manière de péroraison, si vous pensiez que le poste de sœur de charité, dans un camp, est une sinécure.

Loin d'être intimidée par ces mots peu encourageants, j'y puisai une sorte d'énergie, et avec une gravité semblable à la sienne, j'assurai le maréchal, qu'ayant consulté mes forces avant d'accepter la mission qui m'était confiée, je savais pouvoir compter sur elles.

— Vous pouvez répondre de vous, me dit-il, Michaud ne m'a pas laissé ignorer les épreuves que vous avez déjà subies ; mais répondriez-vous également de vos compagnes ? Elles sont peut-être trop nouvelles dans la carrière pour que leurs mains ne tremblent pas, lorsque, de l'ambulance où elles panseront les blessés, elles entendront retentir la fusillade tout près de leurs oreilles.

— Monsieur le maréchal, repris-je, il résonne dans le cœur des sœurs de charité une voix dont la puissance domine les plus formidables bruits de la terre : c'est la voix de Dieu qui leur crie que des hommes souffrent, et qu'il faut les soulager. Je crois donc pouvoir vous répondre du courage de mes filles, comme du mien. Sans doute, elles entendront le sifflement des obus, la grêle stridente des balles, le tonnerre des canons, mais, je le répète, la voix divine parlera plus haut que tout cela, et leurs mains en train d'attacher une ligature, d'approcher un breuvage des lèvres mourantes, ne trembleront pas, soyez-en certain.

Le maréchal parut satisfait de cette réponse, que je lui fis avec la fierté d'une matrone romaine, et son visage, lorsqu'il me congédia, prit une expression presque souriante.

Sans en avoir l'air, j'avais beaucoup examiné le maréchal pendant notre rapide entretien. C'était à cette époque un homme de trente-cinq à trente-six ans, d'une taille élevée, large d'épaules, extrêmement distingué de geste et de maintien. Dans la mâle beauté de son front, sur ses lèvres que le sourire devait rarement entr'ouvrir, dans le froncement de ses sourcils, dans son aspect hautain et résolu, on devinait l'inébranlable fermeté de caractère dont il ne se départit jamais. Son amour de l'ordre et de la discipline était si profond, qu'il devenait implacable pour quiconque en enfreignait les lois. Cette sévérité le faisait craindre, mais comme elle était toujours juste, elle n'empêchait pas qu'on l'aimât. Ses soldats, comprenant mieux encore que ses officiers, peut-être, tout ce que sa rudesse apparente cachait de véritable bonté, se seraient fait tuer pour lui, jusqu'au dernier. Leur confiance en ses talents militaires était telle, qu'ils lui auraient obéi quand même il leur aurait commandé les manœuvres les plus impossibles. D'où vient cela? demandera-t-on. C'est que, tout en les maintenant sous un joug sévère, tout en ne leur permettant pas la moindre infraction à la discipline, le maréchal s'occupait sans cesse de leur bien-être matériel et moral. Il veillait à leur habillement, à leur nourriture, à leur santé, avec une sollicitude paternelle, et se serait fait un scrupule de s'asseoir à une table somptueusement servie, si ses soldats n'avaient eu qu'une croûte de pain sec à manger. Cette sollicitude s'étendait sur ses officiers, mais je crois être dans le vrai en disant que les épaulettes de laine l'emportaient dans son affection sur les épaulettes d'or.

Lorsque ce grand homme mourut, en 1823, un poëte, dont le nom est resté un mystère, publia, le lendemain de ses funérailles, une pièce de vers qui me parut résumer assez bien les phases diverses de cette noble vie. Je l'ai conservée, et je pense rendre un hommage à la mémoire du maréchal, en la transcrivant ici.

A LA MÉMOIRE DU MARÉCHAL DAVOUST, PRINCE D'ECKMUHL.

> Tout peuple généreux doit un tribut d'honneur
> Aux grands hommes qui font éclater sa splendeur.

Toi qui par des hauts faits que tout grand cœur admire,
T'es mis au premier rang des géants de l'empire,
Magnanime héros! permets qu'un faible luth
Apporte à ta valeur un modeste tribut
Et chante en quelques vers l'éclatante épopée
Que grava sur l'airain ton invincible épée,
Qui te fera dresser dans la postérité
Un monument béni de l'immortalité.

Davoust, plein de savoir, d'esprit et de vaillance,
Partit, jeune officier, pour défendre la France.
Bientôt par ses talents, par ses mâles vertus,
Qui savaient triompher des revers combattus,
Du brillant général Davoust conquit les grades.
Sur vingt champs de bataille aux sanglantes parades,
Juste comme Aristide et preux comme Bayard,
Le héros, de l'apôtre arborait l'étendard :

GLOIRE SANS RIVALE.

Que de fois on l'a vu, Providence acclamée,
Multiplier ses dons pour nourrir son armée !
Souffrant encor plus qu'eux de leur mauvais destin,
Quand ses soldats jeûnaient, Davoust n'avait pas faim.
Incarné dans le bien, par son amour suprême,
Davoust, de tous les cœurs se fit un diadème,
Et reçut au milieu d'universels bravos
Le titre glorieux du père et du héros.
Volant comme l'éclair de conquête en conquête,
Il forçait le triomphe à couronner sa tête ;
Aux éclats des canons qui lançaient le trépas,
La Victoire arpentait le monde sur ses pas ;
Et l'aigle impérial étreignait dans ses serres
Les plus fiers potentats broyés sous les tonnerres !
Davoust cueillit partout des branches de lauriers
Dont il ornait le front de ses bouillants guerriers :
Austerlitz, Moskowa, Wagram, les Pyramides,
Auerstaëdt, Eckmühl, et cent hauts faits splendides,
Portèrent au pavois le héros plein d'éclat,
Qui ne connut jamais de revers au combat.

Davoust, en poursuivant son heureuse carrière,
Devint maréchal, duc, prince, et, gloire dernière,
Digne couronnement de ses nombreux succès,
Fut nommé vice-roi du peuple polonais,
Qui, dit-on, dans l'élan de sa reconnaissance,
Voulait lui décerner la suprême puissance.

Modèle sans rival de la fidélité
Envers son empereur, pendant l'adversité,
Aux Cent-Jours, cet éclair brillant, mais téméraire,
Davoust fut proclamé ministre de la guerre
Par l'empereur, heureux de prononcer ces mots,
Qui d'un suprême honneur couvrent les deux héros :
« J'ai besoin d'un ministre inflexible, intrépide,
» Que le bien public seul enflamme, inspire et guide,
» Davoust, je vous choisis de préférence à tous,
» Parce que nul pour moi n'est au-dessus de vous[1]. »

---

1. Historique.

Le guerrier refusait ce poste redoutable,
Mais le prince invoqua son courage indomptable,
Qui seul pouvait sauver la France et l'empereur,
Et Davoust s'immola sans réserve au malheur.

Quand l'ouragan qui mit les Bourbons sur le trône,
Du moderne Alexandre emporta la couronne,
Quand des proscriptions on vit peser les lois
Sur les grands généraux du Géant mis en croix,
Davoust, dans un langage et magnanime et calme,
Qui décore son front d'une divine palme,
Déclarant que lui seul avait fait leur péril,
Réclama pour lui seul les faveurs de l'exil.

Après trois ans passés dans l'ombre et le silence,
Davoust venait s'asseoir parmi les pairs de France :
Le roi, que la colère alors n'aveuglait plus,
Rendait un juste hommage à ses nobles vertus.
Trop tôt la mort brisa les hautes destinées
Du héros qui comptait cinquante-trois années,
Que pavoisaient d'honneurs les lauriers éclatants
Que ne pourra jamais trancher la faulx du Temps.
Le soldat qui vécut en héros qu'on envie,
Sut mourir en chrétien, pour conquérir la vie.
Sans doute tant de gloire et tant de dévouements
Méritent d'obtenir un de ces monuments,
Qu'afin d'éterniser les exploits les plus vastes,
Le monde offre aux héros qui couronnent ces fastes
En leur faisant dresser aux salves des canons,
Des colonnes, des arcs et de saints Panthéons !

Je ne vivrai pas assez pour voir s'accomplir le vœu du poëte inconnu, mais quelque chose me dit que, dans un temps plus ou moins éloigné, la statue du maréchal Davoust sera inaugurée par la reconnaissance publique sur le sol qui le vit naître.

Maintenant je reviens, pour ne plus l'interrompre,

au récit de ce que mes nièces appelaient en riant ma campagne contre les Prussiens.

Comme on le pense bien, je n'avais jamais vu d'autres batailles que celles dont les peintres ont retracé sur la toile les émouvantes péripéties, et je me proposais de profiter, sans m'exposer cependant, de toutes les occasions qui s'offriraient de contempler ce terrible mais imposant spectacle. A ce propos, je ne voudrais pas qu'on se méprît sur le mobile de mon insistance à solliciter l'emploi d'infirmière dans les camps, et je serais peinée qu'on n'y vît que le désir de contenter une vaine curiosité ou un besoin d'émotions violentes. Vingt-cinq années passées, soit dans les hôpitaux, soit dans les maisons particulières, au service des malades, me donnaient l'espoir que mon expérience pourrait seconder efficacement les soins dévoués des chirurgiens auprès de nos braves soldats mutilés, et c'était là mon seul, mon véritable but. Certes, la guerre, avec son hideux cortège de sanglantes horreurs, ne m'aurait pas attirée. Je l'ai toujours regardée comme l'un des plus épouvantables fléaux dont Dieu puisse frapper l'humanité, et je ne me dissimulais point les fatigues, même les dangers que je devais affronter, en vivant au milieu d'une atmosphère constamment obscurcie par la fumée des canons. Mais quand on peut venir en aide à ses semblables, il ne faut jamais songer à ce qu'il en résultera pour soi de pénible et de périlleux. La vraie charité ne prend pas garde aux aspérités du chemin qui conduit aux lieux où l'on souffre, où l'on pleure. Elle marche sans s'arrêter, le pied alerte, l'oreille au guet, les bras étendus pour soutenir les faibles, de douces paroles aux lèvres pour consoler les malheureux, de la tendresse plein le cœur pour les aimer tous. Voilà ce que j'ai essayé de faire pendant le cours de ma longue vie, et le bon Dieu a daigné m'accorder cette grâce, qu'à l'armée, à l'hospice, dans la mansarde, j'ai toujours goûté un indicible bonheur à être la servante des pauvres.

C'était le 12 octobre, vers le soir, que nous étions arrivées à Naumbourg, petite ville d'une dizaine de mille âmes, qui me parut assez agréable, mais à peu près déserte, car les habitants, instruits de l'approche des Français, avaient fui. Sur l'ordre du maréchal, six de nos sœurs partirent immédiatement pour Iéna, où se trouvait l'Empereur avec le gros de l'armée. Je remis mon autorité à la plus âgée d'entre elles, nommée Marthe, en lui recommandant d'être aussi active que son homonyme de l'Évangile, recommandation inutile, car c'était une grave et courageuse fille. Pour franchir l'espace des quelques lieues qui séparaient Naumbourg d'Iéna, on confia ce timide troupeau à un officier que j'entendis appeler le commandant Poize, et qui avait une des plus honnêtes et des plus sympathiques figures que j'aie jamais rencontrées. En lui voyant prendre la tête du détachement de soldats chargés d'escorter le fourgon où venaient de monter mes compagnes, Michaud, spectateur de ce départ, dit en riant : — Décidément, vous êtes destiné à protéger des religieuses, commandant, et je ne serais pas étonné que le maréchal, qui sait notre passé à tous sur le bout du doigt, vous ait choisi avec intention pour conduire ces bonnes sœurs au camp, en se souvenant de ce que vous avez fait pour les Bénédictines d'Italie.

Le brave officier rougit comme une pensionnaire, tendit la main à Étienne, me salua respectueusement et donna le signal du départ.

— Qu'a donc fait ce digne homme en faveur des religieuses italiennes ? demandai-je à mon neveu.

— Oh ! me répondit-il, une chose qu'il trouve fort simple, lui, et qui me paraît tout bonnement sublime, à moi et à mes camarades.

— Ne pourriez-vous me l'apprendre ?

— Bien volontiers. Le maréchal écrit une dépêche, j'ai un quart-d'heure de libre. Écoutez.

« Pendant le sac d'un couvent, dans je ne me rappelle plus trop quelle ville d'Italie, le commandant Poize a lutté à peu près seul contre une soldatesque effrénée, et a su préserver les Bénédictines, leur couvent, les objets d'art, les châsses vénérées qu'il renfermait, de l'insulte, du pillage, de l'incendie, de tous les malheurs enfin qui menacent une demeure prise d'assaut. Grâce à son énergie, on n'a pas brisé une muraille, décroché un tableau, profané un vase sacré, effleuré le voile d'une religieuse. Il était si formidable, cet héroïque Poize, sa figure, si débonnaire d'habitude, avait revêtu une expression tellement terrible, lorsqu'il se tenait debout dans la chapelle, sur les marches de l'autel, l'épée à la main, entouré des sœurs éperdues, que les plus hardis reculaient.

Cette vigoureuse résistance donna le temps au général en chef d'accourir : le couvent fut sauvé.

» Les habitantes de ce monastère appartenaient presque toutes à des familles extrêmement riches. Dans leur reconnaissance, elles offrirent un million au commandant Poize. Quoiqu'il ne possédât guère que son épée, il refusa, en disant que l'accomplissement d'un devoir ne se payait pas avec de l'argent [1].

» La supérieure alors passa au cou du généreux sauveur de sa communauté une petite chaîne d'or où pendait un reliquaire. Il reçut ce précieux présent à genoux, et comme en ce moment je retournais en France, il me pria de le faire parvenir à sa vieille mère, qui résidait à Montélimar, dans le Midi. Je me détournai de mon chemin pour m'acquitter en personne de cette pieuse commission, et quand j'eus causé une demi-heure avec madame Poize et sa fille, je compris que le fils et le frère de ces deux femmes avait été élevé de manière à regarder comme fort naturelle une action qui, selon moi, mérite d'être placée dans l'histoire à côté des faits d'armes les plus éclatants. »

Étienne avait mis une grande animation dans son débit, en me racontant ce touchant épisode de la vie d'un soldat chrétien. Il était très-ému, et je partageais son émotion à un tel point qu'il m'aurait été impossible de prononcer une parole. J'allai rejoindre mes filles dans la petite ambulance qu'on nous avait préparée à

---

1. Historique. Nous possédons un portrait du commandant Poize, peint à cette époque par un artiste italien. E. G.

la hâte, emportant comme un doux parfum le souvenir du commandant Poize, et quand il revint le lendemain à Naumbourg m'apporter des nouvelles de mes chères voyageuses, je ne pus pas résister au désir de lui presser la main. Je l'ai revu plusieurs fois pendant la campagne, et toujours je me suis inclinée, comme si j'y avais été poussée par une impulsion surnaturelle, devant cet homme dont le désintéressement égalait la bravoure, et qui, je le jurerais, n'a jamais regretté une seconde la fortune princière qu'il avait si noblement refusée.

Mais, me diront peut-être quelques personnes peu amies des digressions, il me semble que le commandant Poize vous a bien éloignée de la bataille d'Auerstaëdt, que, depuis plus de dix pages, vous vous êtes engagée à nous raconter. Patience ! je vais y arriver. Le hors-d'œuvre que je viens de glisser dans ma narration n'est pas d'ailleurs aussi intempestif qu'on pourrait se l'imaginer, dans des *Mémoires* où je me suis promis de ne jamais passer sous silence ni une de ces belles actions, ni un de ces grands dévouements, qui très-souvent ont inspiré à ceux auxquels on les révèle la salutaire pensée de les imiter. Assez de gens se plaisent à enregistrer complaisamment les crimes devenus fort communs, pour que je puisse me permettre d'enregistrer, non moins complaisamment, les vertus de plus en plus rares.

Sans donner une minute au repos, le maréchal Davoust ne fut pas plutôt descendu de cheval qu'il occupa le pont de la Saale, rivière dans laquelle Naumbourg parait se mirer avec une certaine coquetterie; s'empara des magasins de l'armée prussienne, d'un superbe équipage de dix-huit pontons, et poussant une reconnaissance aux environs, fit quelques prisonniers. Mon neveu en amena un, tout jeune et assez grièvement blessé, à l'ambulance. Pendant qu'on opérait son pansement très-douloureux (il avait l'épaule droite fracassée), le pauvre enfant, comme pour se donner du courage, répétait sans cesse : « Mein Gott! meine Mutter! » Mon Dieu! ma mère!

Grâce à Marc Salvian, je savais un peu l'allemand, et j'essayais d'offrir quelques consolations au patient dans sa langue maternelle. Ces paroles, que je baragouinais tant bien que mal, lui parurent si douces que, malgré ses souffrances, il prit ma main et la baisa. A ce moment, le maréchal Davoust entra, et, m'entendant recommander le calme au blessé en allemand, me demanda si je connaissais l'harmonieux langage de messieurs les Prussiens.

— Très-imparfaitement, monsieur le Maréchal, répondis-je, mais assez cependant pour comprendre une infinité de mots.

— Voilà qui se rencontre à merveille, ma sœur! s'écria-t-il. Justement je voudrais interroger un des prisonniers sur la position de l'armée ennemie, et mon interprète ordinaire est pris d'une rage de dents qui le rend fou. Veuillez me suivre.

Je dis à mon malade que j'allais revenir, et je sortis avec le maréchal. Nous entrâmes dans une espèce de grange où se tenaient plusieurs individus à la chevelure blonde, aux visages insignifiants, que surveillait un petit nombre de soldats français, dont la mine goguenarde faisait un singulier contraste avec le flegme des Allemands. Le maréchal s'arrêta devant un gros caporal qui semblait prendre son sort philosophiquement, et me pria de le questionner, ce que je m'empressai de faire. D'abord, il resta muet; mais sollicité, menacé même, dans un rapide entretien moitié mimé, moitié parlé, il m'apprit que l'armée prussienne s'approchait, conduite par le roi en personne, les princes et le duc de Brunswick, général en chef. L'intention de cette troupe, composée de 70,000 hommes, était, me dit le caporal, de regagner l'Elbe, en se mettant à couvert sous les hauteurs qui surplombent sur la Saale, du côté gauche. Il n'en savait pas davantage. C'en fut assez pour Davoust, auquel je transmettais au fur et à mesure les renseignements du prisonnier.

Peu d'hommes, je crois, ont eu une décision aussi prompte que le maréchal dans les circonstances graves. Il envoya immédiatement un bataillon au pont de Kosen, passage qu'il importait avant tout de garder, et ordonna au reste de ses troupes d'aller silencieusement occuper, vers minuit, ces mêmes hauteurs, à l'abri desquelles l'ennemi espérait pouvoir rejoindre l'Elbe sans coup férir.

Le lendemain 13 octobre, le maréchal alla, vers la tombée de la nuit, reconnaître l'état des choses aux défilés de Kosen. L'endroit qu'on nomme ainsi, et que je voulus voir de mes propres yeux, est fort pittoresque et mérite une petite description.

Qu'on se figure un large bassin, situé entre le village d'Auerstædt et le pont de Naumbourg, et coupé par un ruisseau qui, après quelques sinuosités, va se perdre dans les deux rivières de l'Ilm et de la Saale. Les plans opposés de ce bassin se rapprochent l'un vers l'autre, ce qui lui donne l'aspect d'un véritable champ de bataille, où deux armées, pour se rencontrer, n'ont qu'un mince cours d'eau à franchir.

La route conduisant de Weimar à Naumbourg traverse, dans toute sa longueur, le susdit bassin ; un pont jeté sur le ruisseau lui permet de s'élever sur la rive opposée et de passer au milieu d'un village, unique relais abrité de cet espace de terrain complètement découvert. Quand la route a franchi le village et qu'elle a atteint le bord extérieur du bassin, elle quitte brusquement la ligne droite, pour descendre, en dessinant de nombreuses spirales, sur les berges herbeuses de la Saale.

Voilà les défilés de Kosen, qu'on trouvera cent fois mieux décrits par les savants historiens des guerres de l'Empire, et que je ne fis qu'esquisser, presque à la dérobée, sur le cahier jauni que je retrouve dans mes papiers. Le pont de Naumbourg, dont j'ai déjà parlé, et auquel on donne également le nom de Kosen, est au-dessous des défilés. Davoust, on le sait, s'en était emparé dès son arrivée dans la ville.

Bien qu'il eût la vue basse, le maréchal était un des généraux les plus clairvoyants qu'il existât, deux choses cependant qui semblent s'exclure. Voici comment il s'y prenait pour remédier victorieusement à un défaut physique très-fâcheux chez un homme destiné à diriger les évolutions d'une armée. Ne pouvant pas avoir, lorsqu'il les regardait de loin, une idée exacte des objets, il les examinait d'abord seul, de très-près, puis ensuite, il envoyait ses officiers les examiner à leur tour, et gravait si bien dans sa mémoire ce qu'il avait vu par lui-même, ce que les autres lui rapportaient, qu'il ne risquait jamais de compromettre le succès de ses plans de bataille par une fausse manœuvre. Questionnant sans trêve ceux qui l'entouraient, poussant la vigilance aux dernières limites du possible, il lui fallait la presque certitude de vaincre pour engager le combat, car la gloire et la vie de ses soldats lui étaient aussi chères que les siennes propres. Il ne se serait pas pardonné de les exposer au péril par la moindre négligence, ces braves dont il se regardait comme responsable devant la France et Dieu, et une goutte de sang inutilement répandue par ses ordres eût été un poids que sa conscience n'aurait pas pu porter.

Ce besoin de tout combiner, de tout observer scrupuleusement afin de marcher à coup sûr à la victoire, explique la minutieuse inspection du maréchal aux défilés de Kosen. Quand, par un rapport des éclaireurs, il se fut bien convaincu que les Prussiens bivouaquaient autour d'Auerstaëdt, et qu'ils allaient inévitablement tenter avant peu le passage, il revint en hâte à Naumbourg, où le maréchal Bernadotte campait avec 25,000 soldats. Davoust instruisit son collègue de ce qui se passait, et lui demanda d'unir ses efforts aux siens, pour fermer la route à l'ennemi.

Bernadotte, malgré l'ordre positif que Napoléon lui avait donné de seconder Davoust, au cas où celui-ci réclamerait son concours, refusa obstinément. En vain, pour triompher de cette inexplicable résistance, Davoust, mettant de côté tout orgueil, offrit à Bernadotte de lui abandonner le commandement; il n'écouta rien, et voulut partir sur-le-champ avec ses hommes, pour Dornbourg, où sa présence n'était d'aucune utilité, pas un Prussien n'y ayant paru.

Demeuré seul, Davoust ne s'attrista ni ne s'épouvanta, et se promit que les 70,000 Prussiens ne traverseraient les défilés qu'après avoir passé sur le corps du dernier de ses 25,000 soldats. Il savait que Napoléon voulait à tout prix que cette route fût fermée à l'ennemi; il jura qu'elle le serait.

Sitôt qu'arriva la nuit du 13 au 14, le maréchal se mit en marche vers le pont de Kosen, avec toute son armée, dont il fit trois divisions confiées au commandement de trois vaillants hommes les généraux Morand, Gudin et Friant. Cette troupe ne se composait guère que d'infanterie, mais d'une infanterie façonnée par le maréchal lui-même, et qui n'aurait pas bronché, quand même il se serait agi de lutter avec l'Europe entière rangée en bataille.

Le jour devait tarder longtemps encore à paraître, lorsque Davoust, accompagné de la division du général Friant, escalada les rampes abruptes de Kosen, et six heures du matin n'étaient pas sonnées, qu'il établissait ses soldats sur les hauteurs formant l'un des côtés du bassin dont j'ai parlé plus haut. Un vieux chirurgien-major suivait la division à distance, et j'avais eu soin de me mettre assez avant dans ses bonnes grâces pour qu'il me permît de lui servir d'aide au cas, hélas! trop probable, où nous aurions des blessés à soigner.

Le maréchal venait à peine de s'installer sur son périlleux observatoire, lorsque les Prussiens débouchèrent en face de lui sur le talus opposé. S'il n'avait pas régné un brouillard tellement opaque qu'il ne permettait pas de distinguer les objets à un pas de distance, les deux armées, perchées chacune aux deux bouts de cet amphithéâtre dont la nature s'était chargée de faire les frais de construction, auraient pu se contempler silencieusement avant d'en venir aux mains. Mais le voile qui tombait du ciel sur la terre enveloppait les campagnes de ses plis, aucun bruit inquiétant ne troublait le calme de l'atmosphère, et les Prussiens s'avançaient sans défiance, précédés d'une avant-garde de cavalerie. Le roi, le duc de Brunswick et le maréchal Mollendorff, suivaient à quelques pas. Le général Blücher, un de ceux qui marchaient en tête, avait déjà passé le petit pont, et s'engageait sur la grande route, lorsqu'il se trouva nez à nez avec un détachement de notre cavalerie. On échangea plusieurs coups de pistolet dont le brouillard dut déranger la justesse, et les Français s'emparèrent d'un certain nombre de Prussiens. Enhardi par le succès de cette première escarmouche, faite presque à tâtons, le détachement vint rejoindre le 25ᵉ de ligne que le maréchal en personne conduisait. Sans perdre une seconde, il ordonna de poser sur la chaussée plusieurs pièces d'artillerie dont la décharge mit en un clin d'œil Blücher et sa cavalerie en désarroi. Mais ceci était peu de chose, et Davoust ne se dissimula pas qu'il allait falloir se battre comme à Austerlitz. Lui et ses soldats ne demandaient pas mieux, et maudissaient un peu ce malheureux brouillard qui leur cachait l'ennemi. Cependant, et le maréchal dut en convenir plus tard, elle avait son bon côté, cette muraille intempestive, car elle permit à l'habile général de disposer merveilleusement son armée, à l'insu des Prussiens, et pour ainsi dire à leur barbe. Il résulta de cette disposition qu'au moment où le soleil triompha du brouillard, nous étions prêts au combat, tandis que nos adversaires hésitaient encore sur le choix de leurs moyens de défense.

Je n'entreprendrai pas de décrire minutieusement cette bataille, à laquelle d'ailleurs je n'assistais que de loin, et qui couchait sur le sol tant de victimes, que mes religieuses et moi avions trop de plaies à panser pour accorder une attention soutenue à ce qui se passait à Auerstaëdt et dans ses environs. Je veux simplement tracer ici un résumé rapide des prodiges de cette mémorable journée, et dire que pendant six heures au moins, la petite armée de Davoust eut à repousser les attaques sans cesse répétées d'une infanterie qui dépassait en nombre trois fois la sienne, et les charges d'une cavalerie s'élevant à plus de 10,000 hommes.

Il fallait qu'elle fût bien héroïque, cette poignée de

braves, puisqu'elle culbuta la formidable troupe prussienne, blessa à mort presque tous ses généraux, à commencer par le duc de Brunswick, et força le Roi à combattre comme un simple soldat, pour ne pas être fait prisonnier.

Au milieu de cette frénétique mêlée, Davoust conservait un inaltérable sang-froid ; pas un des muscles de son impassible visage ne se contractait, pas une goutte des sueurs de l'angoisse ne coulait sur son large front. Il se multipliait, il était partout, mais il s'arrêtait de préférence aux endroits où le danger paraissait le plus grand. Tantôt il encourageait de la voix et du geste ses soldats épuisés ; tantôt, se mettant à la tête de leurs bataillons, il courait sur l'ennemi que son audace forçait à reculer. Il s'exposait avec si peu de ménagement, qu'un biscaïen transperça son chapeau, et lui arracha une touffe de cheveux, sans toutefois entamer le crâne. Quant à son habit, tant de balles l'avaient troué, qu'il ne devait guère préserver ses épaules de l'âpre bise qui soufflait.

Enfin, l'heure du triomphe définitif sonna pour nous. Frédéric-Guillaume, voyant que l'élite de son état-major jonchait le sol, que huit ou dix mille de ses soldats étaient morts, et trois mille prisonniers, comprit qu'il fallait rétrograder, et en donna l'ordre. Il aurait bien voulu que cette retraite ne présentât pas le tableau d'une déroute complète, mais il ne put y parvenir. Un espoir cependant lui restait encore : c'était de se rallier aux troupes commandées par un autre de ses lieutenants, le prince de Hohenlohe. Hélas !

il ignorait qu'au moment même où Davoust le battait à Auerstaëdt, Napoléon écrasait le prince à Iéna, et que ses deux armées, si fringantes quelques jours auparavant, étaient aussi écloppées l'une que l'autre. Il apprit ce nouveau désastre par les bandes vaincues à Iéna et qui, en fuyant, se croisèrent avec les siennes.

Les forces humaines, dans certaines circonstances, peuvent être poussées à l'excès, mais cependant, il arrive un instant où elles sont obligées de s'arrêter épuisées. Davoust, parvenu à l'autre côté du bassin d'où il avait chassé l'ennemi, fit faire halte à son infanterie. Promenant de là ses regards autour de lui, il aperçut, dans les environs d'Opolda, les soldats de Bernadotte, et il invita leur chef à poursuivre les Prussiens, chose que ses troupes harassées ne pouvaient plus faire.

Le soir de cette sanglante journée, on rentra à Naumbourg, et le maréchal se rendit compte des pertes qu'il avait essuyées. Elles étaient nombreuses et cruelles. Sept mille hommes hors de combat; deux généraux de division, Morand et Gudin, blessés; un général tué, une foule de généraux de brigade, de colonels, d'officiers de tous grades morts ou blessés, voilà ce qu'avait coûté la victoire. Mon neveu, Étienne Michaud, se trouvait au nombre des maltraités. On me l'apporta presque évanoui, la jambe gauche labourée, le front sillonné d'un large coup de sabre. Il venait de reprendre ses sens, lorsqu'en me retournant au bruit d'un soupir, j'aperçus le brave commandant Poize accommodé à peu près de la même façon. Heureusement, l'un et l'autre guérirent assez vite pour pouvoir être sur pied au bout d'un mois; mais ils ne purent pas suivre leurs régiments à Berlin, et durent se résigner à demeurer à l'hôpital de Weimar.

J'étais fort occupée à bander tous ces bras, ces jambes et ces têtes que les balles prussiennes avaient plus ou moins détériorés, lorsque le maréchal me fit appeler.

Que peut-il me vouloir? me demandai-je, légèrement contrariée d'être dérangée dans mon travail. Il ferait bien mieux de se reposer et de me laisser soigner ces pauvres moribonds.

Cependant, comme il n'aurait pas été bon de faire la sourde oreille avec le terrible guerrier, je me rendis à son appel, et je lui fis, en entrant dans la chambre où il m'attendait, une cérémonieuse révérence.

— Ah ça, sœur Théotiste, me dit-il d'un air de bonne humeur qui ne lui était pas habituel, vous cachez donc l'intrépidité des Jeanne d'Arc et des Jeanne Hachette sous votre modeste cornette?

— A quel propos m'adressez-vous une semblable question, monsieur le Maréchal? demandai-je tout étonnée?

— Comment, reprit-il, au plus fort de la bagarre, vous vous échappez furtivement de l'ambulance, pendant que le major et vos compagnes ont le dos tourné, puis, vous allez ramasser un jeune soldat blessé, sur lequel la cavalerie prussienne s'apprêtait à passer au galop! Mais c'est héroïque cela, ma sœur! C'est la charité chrétienne poussée au sublime!

— Mon Dieu! monsieur le Maréchal, répondis-je presque en colère et rougissant comme une jeune fille, que je suis donc désolée qu'on ait été vous raconter comme un trait exceptionnel de dévouement, une action que toute personne tant soit peu compatissante aurait faite sans hésiter ! J'avais cependant bien prié le major de ne pas vous en parler.

— Je n'ai pas vu le major, répliqua Davoust; par conséquent ce n'est point lui que vous devez accuser d'indiscrétion, mais plusieurs soldats qui ont été témoins de votre généreuse témérité, et qui l'ont apprise à leurs camarades, avant même que la bataille ne fût gagnée. Ces braves voulaient vous faire une espèce d'ovation en arrivant ici. Je les en ai empêchés, pensant que ce bruyant hommage ne serait pas de votre goût ; mais j'ai promis de vous remercier en leur nom, et je m'acquitte de ma promesse. Seulement, je vous préviens que la reconnaissance est chose tenace dans le cœur des militaires, et qu'il faut vous attendre à être salué comme une reine quand vous rencontrerez les vainqueurs d'Auerstaëdt.

— Mais, ajouta le maréchal, qu'avez-vous donc à regarder sans cesse du côté de la porte? Il semble, en vérité, que vous m'écoutez à regret !

— J'ai, monsieur le Maréchal, repris-je brusquement, que pendant que je m'attarde ici à recevoir vos louanges pour une action la plus naturelle du monde, une centaine de blessés, peut-être, attendent encore leur pansement.

Et, malgré le respect que m'inspirait le maréchal, je

m'enfuis avec une telle rapidité, qu'il n'eut pas le temps de me retenir.

Oui, c'était vrai, et, je le jure, je l'avais complètement oublié : le matin, à travers le feuillage d'un petit bois de saules où nous avions établi une sorte d'ambulance, j'avais vu tomber un soldat, presque un enfant, sous la mitraille, à la lisière du bois, et j'entendais accourir la cavalerie prussienne qui allait inévitablement lui passer sur le corps ; je ne fis qu'un bond ; Dieu m'aidait sans doute et triplait mes forces ; j'enlevai le soldat inanimé, et l'emportai si vite derrière les saules protecteurs, que les cavaliers prussiens ne durent même pas s'en apercevoir. Mon protégé avait une balle dans le bras, mais on put facilement l'extraire, et le major déclara qu'il pourrait bientôt reprendre son fusil. Brave jeune homme! la mémoire du cœur était tenace chez lui, pour me servir de l'expression du maréchal, et il me rendit en 1817 un service qui me le prouva victorieusement.

Mais revenons à nos moutons, ou plutôt aux suites de la victoire remportée par Davoust.

Napoléon, qui du champ de bataille d'Iéna entendait gronder le canon d'Auerstaedt, s'imaginait que ce n'étaient que de simples escarmouches entre nos soldats et quelques détachements ennemis. La persuasion où il était d'avoir eu à combattre presque toute l'armée prussienne fit qu'il eut beaucoup de peine à croire les premières nouvelles qui lui arrivèrent du triomphe de Davoust. « Votre maréchal, qui prétend qu'il n'y voit pas, y a vu triple, » dit-il à un aide de camp du vainqueur. Il pensa ainsi tant que l'exacte vérité ne lui fut pas connue ; mais quand il la sut, quand il apprit l'inexplicable conduite de Bernadotte, le courage surhumain de Davoust, la manière dont les troupes avaient secondé leur intrépide chef, il passa du doute railleur à la plus vive admiration. Immédiatement il envoya Duroc porter aux soldats de Davoust de magnifiques récompenses, et il écrivit à celui-ci :

« Vos soldats et vous, monsieur le Maréchal, avez acquis des droits éternels à ma reconnaissance. »

Lorsque Napoléon croyait avoir commis une injustice, il tenait à la réparer hautement. Il ne se contenta pas d'écrire au vainqueur d'Auerstaëdt, il voulut le féliciter de vive voix, sur le théâtre même de sa victoire. Prévenus de son arrivée, les soldats lui firent une réception enthousiaste, et les cris mille fois répétés de : Vive l'Empereur! furent si perçants, que je me demande s'ils ne parvinrent pas jusqu'aux oreilles des restes de l'armée prussienne qui, éperdue, fuyait au loin !

L'Empereur, qui ne faisait jamais les choses à demi, après sa station à Auerstaëdt, vint à Naumbourg, visiter les blessés. Le roulement des tambours et les exclamations nous annoncèrent son approche longtemps à l'avance. Chirurgiens, infirmiers, cantinières, tout le monde se mit au port d'armes, et quand il entra dans l'ambulance, il n'y eut pas un seul des pauvres éclopés, tant broyé fût-il, qui ne réunît ce qui lui restait de forces pour crier : Vive l'Empereur ! Il se pencha vers chacun d'eux, de bonnes et douces paroles aux lèvres, et posa sur le lit d'un très-grand nombre la croix de la Légion d'honneur.

Lorsqu'il eut achevé cette distribution, au lieu de se retirer, comme je m'y attendais, il s'approcha du coin où je me tenais discrètement avec les autres religieuses, et s'arrêtant tout à coup devant moi :

— Ma sœur, me dit-il, vous avez eu tort de vous cacher, il ne me reste plus une seule croix à donner.

— Mais, Sire, répliquai-je, passablement étonnée de cette singulière apostrophe, je ne vois pas en quoi il m'importe que vous n'ayez plus de croix à distribuer.

— Il doit beaucoup vous importer, au contraire, puisqu'il y en avait une que je vous destinais.

— A moi ! m'écriai-je, une croix !

— Oui, à vous ! et il faut convenir que j'aurais bien mauvaise grâce à refuser d'accorder une récompense que Davoust, la bravoure incarnée, m'a demandée pour la courageuse femme qui, au péril de sa vie, a arraché un de mes soldats à une mort atroce.

J'aurais voulu être à cent lieues de là, et je ne pus m'empêcher de balbutier qu'on n'avait jamais vu décorer une sœur de charité.

— Eh bien ! reprit l'Empereur, si on ne l'a jamais vu, on le verra, et pas plus tard qu'à l'instant.

Détachant alors vivement sa propre croix, il l'attacha à ma guimpe, auprès de celle du Sauveur.

— Mais, Sire... objectai-je encore, en essayant de repousser sa main.

— Oh ! point d'observation ! dit-il. Vous devez savoir que je ne les aime pas.

— Gardez cette croix, ma sœur, ajouta-t-il, avec une légère émotion dans la voix, gardez-la en souvenir de votre noble action au bois de saules, et quand vous ne serez pas trop absorbée par les soins que vous donnez à vos malades, priez Dieu pour la France et pour moi.

Puis, sans attendre ma réponse, il disparut, suivi de son brillant état-major. Je puis bien le jurer dans la sincérité de mon âme, non-seulement je ne tirais aucune vanité de la distinction dont l'Empereur venait de m'honorer, mais cette croix, récompense accordée d'ordinaire à la valeur guerrière ou au talent, me paraissait déplacée sur la poitrine d'une obscure religieuse. Elle me pesait plus que je ne saurais dire. Je la portai pendant mon séjour à l'armée, mais retournée à mes humbles fonctions, à l'hospice, je me hâtai de la renfermer dans une boîte où elle demeura sans que je la regardasse, jusqu'au jour où la mort de Napoléon à Sainte-Hélène lui donna à mes yeux l'importance de la relique d'un martyr.

Je reprends mon récit.

L'Empereur voulut que Davoust et ses vaillantes troupes prissent à Naumbourg un repos de deux journées. Le matin de la troisième, elles se mirent en marche vers Berlin, et, durant la route, le maréchal trouva moyen d'ajouter à ses succès passés quelques succès nouveaux, en prenant possession de Leipzig et en assurant le passage de l'Elbe à la Grande Armée. Le 25, il était aux portes de Berlin. Napoléon avait désiré qu'il y entrât le premier, afin de décerner une couronne de plus à ses glorieux exploits, puisqu'il devait y recevoir les clefs de la ville. Les magistrats et les bourgeois les lui offrirent en effet, ces fameuses clefs; mais il les leur rendit à l'instant même, en disant qu'elles appartenaient à plus grand que lui, à l'Empereur.

Nous ne fîmes que traverser la capitale de l'empire prussien. Davoust se souciait peu d'exposer ses troupes aux mille dangers des villes populeuses, sachant combien les distractions qu'on y rencontre amollisent le soldat. Il alla donc s'établir à Friederichsfeld, et ses relations avec les habitants de Berlin se bornèrent à la demande des vivres nécessaires à ses troupes.

Le maréchal ne demeura pas longtemps dans cette inaction. Le 27 octobre, après avoir assisté à l'entrée triomphale de Napoléon, entrée dont la magnificence dépassa certainement celle d'Alexandre à Babylone, le vainqueur d'Auerstaëdt franchissait l'Oder à Francfort. Le 1er novembre, il soumettait Custrin, place réputée la plus forte de la Prusse, y faisait quatre mille prisonniers, et s'emparait de quatre-vingt-dix canons. Ce brillant fait d'armes accompli, avec une rapidité qui tenait du prodige, valut au 3e corps l'honneur d'être cité à l'ordre du jour.

Je n'avais point suivi le duc d'Auerstaëdt (ce titre venait de lui être donné par l'Empereur) sur ces nouveaux champs de bataille. Une lettre de la supérieure générale était arrivée le 26, m'enjoignant de rentrer en France. Cette lettre m'était apportée par Aimée-de-

Jésus, chargée de me remplacer, et qui m'apprit qu'Alexina, pour satisfaire au désir de me voir qu'exprimait ma sœur mourante, avait sollicité mon rappel.

Les paquets d'une religieuse sont aussi promptement faits que ceux d'un militaire : les miens ne me demandèrent pas plus de deux minutes. Enveloppée de mon manteau, ma cornette bien assujettie, mon chapelet solidement agrafé, j'allai prendre congé du maréchal-duc, qui daigna me témoigner ses regrets de mon subit départ ; j'embrassai tendrement mes filles affligées, et comme on m'avait envoyé de l'argent, je montai dans une chaise de poste que les chevaux emportèrent rapidement vers Paris. Hélas! malgré toute ma diligence, j'arrivai trop tard. La veille on avait enterré ma bien-aimée sœur dans le cimetière d'Auteuil, et mes larmes ne purent couler que sur sa tombe.

Cette mort frappa si douloureusement Alexina, qu'elle fit une maladie de six semaines. Son mari, à peine remis de sa blessure, avait rejoint le maréchal. La pauvre jeune femme était seule; j'obtins de mes supérieurs la permission de m'établir à son chevet, et ne le quittai que lorsqu'elle fut parfaitement guérie. A la suite de cette guérison, cédant à mes conseils, elle partit pour le Hanovre avec ses enfants, sous la conduite d'Herman Godberg qui vint la chercher. L'habitation demeura confiée à la garde de Martin et de Françoise, qui en étaient l'un le jardinier, l'autre la cuisinière, depuis plusieurs années.

Rendue à mes occupations ordinaires par ce départ, j'entrai comme supérieure à l'hôpital militaire du Val-de-Grâce, où le bruit de mes *prouesses* à Auerstaëdt, qui m'y avait précédée, me mit tout de suite en grande estime auprès des soldats.

Je restai au Val-de-Grâce jusqu'en 1809, époque à laquelle on m'envoya en Espagne, délicieuse contrée où Joseph Bonaparte régnait péniblement au milieu d'un concert de sourdes malédictions, et luttant sans cesse avec des dangers de mille sortes.

On m'assigna pour résidence, ainsi qu'aux cinq religieuses qui m'accompagnaient, un hôpital situé dans un des faubourgs de Madrid, et où il ne se passait pas de jour qu'on n'apportât quelques soldats français frappés par le poignard des Espagnols.

Cet hôpital était fort petit, sans cour, sans jardin; il regorgeait de malades, et lorsque les convalescents avaient impérieusement besoin de respirer un air pur, il fallait qu'on les conduisît assez loin dans la campagne. J'avais l'habitude de me charger moi-même de ce soin, lequel demandait une extrême vigilance. Or, il arriva que, par une splendide journée de septembre, je sortis avec quatre pauvres fantassins bretons, dont l'un semblait si peu solide sur ses jambes, que je dus lui prêter l'appui de mon bras. Le ciel brillait d'un éclat si vif, le soleil était si chaud, l'herbe des sentiers encore si touffue, et mes moribonds paraissaient humer avec tant de délices l'air embaumé des champs, que je poussai la promenade au delà des limites que je lui traçais ordinairement. Je me disposais cependant à rebrousser chemin, quand mes compagnons me supplièrent de leur permettre d'aller s'asseoir, ne fût-ce que quelques minutes, à l'ombre d'un petit bois dont nous apercevions le verdoyant feuillage à deux cents pas devant nous. J'accédai au désir qu'ils m'exprimaient, tout en leur faisant observer que je commettais peut-être une imprudence, vu le peu de sécurité des environs de Madrid. Nous étions depuis un quart d'heure à peine dans ce lieu extrêmement solitaire, lorsque les branches d'un gros arbre s'écartèrent brusquement, et livrèrent passage à huit ou dix individus qui s'avancèrent vers nous brandissant des stylets, et poussant des cris sauvages.

Au risque d'être mise en pièces la première par ces forcenés, je m'approchai d'eux, et leur demandai en espagnol, le motif de cette brutale agression. Ils me répondirent par des injures, puis, sans me faire de mal toutefois, ils me repoussèrent de côté, et voulurent s'élancer sur les Bretons. Ceux-ci, malgré leur faiblesse s'étaient levés et retranchés derrière une haie, ne paraissant pas disposés à se laisser assassiner sans essayer de se défendre. Mais une longue résistance n'était pas possible, et les malheureux allaient infailliblement succomber, lorsqu'aux cris aigus que je ne cessais de jeter, un personnage, vêtu d'un élégant costume de chasse et suivi d'un domestique en livrée, fit irruption au milieu des combattants.

— Que vois-je ! s'écria-t-il, quatre hommes sans défense, une sœur de charité suppliante, menacés par dix Espagnols armés ! Arrière, misérables ! ajouta-t-il d'une voix tonnante, en braquant son fusil sur les hideux guérilleros; arrière ! ou je tire!

Les bandits, étonnés, hésitaient cependant à battre en retraite ; leurs mains frémissantes agitaient toujours les redoutables stylets, leurs regards flamboyaient de rage, la sueur de la haine, mêlée à celle de la crainte, leur sortait par tous les pores. Un moment, je crus qu'ils ne reculeraient pas ; mais quand ils virent le domestique, un pistolet au poing, se placer résolûment à côté de son maître, ils prirent la fuite, et disparurent bientôt en s'éparpillant dans toutes les directions du bois.

Remise de mon épouvante, je m'approchai alors du chasseur, grand et beau cavalier dans la force de l'âge, et lui exprimai ma reconnaissance en aussi bon espagnol que cela me fut possible.

— Vous ne me devez aucun remerciement, ma sœur, me répondit-il en excellent français. Quelque éminent que soit le service que je viens de rendre à vous et à vos compatriotes, je resterai toujours votre obligé. Vous me comprendrez, quand vous saurez que sans une Française qui portait votre saint habit, au lieu d'être un des plus riches propriétaires de l'Espagne, élevé par la charité publique, je ne serais qu'un obscur et pauvre ouvrier. Ceci demande une explication que je me ferai un plaisir de vous donner, si vous le désirez.

Je fis un signe affirmatif ; il continua :

— Il y a près de trente ans, j'en avais alors deux à peine, ma mère, veuve, dénuée de tout, tombait mourante, en me tenant dans ses bras, à la porte d'un couvent de votre ordre, situé dans une ville de France.

16.

Elle y fut recueillie, secourue, entourée de soins affectueux. Cet accueil provoqua sa confiance, elle raconta à ses bienfaitrices le douloureux roman de sa vie, les angoisses maternelles qui brisaient son cœur en songeant à mon avenir. Elle eut le bonheur d'attendrir son pieux auditoire, et par l'entremise d'une des religieuses qui parlait la langue espagnole, elle put écrire à mon grand-père paternel que s'il n'avait pas pitié de moi, il ne me restait pour refuge que l'hôpital d'une terre étrangère.

Ma mère mourut; la lettre fut fidèlement expédiée en Espagne avec une chaude apostille de celle qui l'avait écrite. Elle éteignit la colère de mon aïeul, gravement indisposé contre mes parents. Quinze jours plus tard, il venait me chercher lui-même. Il s'attendait à trouver un enfant triste, délaissé dans un coin du couvent. Au lieu de cela, on lui présenta un gros garçon, frais, souriant, et si heureux des tendresses de la sœur Théotiste, qui s'était constituée sa mère adoptive, qu'on eut une peine infinie de l'en séparer.

— Ah! mon Dieu! m'écriai-je, au comble de la surprise, en regardant le jeune chasseur de tous mes yeux : ah! mon Dieu! seigneur! seriez-vous José d'Alvaro?

— En personne, ma sœur, répondit-il. Mais comment savez-vous mon nom? Il me semble que je ne l'ai pas prononcé. Vous aurait-on déjà appris mon histoire? Serais-je assez heureux pour que vous eussiez connu la bonne sœur Théotiste, et pourrais-je savoir vous si elle a échappé aux griffes de la révolution aise?

— Elle y a si bien échappé, répliquai-je en riant, que c'est elle, seigneur, qui est devant vous. »

J'achevais à peine ces mots, que l'impétueux José, à la stupéfaction des Bretons, se précipitait à mes genoux, prenait mes mains, les arrosait de larmes, et poussait des exclamations où l'espagnol et le français se confondaient de la plus étrange manière.

Cette explosion de reconnaissance s'étant un peu calmée, je pus à mon tour dire à el sênor José de Alvaro, ma joie de l'avoir retrouvé. Puis, comme il se faisait déjà tard, je le priai de nous escorter jusqu'à la porte du couvent, et de remettre au lendemain une conversation qu'il paraissait disposé à prolonger indéfiniment. Pendant le chemin, il m'apprit brièvement qu'il habitait Madrid, qu'il était époux, père, possesseur d'une immense fortune, Grand d'Espagne de première classe, et l'un des êtres les plus heureux qui existassent sous le ciel.

— Demain, me dit-il en prenant congé de moi, je viendrai vous chercher pour vous présenter à ma femme, à ma chère Trinidad, et je vous demanderai de bénir ma petite Jésusa et mon gentil Fernando, deux ravissants jumeaux de quinze mois, que leur mère a nourris elle-même.

Il vint en effet me prendre le lendemain, dans un superbe carrosse où j'étais toute honteuse de monter, et me conduisit à son palais. Après avoir traversé une enfilade d'appartements remplis de laquais vêtus comme des suisses de paroisse, nous pénétrâmes dans un boudoir splendide, où se tenait assise, entre deux berceaux, la femme de José. J'ai vu bien des belles personnes dans ma vie, mais je ne crois pas en avoir rencontré une qu'on pût mettre en parallèle avec celle-ci.

Plus démonstrative encore que son mari, si c'est possible, elle m'accabla de caresses, puis, quand elle eut épuisé le vocabulaire des tendres paroles, elle prit sur chaque bras ses deux enfants qui venaient de se réveiller, les déposa sur mes genoux, et demeura absorbée dans la contemplation des baisers que je leur prodiguais. Ces deux petits êtres, que ni mon costume, ni ma vieille figure ne semblaient effrayer, étaient charmants. Vivantes miniatures de la marquise d'Alvaro, ils réalisaient l'idée qu'on se fait des esprits célestes revêtus d'une enveloppe mortelle. Je le dis à leur mère, dont les grands yeux, humides de douces larmes, me remercièrent par un éloquent regard.

En dépit de ma résistance, il me fallut passer presque toute la journée chez le marquis. Nous parlâmes beaucoup de la situation difficile que la France faisait à l'Espagne, et je priai José de ne pas contraindre, à cause de moi, l'expression d'une colère que je comprenais parfaitement.

« Sans doute, me dit-il, je n'accepte pas avec un calme exemplaire le joug que l'étranger impose à ma patrie, mais je n'en suis point irrité à un aussi haut degré que vous pourriez le croire. J'ai constamment refusé de conspirer contre les Français. Quoi qu'on fasse, je persisterai dans ce refus. J'admire beaucoup votre Empereur. C'est, à mon avis, un type unique qui l'emporte de cent coudées sur Alexandre et César. Il n'est pas seulement un héros ; le législateur, l'économiste, l'écrivain, le penseur, sont réunis en lui. Il est ambitieux, dit-on. Eh! mon Dieu! quel homme en ce monde ne l'est pas pas plus ou moins? Il faut être heureux, comme je le suis, pour ne pas porter ses désirs au delà de la sphère où l'on vit. L'ambition de Napoléon ne m'empêche donc nullement d'admirer son génie et de m'en déclarer le zélé partisan.

» Vous avez dû voir hier que ma partialité ne s'arrêtait pas au chef des Français, et que je me suis rangé, sans hésiter, du côté de vos braves compatriotes, menacés par les guérilleros espagnols. Je veux faire mieux encore. L'hôpital que vous dirigez m'a semblé très-pauvre, je lui viendrai en aide. Il n'a pas de jardin ; désormais, c'est dans les miens qui sont immenses, que les convalescents viendront se promener. Je vous paie une faible partie de ma dette, chère sœur Théotiste, en agissant ainsi. Je ne puis vous offrir à vous, sainte épouse du divin Crucifié, aucun des biens, aucune des douceurs de la terre ; laissez-moi les offrir à ceux que vous appelez vos enfants. Je ne m'acquitterai jamais de ce que je vous dois. Aussi, quand mon aïeul, le jour de ma première communion, m'a raconté ce que vous aviez fait pour moi, les secours prodigués à ma mère par les religieuses d'Angers, je vous ai voué, à vous que je n'espérais pas avoir le bonheur de connaître jamais, et à toutes les femmes qui portent votre habit, une reconnaissance qui s'étend à la nation française tout entière. »

C'est les larmes aux yeux que M. d'Alvaro disait ces touchantes paroles, et quoiqu'elles renfermassent beaucoup trop de louanges en ma faveur, je ne me sentais pas le courage de lui imposer silence, tant il paraissait heureux de me les adresser.

Pendant mon séjour à Madrid, qui dura près de deux ans, je revis souvent le marquis et sa charmante compagne. Il me serait impossible d'énumérer les attentions délicates dont ils me comblèrent. Cédant à leurs prières, avant mon départ, je tins sur les fonts de baptême, avec un grand seigneur espagnol, une petite fille qui venait de leur naître, et à laquelle ils exigèrent que je donnasse le nom de Théotiste.

Plus tard, le marquis, fatigué des troubles politiques qui rendaient l'Espagne fort désagréable à habiter, vint se fixer à Paris, et c'était pour lui et sa femme des jours de fête que ceux où je pouvais leur consacrer quelques rapides instants. Depuis 1824, ils sont retournés dans leur patrie. Jésusa a épousé un duc français, ma filleule un prince italien, parent de la princesse Vanila ; Fernando est fiancé à la nièce d'un boyard russe. Aucun de ces êtres excellents n'a oublié la pauvre vieille religieuse. Chaque année, le premier janvier, il m'arrive invariablement une forte somme pour mes pauvres, accompagnée d'une affectueuse lettre écrite par José, signée par toute la famille.

Heureux les cœurs qui savent garder ainsi le culte sacré de la reconnaissance ! Ils sont les bénis du Seigneur, et le fardeau de la vie, si lourd pour les cœurs ingrats, leur est toujours doux et léger.

CHAPITRE XIV

LE RETOUR AU PAYS NATAL.

Impressions diverses. — L'expédition en Russie. — Maladie de Théotiste. — Les désastres de 1813.—L'abdication de 1814. — Les Bourbons à Paris. — Le maréchal Davoust à Hambourg. — Comment on récompensa la plus noble conduite.—Napoléon à l'île d'Elbe.— Son retour.— Le prince d'Eckmühl ministre de la guerre.—Ses travaux surhumains. — Après Waterloo. —La seconde abdication.—Le *Bellérophon*. — Le camp de la Villette. — La capitulation. — L'armée sur les bords de la Loire. — Le rétablissement définitif de la légitimité. —Les persécutions.—Admirable lettre du maréchal Davoust. — Son exil. — Savigny. — Le nouveau Cincinnatus. — Le pair de France. — Le colonel L***. — Conspiration. — L'arrestation. — La condamnation à mort. — Alexis. — Les démarches inutiles.—La silhouette d'une noble femme. — La rencontre providentielle.— Un cœur reconnaissant.— Le duc de B***. — Le boudoir de la duchesse d'Angoulême. — La grâce. — La prison du général Michaud. — Les scènes touchantes qui s'y passèrent. — A Auteuil. — Étiennette, duchesse de B***.— Le départ des bannis. — Le veuvage de l'âme.— Désir de mourir au pays natal. — La nomination. — L'audience du maréchal Davoust. — Un héroïque petit garçon. — Les femmes de l'avenir. — Anecdotes. — La princesse d'Eckmühl. — Mazières. — L'accueil qu'y reçoit Théotiste. — Souvenirs doux et cruels.—L'ancien conventionnel. Cornélie Brulard. — La vie heureuse. —1830. — Le maire voltairien. —Voyage à Paris.—La reine Marie-Amélie. — Succès. — Le déclin des forces. — L'examen de conscience — Conclusion.

Je pourrais donner à ces *Mémoires* une longueur

interminable si j'y décrivais les impressions diverses que me firent éprouver le divorce de l'Empereur, son mariage avec Marie-Louise, la naissance du roi de Rome. La dure captivité de Pie VII, à Fontainebleau, me fournissait aussi ample matière à de nombreuses et tristes réflexions ; mais, je le sens, ma main devient lourde, le travail de la pensée fatigue ma tête courbée par l'âge : il faut enrayer. J'ai encore à raconter passablement de choses qui me sont personnelles, et si je m'étendais trop sur les derniers événements de l'Empire, je courrais risque de ne pas accomplir la tâche que je me suis imposée.

Je reprends mon récit en 1812, époque où tout se préparait pour cette malheureuse expédition de Russie, sur laquelle Napoléon plaçait tant d'espérances de gloire, et qui devait lui être si fatale. Davoust, le prudent guerrier, l'homme sage qui ne s'aventurait jamais avant d'avoir longuement tâté le terrain et calculé toutes les chances de succès, Davoust n'approuvait pas ce défi porté à l'une des plus formidables puissances de l'Europe. Il aurait compris qu'on se défendît si le colosse du Nord nous provoquait, mais aller l'attaquer les premiers jusque dans ses retraites glacées, lui paraissait une audace quelque peu voisine de la folie.

Le maréchal ne partageait pas la confiance de Napoléon dans les bonnes dispositions de son beau-père, l'empereur d'Autriche, et craignait, avec raison, que la France eût en lui, dans les circonstances périlleuses, un antagoniste au lieu d'un ami. Voilà pourquoi il ne put s'empêcher d'émettre, lorsqu'on l'interrogea, un avis plus favorable à la paix qu'à la guerre. Cependant, comme il n'y avait rien à objecter devant la volonté du maître, le maréchal se tut et obéit, ainsi que tous les autres généraux.

L'armée avec laquelle Napoléon passa le Niémen, le 24 juin 1812, se composait de 450,000 hommes. C'était peut-être la plus belle qu'on eût jamais vue, et Davoust, prince d'Eckmühl depuis la bataille de ce nom, pouvait revendiquer la gloire de l'avoir organisée, disciplinée, instruite, d'en avoir fait enfin ce qu'elle était, une véritable merveille.

J'avais obtenu l'honneur de commander aux vingt sœurs de charité choisies pour la suivre, et je n'attendais plus que notre ordre de départ, lorsque je tombai si gravement malade que, pendant six mois, on désespéra de ma vie, et qu'il s'écoula près de six autres mois encore avant que le médecin me permît de reprendre mes travaux.

Dieu, en m'envoyant cette longue suite de tortures qui ne brisèrent que mon corps, m'en épargna qui auraient déchiré mon cœur : je n'appris rien des épouvantables résultats de la désastreuse campagne de Russie; je ne lus aucun de ces Bulletins funèbres datés de Moscou, qui venaient porter la désolation dans l'âme des mères, des épouses, des filles, en leur apprenant les ravages que faisaient chaque jour le froid, la neige, la faim, dans les rangs décimés de nos intrépides et malheureux soldats. Lorsque je fus instruite de ce grand désastre que tant d'autres allaient suivre, je faillis retomber mourante sur mon lit de douleur. Il me fallut faire à mon courage le plus énergique appel que je lui eusse jamais adressé, pour consoler ma pauvre nièce, qui se livrait à des accès de désespoir que toute sa piété, bien vive pourtant, ne parvenait pas à dompter.

Enfin, après des souffrances dont l'idée seule me donne encore le frisson, les débris de cette armée, si imposante au départ, revinrent en France, méconnaissables, écloppés, mutilés, comme s'ils avaient essuyé le feu de vingt batailles. Échappé par miracle aux glaces de la Bérézina, Étienne Michaud, les pieds à moitié gelés, la figure décharnée, l'uniforme en lambeaux, put presser sa femme et ses enfants dans ses bras.

Le déclin de la puissance impériale fut aussi rapide que l'avait été son élévation. Quand une fois il eut mis le pied dans la route des revers, Napoléon y marcha avec une incroyable fatalité. Il eut beau recourir à tous les moyens, tenter tous les efforts, lever une nouvelle armée ; il triompha à Brienne, à Champaubert, à Montmirail, mais il ne parvint pas à empêcher l'étranger d'envahir la France et d'y ramener les Bourbons. Découragé, perdant la sublime confiance qu'il avait conservée jusque-là dans son étoile, il signa son abdication à Fontainebleau, le 14 avril 1814. Plusieurs l'ont blâmé. Que pouvait-il faire, cependant? Paris avait résisté énergiquement pendant deux jours ; le troisième, après un combat acharné, force lui avait été d'ouvrir ses portes. D'ailleurs, il faut l'avouer, le peuple était las de ces guerres sanglantes dont on n'entrevoyait pas la fin, et le calme devenait de jour en jour l'objet des vœux ardents de la majorité des Français.

Dans ces circonstances épineuses, le rôle des grands généraux de l'Empire présentait des côtés fort difficiles. Plusieurs avaient à sauvegarder des intérêts de famille et de fortune, qui ne leur permettaient pas de se montrer hostiles au nouveau gouvernement.

Davoust n'écouta aucune de ces considérations, et, sans s'occuper de l'avenir que pouvaient lui réserver les colères bourboniennes, il fit son devoir jusqu'au bout envers l'Empereur.

Lorsque Louis XVIII remonta sur le trône, le maréchal, retranché à Hambourg, au fond de l'Allemagne, depuis un an, assailli par les armées russe et allemande, était resté huit mois sans recevoir de nouvelles de Napoléon, et ignorant complètement ce qui se passait en France. Dans les premiers jours d'avril, le général russe, Benigsen, le fit instruire de l'abdication de l'Empereur, du rétablissement des Bourbons, et lui enjoignit d'ouvrir les portes de Hambourg. Davoust répondit qu'il existait un article dans le décret relatif aux villes assiégées, qui défendait d'ajouter foi aux bruits semés par l'ennemi. « Il est possible, dit-il, que mon souverain ait éprouvé des revers, mais cela ne me dégage nullement des devoirs que l'honneur m'impose. Donc, les portes de Hambourg resteront hermétiquement closes. »

Furieux d'une telle réponse, quand il s'attendait à

la reddition immédiate de la place, le général Benigsen ordonna une attaque au nom des Bourbons, drapeau blanc en tête. Le prince d'Eckmühl, fidèle à son système, tira sur le drapeau blanc avec aussi peu de façon que sur le drapeau russe, et battit les assaillants à plates coutures. On recourut de nouveau aux négociations. Le maréchal ne les repoussa pas, et proposa même d'expédier en France le général Delcambre, promettant d'accepter comme vraies les nouvelles qu'il rapporterait. Benigsen consentit à cet arrangement, mais il voulut y mettre pour condition qu'un des ouvrages les plus importants de Hambourg lui serait livré. Le maréchal refusa, et continua de garder la place jusqu'au jour où il reçut du Gouvernement provisoire des communications officielles. Alors, seulement l'inébranlable guerrier céda. Il rassembla ses soldats au nombre de 30,000, leur apprit la chute de l'Empire, le retour des Bourbons, leur commanda de substituer la cocarde blanche à la cocarde tricolore, mais leur déclara en même temps, ce qui fut fort applaudi, qu'il ne rendrait Hambourg que sur un ordre signé de Louis XVIII. Il sauvait ainsi l'honneur du drapeau qui ne descendait pas de sa hampe sur l'injonction arrogante de l'étranger, mais sur celle du nouveau monarque des Français.

Cette défense de Hambourg, qui dura un an; cette héroïque résistance à des ordres qui n'émanaient que du chef auquel il obéissait depuis si longtemps; ce respect pour le drapeau qui avait flotté victorieusement pendant près d'un quart de siècle, d'un bout de l'Europe à l'autre, tout cela suffirait, selon moi, à immortaliser le maréchal Davoust.

Eh bien, cet homme, qui faisait don au roi restauré de 30,000 vaillants soldats disciplinés, équipés, capables de résister à une armée dix fois supérieure en nombre, qui joignait à ce présent un matériel immense, qui empêchait le drapeau d'Austerlitz de subir un ineffaçable affront, cet homme, de retour à Paris, seul parmi tous les maréchaux, ne fut pas reçu par Louis XVIII ! Pour prix de ses nobles services, de sa conduite si généreuse, il ne récolta que des dédains, et dut aller se renfermer, comme un coupable, dans son château de Savigny.

La petite principauté de l'île d'Elbe fut assignée pour résidence à celui devant lequel tant de rois avaient tremblé. Comme il était facile de le prévoir, son génie, affamé de mouvement et de bruit, ne put pas demeurer longtemps captif dans cet étroit espace : le 1er mars 1815, on apprenait que l'Empereur, débarqué à Cannes, s'acheminait vers Paris. Il y entra le 20 du même mois, au milieu d'un concert d'acclamations plus bruyantes que sincères ; la suite l'a prouvé. Aussitôt, il se mit à l'œuvre, puissamment secondé par l'infatigable Davoust, dont une série de procédés fâcheux n'avaient point ébranlé le dévouement, et qui accepta, sur des instances réitérées, le poste accablant de ministre de la guerre. Napoléon avait une telle confiance dans l'illustre soldat, qu'il avait froissé si souvent, qu'il lui révéla ce qu'il cachait à tout son entourage : c'est-à-dire qu'il était seul, absolument seul, en présence de

l'Europe qui allait se liguer tout entière contre lui, en essayant de l'enfermer dans un cercle de fer. « Il faut
» donc, ajouta-t-il, nous battre à outrance, et pour
» cela préparer, en trois mois, des moyens de défense
» formidables. J'ai besoin d'un administrateur infati-
» gable autant qu'intègre, et en outre, quand je par-
» tirai pour l'armée, il me faut ici quelqu'un de sûr à
» qui je puisse déléguer une autorité absolue sur Paris.
» Vous voyez qu'il ne s'agit pas d'écouter nos goûts,
» mais de vaincre ou de mourir[1]. »

Davoust s'inclina et commença dès le lendemain une de ces œuvres qu'on peut appeler surhumaines, sans être taxé d'exagération. Le succès couronna ses efforts. En moins de deux mois, le mécanisme militaire, faussé par les Bourbons, fonctionnait merveilleusement ; la France, quoique réduite aux abois par vingt-cinq ans de guerre, répondait encore aux sacrifices d'hommes et d'argent qu'on lui demandait ; des fortifications s'élevaient autour de Paris, que le maréchal Davoust était chargé de défendre si l'étranger venait l'attaquer ; nos arsenaux se remplissaient, nos places fortes regorgeaient d'approvisionnements, les gardes nationales se mobilisaient ; on préparait une levée de 300,000 hommes, et on pouvait espérer qu'avant peu, 600.000 soldats français seraient prêts à combattre. On hésiterait à croire de pareils prodiges d'activité, si on n'en avait pas été acteurs ou témoins. Hélas ! la trahison, peut-être la justice divine, devaient les rendre impuissants.

1. Historique.

Napoléon persista à laisser à Paris le prince d'Eckmühl, qui lui manisfestait vivement le désir de commander l'aile droite de l'armée. Il partit le 12 juin 1815, à la tête de ses troupes, le 18, il était vaincu à Waterloo, et le 21, il rentrait s'enfermer désespéré à l'Élysée. Là, brisé de corps, abattu d'esprit, après des hésitations et des pourparlers avec les Chambres, qui menaçaient de le déposer, il abdiqua en faveur de son fils. Deux jours plus tard il quittait définitivement Paris, et s'embarquait à Rochefort, sur un navire anglais, le *Bellérophon*. Mon neveu, le général Michaud, pleura de colère, en apprenant que le vainqueur des Pyramides perdait la tête au point d'aller demander une hospitalité généreuse à ses plus mortels ennemis. Oui, il fallait que le malheur l'eût rudement étreint, ce colosse d'audace et de volonté, pour qu'il se livrât, pieds et poings liés, à ceux sur lesquels sa redoutable épée s'était appesantie tant de fois ! Si je m'en rapporte à une personne présente, lorsqu'il descendit à Rochefort chez le préfet maritime, il ne tint qu'à lui de choisir le lieu de son exil. Retiré dans une salle, près d'un billard, dont sa main poussait machinalement les billes, il n'accorda aucune attention aux prières d'une vingtaine de matelots français, qui promettaient de le faire passer sain et sauf à travers la croisière anglaise, et de le conduire où il voudrait.

— « Qu'on fasse retirer ces gens-là, » fut sa seule réponse. Oh ! pendant les cinq années de son martyre à Sainte-Hélène, comme il a dû regretter de n'avoir pas accepté l'offre spontanée de ces braves cœurs ! Qu'ils sont à plaindre ceux qui, en tombant des sommets du pouvoir, sentent leur force morale les abandonner complètement ! C'est ce qui arriva à Napoléon. Heureusement, il ne tarda pas à se relever de cette défaillance, et sa résignation le rendit si grand qu'on ne sait lequel on doit admirer davantage du prisonnier ou du héros.

Le départ de l'Empereur ne fut point pour la France, et surtout pour Paris, le signal immédiat de la tranquillité. Les épaves de l'armée vaincue à Waterloo s'étaient repliées aux alentours de la capitale, et, réunies aux divers dépôts qui s'y trouvaient, présentaient un effectif d'à peu près 70,000 hommes. La Commission exécutive en avait nommé le maréchal Davoust généralissime, et c'est sous les ordres de ce chef habile qu'elles devaient défendre Paris, vers lequel s'avançaient 120,000 ennemis, formidable avant-garde d'une armée plus formidable encore.

Le maréchal Davoust, qui avait établi son quartier général à la Villette, tout en faisant les préparatifs d'une vigoureuse résistance, ne se dissimulait pas que, si l'on pouvait empêcher les alliés d'entrer à l'aide de quelque arrangement, cela serait cent fois préférable à une bataille, dont le succès, de notre côté, paraissait fort douteux. Ensuite, cet homme de bien, avare du sang français, frémissait à la pensée d'un conflit entre nous et des forces si supérieures en nombre. Il voyait la capitale saccagée, ses habitants réduits à l'extrême désespoir, il lui semblait entendre les cris des vieillards, des femmes, des enfants, tombant sous les balles russes ou prussiennes, et, chez lui, le citoyen l'emportait sur le soldat. Il attendait donc impatiemment les ordres de la Commission exécutive, qui seule avait le droit de décider s'il fallait capituler ou combattre.

Pendant ce temps, je n'ai pas besoin de décrire les angoisses cruelles auxquelles nous étions tous en proie à Paris. Ma pauvre nièce, folle de terreur, tremblant pour son mari, constamment auprès du prince d'Eckmühl, avait quitté Auteuil dont les hauteurs se couronnaient d'une artillerie redoutable, pour se réfugier avec sa fille à l'hôpital de la Charité que je dirigeais. Quand à son fils, âgé à peine de dix-sept ans, il avait été impossible de l'empêcher d'aller rejoindre le général Michaud à la Villette. Il s'ensuivait que la malheureuse Alexina souffrait de nouveau les tortures qu'elle avait endurées deux années auparavant, lors de la défaite de Moscou. Mes religieuses, elles, presque toutes novices, perdaient complètement la tête; s'il fallait du bouillon à un malade, elles lui apportaient des pilules; elles donnaient un bain de pieds quand le médecin ordonnait des sinapismes; les moribonds hurlaient de frayeur, les convalescents mâles voulaient sortir pour repousser l'ennemi... Seule, au milieu de ces échappés de Bicêtre, moi, la pauvre vieille, je conservais un calme que j'essayais vainement de communiquer à mon entourage terrifié.

Enfin, le 3 juillet les incertitudes cessèrent. La Commission exécutive ayant décidé qu'il valait mieux traiter que de se battre, trois plénipotentiaires, MM. Bignon, Guillemot et de Bondy se rendirent au quartier général et signifièrent à Davoust la résolution qui venait d'être prise. Bien qu'il l'eût prévue et même souhaitée, il ne fut pas maître de sa douleur en l'apprenant, et son visage, toujours calme d'ordinaire, se contracta violemment. Cependant il ne mêla pas sa voix aux voix nombreuses de ses officiers qui criaient à la trahison. Il se contenta d'aller reconnaître, au galop de son cheval, la position de l'armée ennemie, puis, silencieux, il retourna vers les plénipotentiaires. Le sacrifice, un sacrifice bien cruel, mais nécessaire à la tranquillité de son pays, venait de s'accomplir dans ce grand cœur.

C'est à Saint-Cloud que fut signée, le 3 juillet 1815, cette fameuse convention, plus communément appelée la Capitulation de Paris. Le maréchal Davoust la ratifia le lendemain. Comme s'il eût prévu que la plupart des conditions qu'elles renfermait ne seraient point observées, il apposa son nom au bas avec une amère tristesse, que pouvait seule atténuer la pensée du devoir noblement accompli.

Si le prince d'Eckmühl avait pu exhaler son désespoir dans la solitude, il l'aurait acceptée stoïquement; mais il lui fallut calmer celui de ses soldats, les exhorter à la modération, à l'obéissance, en un mot, faire exécuter la Capitulation, et, pour en arriver là, il n'eut pas trop de toutes les forces de son âme, de toute l'autorité de sa parole toujours religieusement écoutée. D'abord, comme le Gouvernement provisoire ne lui envoyait nulle instruction, il donna sa démission de ministre de la guerre, fit déposer à Vincennes les fusils et les pièces de grosse artillerie, sous la garde du général Daumesnil, qui s'engageait à ne pas laisser les troupes étrangères franchir le seuil de la forteresse; puis, se mettant à la tête de l'armée, il se retira avec elle derrière la Loire [1]. Les Alliés, auxquels leur facile triomphe à Paris ne suffisait pas, tentèrent de forcer ce passage, que la présence du vainqueur d'Auerstaëdt rendait inexpugnable. Ils ne savaient guère à qui ils s'adressaient. Le lion, qu'on pouvait croire assoupi sous le poids de la fatigue, se réveilla terrible et menaçant. Avec un rugissement formidable, il déclara que la France était à bout de patience et que, si les étrangers persistaient à l'insulter, les soldats du drapeau tricolore et ceux du drapeau blanc se réuniraient sous une même bannière pour les refouler hors du sol français.

Ce flamboyant éclair d'une indignation facile à comprendre devait être le dernier. Davoust aimait trop sa patrie pour ajouter aux maux qu'elle souffrait déjà ceux qu'aurait entraînés la prolongation de ce déplorable conflit. Le 6 juillet, il envoya à Paris trois de ses généraux chargés de traiter du ralliement de l'armée au gouvernement nouveau, mais avec la recommandation expresse de sauvegarder autant que possible les intérêts des braves soldats. Le 11 juillet, il adressa une proclamation à ses troupes, afin de les disposer à la soumission qui se négociait, et, le 17, il leur apprit

---

1. Il fit également mettre en sûreté, à Rochefort et à la Rochelle, les richesses militaires que renfermaient Paris, Nantes et Auxonne.

que tout était arrangé. « C'est à vous, leur dit-il, à
» compléter cette soumission, faite en votre nom, par
» l'obéissance. Arborez la cocarde et le drapeau blancs.
» Je vous demande, je le sais, un grand sacrifice ; nous
» tenons tous aux trois couleurs depuis vingt-cinq
» ans ; mais ce sacrifice, l'intérêt de la patrie nous le
» commande. »

Je ne veux pas finir ce court résumé de la noble conduite du prince d'Eckmühl dans ces jours néfastes, sans parler de l'admirable lettre qu'il écrivit au maréchal Gouvion-Saint-Cyr, ministre de la guerre, lorsque parut, le 24 juillet 1815, une Ordonnance qui décrétait d'accusation divers généraux, en raison des actes accomplis par eux pendant les Cent-Jours.

Dans cette lettre, qui restera une des plus belles pages de sa vie, Davoust témoignait une surprise douloureuse de voir qu'on remplissait si mal les promesses solennelles de tout oublier, faites lors de la soumission de l'armée. Il disait que c'était lui qu'on devait mettre en accusation au lieu des généraux Gilly, Grouchy, Clausel et Laborde, puisque c'était d'après ses ordres, comme ministre de la guerre, qu'ils avaient agi au Pont-Saint-Esprit, à Lyon, à Bordeaux, à Toulouse. Il terminait en souhaitant que la proscription s'appesantît sur lui seul et en sommant Gouvion-Saint-Cyr, au nom du roi et de la France, de mettre sa lettre sous les yeux de Louis XVIII.

Si un succès complet ne couronna pas cet héroïque rappel à l'exécution des promesses jurées, du moins il empêcha les persécutions qui menaçaient les généraux inscrits sur cette première liste de proscription.

Hélas! le maréchal n'obtint pas un résultat aussi heureux lorsqu'il osa défendre Ney à la Chambre des Pairs. Il reçut même une punition immédiate de son attitude si digne et si convaincue pendant cet inique procès. Le 29 décembre 1815, le prince d'Eckmühl, privé de ses traitements, fut exilé à Louviers, où il demeura six mois. Il accepta sa nouvelle disgrâce sans se permettre la moindre récrimination. Revenu à Savigny, il y conserva une inaltérable sérénité d'humeur et parut même franchement heureux de s'y reposer, au sein de sa famille, des rudes fatigues de son existence militaire. Quand il sortait de ce repos, c'était pour aller répandre des bienfaits et des consolations sur les nombreuses misères qu'on trouve toujours autour de soi, pour peu que l'on prenne la peine de les chercher. Il se plaisait aussi au défrichement, aux travaux agricoles, et je ne serais pas étonnée qu'on l'eût rencontré, comme Cincinnatus, la main appuyée sur une charrue, lorsqu'en 1819, on vint lui annoncer sa nomination à la dignité de pair de France.

Le retour des Bourbons n'apporta dans mon existence, constamment vouée aux malheureux, aucune modification fâcheuse. J'aurais pu, au contraire, m'en féliciter, si j'avais été égoïste, car tout ce qui portait l'habit religieux ou la soutane jouissait d'une grande faveur auprès de la nouvelle Cour. Il n'en fut pas ainsi des militaires secrètement dévoués à l'ex-Empereur, et, à cause de cela, regardés d'un fort mauvais œil par le Pouvoir.

Je n'ai point à retracer ici les divers actes qui assombrirent les premières années de la Restauration. Ces actes sont du domaine de l'histoire ; à elle seule incombe la tâche de les apprécier et de les juger comme ils méritent de l'être. Je n'aurais donc pas dit un mot des événements accomplis pendant cette période, qu'on a nommée *la Terreur blanche*, si mon neveu, le général Michaud, ne s'y était pas trouvé mêlé d'une manière qui faillit avoir pour lui d'irréparables conséquences.

Sans être fanatique de Napoléon, dont il n'approuvait pas l'insatiable ambition, Étienne avait vu sa chute avec une vive douleur, et s'était juré de ne pas rester au service. Il n'attendit donc pas qu'on le mît à la demi-solde, et donna sa démission au moment où l'armée se soumettait.

Cet éloignement, que de prime abord lui avaient inspiré les Bourbons, prit le caractère de la haine, quand il vit les Alliés exercer leurs déprédations d'un bout de la France à l'autre : Ney fusillé, la plupart des généraux injustement accusés, et Davoust, le noble et courageux Davoust, son idole, exilé comme un coupable.

Pendant plusieurs mois, il se renferma à Auteuil, sombre, farouche, répondant à peine aux consolantes paroles de sa femme et de son fils, repoussant presque les caresses de son Étiennette, cette fille chérie pour laquelle sa tendresse allait jusqu'à l'adoration. Désespérée, Alexina ne savait comment parvenir à le tirer de ce marasme ; moi-même, j'y perdais ma patience et mon temps, lorsqu'à la suite des visites réitérées d'un de ses anciens compagnons d'armes, le colonel L..., sa façon d'être changea totalement. Il secoua son apathie, le sourire reparut sur ses lèvres, il redevint bon, affectueux, causeur aimable, comme par le passé. Ses habitudes casanières firent place à de fréquents voyages à Paris; il alla au spectacle et consentit à accepter quelques dîners en ville, obstinément refusés jusque-là. Rapportant à l'influence du colonel cette heureuse transformation, nous le bénissions tous. Alexina l'accueillait comme un ami, Étiennette l'appelait le médecin de son père, moi, je l'entourais d'une foule d'ingénieuses prévoyances. Seul, Alexis, mon petit-neveu, ne partageait pas l'engouement général. A l'extrême surprise de sa mère, il ne dépassait jamais avec le colonel les bornes d'une froide politesse. Instinctivement, il redoutait cet homme à la taille herculéenne, aux épaisses moustaches, à l'œil quelque peu sournois. Puis, ce brusque retour de son père à la gaîté ne lui paraissait pas naturel. Il épia les démarches du colonel, il saisit des lambeaux de conversation entre lui et le général, et bientôt, il demeura convaincu que les deux anciens officiers, d'accord avec plusieurs de leurs collègues, ne complotaient rien moins que le renversement des Bourbons au profit de Napoléon II. Épouvanté, il prévint sa mère, il accourut m'apprendre ses découvertes, et nous avions résolu de tout mettre en usage pour retenir Étienne au bord de l'abîme, soit par ruse, soit par force, quand un de ceux qui faisaient partie du complot, cédant à la crainte ou à l'intérêt, dénonça brusquement ses complices.

Je me souviendrai toujours de cette soirée du 10 janvier 1816, que j'avais obtenu de passer à Auteuil, et à la fin de laquelle nous devions livrer un premier assaut aux dangereux projets du général. Nous espérions beaucoup de succès de nos instantes prières, et l'ignorance où nous étions de la dénonciation justifiait cet espoir. Le dîner avait été d'une gaîté folle ; on était au dessert, Étiennette prenait une pyramide de marrons glacés pour les offrir à la ronde, lorsque Françoise entra vivement dans la salle à manger, en s'écriant :

— Madame ! Madame ! des soldats qui disent qu'ils viennent arrêter le général !

— Sauvez-vous par le jardin, et cachez-vous derrière la haie, dis-je à Étienne ; dans un moment, je vous y rejoindrai.

Il allait m'obéir. Hélas ! on ne lui en laissa pas le temps. Quatre hommes apparurent à la porte ; deux s'avancèrent, tandis que les autres, immobiles, barraient le passage. Le premier de ceux qui s'étaient approchés, posa la main sur l'épaule de mon neveu, et prononça les terribles paroles : Au nom de la loi, je vous arrête, général !

— M'arrêter ! reprit Étienne qui avait recouvré son sang-froid, m'arrêter, brigadier ! et pourquoi ?

— Je l'ignore, répondit le soldat. Vous vous expliquerez avec M. le Juge d'instruction. Allons ! pas de résistance ! ajouta-t-il en voyant qu'Alexis s'apprêtait à défendre son père. Vous ne seriez pas le plus fort, jeune homme, et vous aggraveriez l'affaire du général au lieu de l'améliorer. Il a dû vous apprendre qu'on ne résiste pas plus à la loi civile qu'à la discipline militaire. Sans cela, moi qui étais à Wagram, est-ce que j'aurais le courage de conduire en prison un des vieux amis de l'autre[1] ?

— Ce brave a raison, dit Étienne : respect à la loi ! éloignez-vous, mon fils. Ne pleurez pas, mon Alexina, mon Étiennette bien-aimée, ajouta-t-il, en réunissant dans ses bras les deux femmes éperdues. Ne pleurez pas, nous nous reverrons avant peu. Ma situation n'est pas aussi désespérée que vous pourriez le craindre. On ne condamne pas un homme sans preuve, et je défie qu'on en trouve contre moi.

Hélas, il se trompait, on en trouva ! Arrêté avec autant de brusquerie que son complice, le colonel L..., il n'avait pas eu le temps de les anéantir, ces preuves fatales, et elles étaient si nombreuses, qu'au mois de février suivant, mon neveu fut condamné à mort.

Dire ce que fis de démarches, pendant ces six semaines, je ne le pourrais pas. Ces démarches, il me fallut les faire, accompagnée seulement d'Alexis. Ma nièce se mourait, sa fille ne la quittait que pour aller prier à l'église d'Auteuil. D'ailleurs, une timide enfant de seize ans n'aurait pu intéresser que par des larmes, et les hommes chargés de juger son père n'étaient pas de ceux qu'on attendrit avec des pleurs. Moi, je ne pleurais pas, je suppliais avec calme. Au nom du Dieu des miséricordes, je demandais le pardon de celui que son trop vif attachement à la mémoire d'un héros avait

---

1. Nom que les anciens militaires donnaient à Napoléon.

égaré. Grâce à mon habit, on ne me mettait pas à la porte, on daignait même m'écouter avec une certaine déférence, mais on me répondait invariablement que je sollicitais l'impossible.

Ensuite, je dois l'avouer, le nombre de mes protecteurs était fort restreint. Mademoiselle de Marconnay n'existait plus, l'abbé de Germond l'avait précédée de quelques mois dans la tombe, le prince d'Eckmühl, disgracié, ne pouvait rien, notre supérieure générale, quoique d'une haute naissance, hésitait à intervenir dans une affaire politique... il ne me restait guère qu'une jeune et charmante femme, la marquise de Menneville, que je connaissais depuis quatre ou cinq ans. Elle s'était mise spontanément à ma disposition; mais bien qu'elle fût alliée à plusieurs grands dignitaires de la Cour, elle n'en avait obtenu touchant mon neveu, que des promesses si vagues, que nous n'osions pas y compter.

Elle mériterait de longues pages, cette aimable marquise, dont je ne puis dire ici que quelques mots en passant.

Belle à miracle, bonne comme on ne l'est pas, charitable comme la charité même, elle ne vivait que pour répandre le bonheur autour d'elle. C'était un des êtres les plus merveilleusement doués que j'aie rencontrés. Malheureuse dans son ménage, elle ne se consolait que par des actes incessants de dévouement, de générosité, de bienfaisance, et le temps qu'elle ne donnait pas aux pauvres, elle l'employait à composer des ouvrages que Pascal, Montesquieu, Fénélon,

auraient avoués. La princesse Vanila, avec laquelle elle échangeait une amicale correspondance, écrivait d'elle à une tierce personne : « Madame de Menne-
» ville est une femme qui fait honneur à son temps,
» et dont l'âme, le cœur, l'esprit, les qualités, for-
» ment un ensemble idéal, comme les poëtes cher-
» chent à les créer, comme la nature en produit rare-
» ment. »

Que de peine elle se donna pour mon pauvre neveu, la chère marquise ! C'est à sa puissante intervention qu'Alexis et moi obtînmes la faveur de passer quelques heures auprès de lui. C'est encore à elle que je dus la remise au Roi d'un placet que malheureusement un favori, qui avait beaucoup d'empire sur les décisions du monarque, lui persuada de rejeter. J'ai su que cet éminent personnage se vengeait ainsi d'une parole railleuse, prononcée par Étienne, dans un dîner d'officiers. La bonne marquise souffrit autant que nous de cette lâche vengeance qui ne lui permettait plus de rien tenter pour sauver le général Michaud.

Je venais d'apprendre sa condamnation, et à peu près certaine que le recours en grâce aurait le sort du placet, je me rendais, désolée, à Notre-Dame-des-Victoires, pour déposer le fardeau de ma douleur aux pieds de la Consolatrice des affligés. Je voulais accompagner Alexis dans la dernière entrevue qu'on ne lui refuserait pas d'avoir avec son père, et je sentais le besoin d'aller retremper mon courage dans la résignation qu'on trouve sous la voûte des temples saints.

Un embarras de voitures m'arrêtait au coin de la rue Neuve-des-Petits-Champs, et je m'impatientais de ne pouvoir le franchir, lorsqu'un officier se précipita vers moi, les deux mains tendues, le visage joyeux, en s'écriant :

— Ma mère ! ma bonne mère Théotiste ! enfin, je vous retrouve ! Dieu soit loué !

Je regardais cet homme avec étonnement, croyant qu'il se trompait, et je ne répondais rien.

— Vous ne me reconnaissez pas ? me demanda-t-il.

Je secouai négativement la tête.

— Ah ! reprit-il, je vous reconnaîtrais entre mille, moi. Cela se conçoit, du reste, après le service que vous m'avez rendu...

— Je vous ai rendu un service ? fis-je, de plus en plus stupéfaite. Je crois, Monsieur, que vous commettez une erreur.

— Je ne commets point d'erreur, répliqua l'entêté, et je suis convaincu que c'est à la mère ou la sœur Théotiste, comme vous voudrez, que j'ai le bonheur de parler.

— Je m'appelle en effet la sœur Théotiste, répondis-je, mais cela ne m'apprend pas...

— Où nous nous sommes connus ; voilà ce que vous voulez dire, n'est-ce pas ? je vais aider votre mémoire, si oublieuse des gens que vous arrachez à la mort. Ah ! où nous nous sommes connus ! C'était par un jour froid de novembre, à la lisière d'un petit bois de saules, aux environs de Naumbourg, en Allemagne. Il y a dix ans de cela ! Commencez-vous à comprendre, ma digne mère ? La cavalerie prussienne allait passer sur le corps d'un soldat blessé, étendu au travers du chemin ; vous l'avez relevé, ce soldat ; vous l'avez emporté comme un enfant derrière le rideau de saules ; quand il a rouvert ses yeux, vous pansiez avec sollicitude son bras cassé. Eh ! bien, ce soldat, c'était moi. Y êtes-vous maintenant ?

— Oui, dis-je, et je me souviens aussi que vous étiez trop gravement blessé pour qu'il vous fût possible de suivre l'armée à Berlin, où je me rendis peu après avec le maréchal Davoust. A mon retour en France, je demandai de vos nouvelles à un officier du 25ᵉ de ligne. Il ne m'en donna que de très-vagues, car vous aviez changé de régiment. Mon neveu, le général Michaud que j'interrogeai aussi, ne me renseigna pas mieux.

— Le général Michaud ! s'écria mon interlocuteur : Vous êtes la tante du général Michaud ?

— Hélas ! oui ! répondis-je d'une voix altérée, rappelée tout à coup au sentiment de ma douleur.

— Mais, me demanda l'officier, n'est-ce pas lui qui, impliqué dans une conspiration bonapartiste, vient d'être condamné à mort ?

— Lui-même ! et vous me voyez désespérée, ayant épuisé tous les moyens pour l'arracher à cette condamnation terrible, et ne comptant plus, pour le sauver, que sur un miracle de la bonté de Dieu.

— Eh ! bien, s'écria impétueusement le jeune homme, je tenterai de le faire, ce miracle, et je le ferai, si Dieu, comme j'ose l'espérer, daigne me venir en aide.

— Vous ! dis-je en le regardant avec stupéfaction.

— Moi ! Écoutez, ma sœur, je suis le fils unique du duc de B..., l'un des plus grands seigneurs de la Cour, comme vous le savez peut-être. Un de ces coups de tête qu'on hasarde quelquefois à vingt ans, à la suite d'une légère admonestation paternelle, m'avait poussé à m'enrôler sous les drapeaux de celui qu'ils appellent l'usurpateur, et que j'appellerai toujours, moi, le premier héros des temps modernes. Malgré les menaces et les prières, je ne l'ai abandonné que lorsqu'il s'est abandonné lui-même, et je n'ai repris le chemin de la maison de mon père qu'après avoir vu l'aigle impériale tomber, mortellement atteinte, sous les balles de Waterloo. Vous pensez bien qu'en rentrant à Paris, j'ai été tancé d'une rude manière ; mais il n'y avait point à revenir sur le passé, le mieux était de l'oublier, et j'ai conservé, dans le 4ᵉ régiment des grenadiers de Sa Majesté Louis XVIII, le grade de colonel que j'avais dans les hussards de Napoléon. Au commencement, on me boudait bien un peu aux Tuileries, mais je n'y ai pas pris garde, et comme j'ai eu l'honneur d'être tenu sur les fonts de baptême par l'infortunée Marie-Antoinette, j'ai trouvé un indulgent défenseur dans son Altesse royale madame la duchesse d'Angoulême, pour laquelle tous ceux qui ont aimé et connu sa mère sont des amis. Il résulte de cette parenté spirituelle qui m'unit à la Reine martyre, que son illustre fille ne refuse rien à mes prières, et que j'ai la presque certitude qu'elle travaillera à obtenir du Roi la grâce de votre neveu, quand je lui demanderai son intervention au nom de mon auguste marraine.

— Ah! dis-je au jeune colonel, en joignant les mains, si vous rendiez à une famille désolée cet inappréciable service, mon ami, mon enfant, je n'aurais pas assez du reste de ma vie pour vous bénir!

— Je le tenterai, du moins, je vous le jure, reprit-il, et sans perdre une minute, car la chose presse. C'est demain, je crois, que le général doit être exécuté?

— Oui.

— A l'œuvre, alors, et dépêchons.

Il fit signe à un petit laquais nous suivant à quelques pas, de faire avancer une calèche qui stationnait devant le perron du Palais-Royal, me pria d'y monter, s'assit auprès de moi, et dit au cocher : — rue Saint-Dominique, à l'hôtel, et ventre à terre.

— Où allons-nous? demandai-je.

— Chez mon père, qui nous accompagnera auprès de la duchesse.

Dix minutes plus tard, presque portée par le pétulant officier, j'entrais dans le cabinet du duc de B... Son fils me poussa vers lui, avec une impétuosité sans égale :

— La voilà, mon père, la sœur Théotiste! la voilà, celle à qui vous devez votre fils. Embrassez-la, remerciez-la, joignez-vous à moi pour lui payer la dette sacrée que nous avons contractée envers elle. Et sans laisser au duc, vieillard à l'aspect le plus digne, le temps de répondre un mot :

— Vite, vite, ajouta-t-il, votre chapeau, votre habit, vos gants, et en route pour les Tuileries. Ma voiture est en bas. En chemin, je vous expliquerai pourquoi je vous enlève si brusquement.

Et l'impétueux colonel, joignant l'action à la parole, passait lui-même l'habit au duc abasourdi, lui mettait son chapeau sur la tête, ses gants à la main, puis, l'entraînait, en m'ordonnant, par un geste éloquent, de les suivre.

Tandis que nous roulions au galop des deux magnifiques chevaux attelés à la calèche, le fils mit le père au courant de ce qui nécessitait cette course folle.

Le vieillard devint fort pensif en écoutant ce récit.

— N'allons-nous pas tenter l'impossible? murmura-t-il.

— Non, repliqua le jeune homme, si nous savons faire vibrer les cordes du cœur chez la duchesse d'Angoulême.

— Mais la grâce du général Michaud ne dépend pas d'elle! objecta M. de B...

— Je le sais bien, répondit le colonel, mais son pouvoir est grand sur l'esprit du Roi. Elle n'en abuse pas, chose qui lui donne plus de force encore.

La voiture s'arrêtait dans la cour des Tuileries comme il achevait ces mots. Nous descendîmes. Le duc et son fils avaient leurs entrées au palais; ils me placèrent entre eux; on nous laisser passer sans difficulté.

Arrivés dans l'antichambre de la princesse, les deux gentilshommes me dirent d'attendre, et se firent annoncer. Ils furent reçus immédiatement. Moi, tant d'émotions diverses m'agitaient, depuis ma rencontre providentielle avec le jeune de B..., que je ne savais plus si je veillais ou si je rêvais. Mes jambes flageolaient, mon pouls avait presque cessé de battre, il paraît que j'étais tellement pâle, qu'un domestique eut peur de me voir m'évanouir, car il prit un flacon de sels sur une étagère, et se hâta de me le faire respirer. Je le remerciai du regard, parler m'eût été impossible. Oh! ceux qui n'ont pas compté ainsi les minutes, pendant qu'on décide à quatre pas d'eux de la vie ou de la mort d'un être qui leur est cher, ceux-là n'ont pas connu la plus poignante de toutes les souffrances morales.

Au bout d'un quart d'heure, la porte par laquelle mes protecteurs avaient disparu s'ouvrit. Le jeune officier sortit, me saisit la main, et m'entraînant vers le boudoir de la princesse, me dit ce seul mot : — Espérez!

Introduite en présence de l'auguste fille de Louis XVI, mes yeux se voilèrent, mon cœur palpita comme s'il allait briser ma poitrine, et je ne pus que tomber à genoux, les mains jointes, le front courbé. Elle me releva avec bonté, voulut que je prisse place sur le canapé où elle était assise, et d'une voix qui me parut aussi douce que celle de tous les chérubins réunis, elle me répéta le mot du colonel : — Espérez!

Ma langue se refusant toujours à articuler le moindre son, j'attachai sur la princesse un regard suppliant, que je tournai ensuite vers la pendule.

— Oui, ma bonne sœur, dit Marie-Thérèse, je comprends. Le temps presse. Eh! bien, attendez-moi ici, avec le marquis de B... Je cours chez le Roi. Duc, donnez-moi votre bras. Nous allons passer par le petit escalier. Fasse le Ciel que nous trouvions Sa Majesté en compagnie seulement de *Virgile* ou d'*Horace!*

Elle sortit appuyée sur le duc.

J'avais avisé dans un coin du boudoir un Christ d'ébène à incrustations d'argent. J'allai me prosterner à ses pieds, et j'y étais encore, absorbée dans une de ces prières où l'âme, sans le secours de la parole s'entretient avec son Créateur, lorsque le duc et la princesse reparurent. Cette dernière tenait un papier qu'elle me tendit en souriant. Plus tremblante que la feuille au souffle d'un vent furieux, je l'ouvris, et poussai un cri de joie : C'était la grâce de mon neveu! Le Roi commuait sa peine en un simple bannissement.

— Nous n'avons pas pu obtenir davantage pour le moment, me dit la duchesse ; mais nous reviendrons à la charge, surtout si le général Michaud abjure des sentiments hostiles que rien ne pourrait excuser désormais.

— Je me porte garant de sa reconnaissance, Madame! m'écriai-je. A l'avenir, mon neveu et les siens appartiendront corps et âme aux Bourbons. Et fléchissant le genou, j'osai appuyer mes lèvres sur la main que daignait me tendre la noble princesse.

Le duc avait repris la lettre de grâce, se chargeant de ce qui restait à faire pour suspendre l'exécution. A la porte des Tuileries, après m'avoir engagée à venir puiser largement dans sa bourse pour mes pauvres, il nous quitta. Je dis *nous*, car le marquis voulut m'accompagner à Auteuil où je courais apprendre aux trois pauvres êtres que devaient torturer des angoisses sans nom, le miracle que Dieu avait fait en leur faveur.

Nous venions de remonter dans la calèche, et le colonel allait donner ses ordres au valet de pied, lorsqu'il me dit tout à coup :

— Mon père étant obligé de voir d'ici à quelques heures, le Ministre de la justice, le président du Tribunal et une foule d'autres fonctionnaires, il lui sera impossible d'instruire le général Michaud de la clémence royale. Avant de nous rendre à Auteuil, si nous allions enlever à ce brave soldat le poids énorme qui doit peser sur son cœur d'époux et de père ?

— Quelle bonne inspiration ! répliquai-je. Ce pauvre cher Étienne ! Oui, courons à la prison, justement j'ai ma permission. Mais vous, Monsieur le marquis ?

— Moi, il me suffira de me nommer. Le directeur tient sa place de mon père.

— Alors, repris-je, partons.

Lorsqu'on nous introduisit dans son cachot, le général, tournant le dos à la porte, était assis devant une petite table et écrivait :

— Est-ce toi, mon Alexis ? demanda-t-il, sans lever la tête, au bruit que nous fîmes en entrant.

— Non, ce n'est pas Alexis, répondis-je : c'est votre vieille tante, mon ami.

Il repoussa vivement sa chaise et vint à moi les bras ouverts ; mais il s'arrêta surpris à la vue du marquis.

— Ne vous étonnez pas de la visite de monsieur, cher

— Étienne, dis-je, en devinant la question qu'il allait me faire. C'est un ancien soldat du 25ᵉ de ligne...

— Qui vient me serrer la main avant le grand départ? interrompit-il : je le remercie d'autant plus de cette preuve d'intérêt qu'il sera sans doute le seul à me la donner parmi mes autres camarades, tant le malheur éloigne au lieu d'attirer.

— Je viens, en effet, vous serrer la main, général, repartit le marquis, mais ce n'est pas de la façon lugubre dont vous l'entendez. L'heure du grand départ, je l'espère, ne sonnera pas de sitôt pour vous.

— Que signifie une pareille plaisanterie? répliqua Étienne, en fronçant violemment le sourcil ; ignorez-vous donc, Monsieur, que je dois mourir demain? Seriez-vous envoyé par mes ennemis pour insulter à mon agonie?

J'allais mettre un terme à cette méprise que j'avais provoquée pour ne pas apprendre trop brusquement au condamné la nouvelle de sa libération, lorsque la porte du cachot s'ouvrit, et l'aumônier de la prison, entrant comme un ouragan, se précipita vers le général en criant d'une voix éclatante :

— Sauvé! sauvé! mon cher Michaud! Le duc de B... m'écrit que le Roi vous accorde votre grâce!

— Et voilà ce que le marquis de B..., son fils venait vous annoncer, dis-je, en pressant sur ma poitrine Étienne, qui trébuchant comme un homme ivre, ne savait s'il veillait ou s'il rêvait.

— Le duc de B...! le duc de B...! répétait-il ; mais je ne le connais pas! mais c'est impossible!

— C'est on ne peut plus réel, repris-je. Et je commençai le chapitre des explications, souvent interrompu par les remarques pieuses de l'aumônier et les remerciement exaltés d'Étienne au marquis, fort embarrassé de sa contenance.

Hors de lui, le général tenait encore dans ses mains tremblantes les mains de celui qu'il appelait son sauveur, quand Alexis, les yeux pleins de larmes, la pâleur de la mort sur le front, arriva avec sa sœur. Les pauvres enfants venaient chercher le dernier baiser, la dernière bénédiction de leur père, et lui apportaient pour qu'il pût y imprimer ses lèvres, un petit portrait de leur mère, incapable de quitter son lit.

On a dit souvent que la joie était mille fois plus difficile à supporter que la douleur ; rien n'est aussi vrai. Étiennette avait eu le courage de se traîner auprès de son père, qui devait mourir le lendemain, elle s'évanouit en apprenant que ce père, tant aimé, ne lui serait pas enlevé.

Cet évanouissement, qui épouvanta tout le monde, ne fut pas de longue durée. Bientôt la jeune fille ouvrit les yeux, et en se voyant dans les bras du général, elle sourit, se colla contre sa poitrine, embrassa ses cheveux, ses vêtements, enfin, l'inonda d'un tel déluge de caresses, qu'il en était presque effrayé. Tout à coup, elle s'arracha brusquement à ces étreintes passionnées, et ne fit qu'un bond vers la porte, en s'écriant : — Ma mère ! ma mère qui souffre, qui meurt peut-être, et que j'oubliais ! Courons !

— Oui, repris-je, tu as raison, mon enfant, courons !

18.

Allons rendre le bonheur à ta mère! Au revoir, Étienne, je vous laisse Alexis.

— Vous me permettez de vous accompagner, n'est-ce pas? me demanda le marquis, en ouvrant lui-même la portière de la voiture et nous y installant.

— Certainement, je vous le permets ; dis-je, il est bien juste que vous jouissiez de la vue des heureux que vous avez faits.

Trois quarts d'heure après, nous descendions devant la maison d'Alexina.

Comment dépeindre la scène qui se passa dans la chambre où ma pauvre nièce agonisait sur un lit de douleur? Où trouver des expressions assez fortes pour décrire la joie céleste qui succéda à cet immense désespoir? Non, Lazare ne sortit pas plus vite de son tombeau à l'appel de Jésus, qu'Alexina, de sa torpeur mortelle, à la voix d'Étiennette lui apprenant que le général était gracié. En une seconde, cette femme mourante eut ressaisi la vie qui l'abandonnait, son visage se transfigura ; si elle avait été seule avec sa fille et moi, elle se serait levée sur-le-champ, et aurait pu, sans nul danger, se rendre auprès de son mari !

En présence de ce bonheur qu'il lui était permis de regarder comme son ouvrage, le marquis n'essayait pas de combattre ses émotions; il s'y livrait au contraire avec une sorte de délice et recueillait, sans orgueil mais avec avidité, les bénédictions dont le comblaient à l'envi la mère et la fille. Noble jeune homme ! Il ne fit pas les choses à demi. C'est lui qui présida à la sortie de prison du général; qui, secondé par Alexis, prépara tout pour le départ qu'on effectua la nuit, aussi secrètement que possible. Il poussa même le dévouement jusqu'à accompager le banni à la frontière. Ceci, par exemple, je ne sais trop si ce ne fut pas pour acquérir un droit de plus à la reconnaissance d'Étiennette, dont l'amour filial, la sensibilité, avaient paru faire sur lui une impression aussi soudaine que profonde. Ce qui m'autorise à penser ainsi, c'est que mademoiselle Michaud est aujourd'hui madame de B..., et que le marquis, devenu duc depuis la mort de son père, m'appelle sa tante lorsqu'il m'écrit...

Oh ! que les desseins de la Providence sont merveilleux ! Si, en voyant tomber un pauvre soldat sous les pieds des chevaux, j'avais calculé qu'il pouvait m'en coûter la vie d'essayer de le sauver, le général Michaud aurait porté sa tête sur l'échafaud, sa femme serait certainement morte de douleur, et l'existence la plus amère, la plus désolée, aurait été le partage de leurs enfants. Ah ! faisons donc toujours le bien, sans calcul, sans hésitation, et fions-nous aux promesses de Celui qui a dit qu'il payerait au centuple, même un verre d'eau donné en son nom.

On avait laissé le général libre de résider où il lui conviendrait; il se rendit en Hanovre. Sa famille l'y rejoignit au bout de quelques jours. Une vaste propriété était à vendre près de celle des Godberg; il l'acheta. Bientôt les trois familles n'en formèrent qu'une, et sur ce sol de l'exil, de gais soleils brillèrent encore pour l'ancien soldat de Napoléon. Alexina oublia facilement Auteuil, entre Pauline et Suzanne, tandis que les enfants de ces dernières devinrent de précieux amis pour Étiennette et Alexis.

Restée seule en France et veuve, si je puis m'exprimer ainsi, de tous ceux que j'avais aimés, j'eus de rudes assauts à soutenir de la part de ces chers absents, qui exigeaient impérieusement que je prisse ce qu'ils appelaient ma retraite, et que j'allasse vivre auprès d'eux. Je pensais en effet à la prendre, cette retraite, seulement, ce n'était pas de la façon dont ils l'entendaient. Certes, je les aimais bien, mais j'aimais encore mieux les pauvres et les malades. Ceux-ci, je n'aurais pas consenti à les quitter pour le plus beau trône du monde. Cependant, comme il y a ailleurs qu'à Paris des souffrances à soulager, et que le séjour de la grande ville ne m'offrait nul attrait, je songeais à demander de l'emploi dans quelque humble hospice du Poitou, lorsque j'appris qu'on venait d'en fonder un à Mazières, sur l'emplacement même de Maillé, l'ancien château de mon père. Je sollicitai vivement la faveur d'y être envoyée. On outrepassa mes désirs, en m'en donnant la direction. Je ressentis une joie immense, je ne le cache pas. Rien ne pouvait m'être plus doux que d'aller finir ma vie aux lieux où elle avait commencé; j'y avais beaucoup souffert, sans doute, mais j'y avais beaucoup aimé, et l'un compensait l'autre.

Je souhaitais extrêmement avoir, avant mon départ, une dernière entrevue avec le maréchal Davoust. Il vivait toujours confiné dans son château de Savigny. Je lui demandai une audience qu'il m'accorda avec le plus aimable empressement.

J'arrivai vers dix heures à la magnifique résidence du maréchal. Il m'attendait dans son cabinet, où je le trouvai tenant sur ses genoux un petit garçon de six ou sept ans, d'une beauté vraiment surprenante : — C'est mon héritier, me dit le prince : trouvez-vous qu'il me ressemble. — Beaucoup, monsieur le Maréchal, et je crois que dans l'avenir, cette ressemblance deviendra plus frappante encore. Puis, un pressentiment m'avertit que la similitude qui existe entre vous deux ne se bornera pas aux traits du visage, et que les éminentes qualités dont vous êtes si bien pourvu, seront aussi l'apanage de ce délicieux enfant. Cela est à souhaiter, ajoutai-je, quand on est destiné à porter un jour le nom de prince d'Eckmühl. Le maréchal sourit avec mélancolie, en attachant un regard plein d'indicible amour sur son fils, et murmura : — Vivrais-je assez pour être témoin de la réalisation des promesses de son enfance, à ce cher Louis ?

— Pourquoi pas? demandai-je. Vous atteignez à peine la moitié de la vie, monsieur le Maréchal, et la crainte de ne point arriver à l'âge où vous jouirez des succès de votre fils ne saurait vous troubler. — J'ai éprouvé de trop rudes secousses de l'âme et du corps, répliqua le prince, pour espérer une longue vieillesse : je mourrai jeune, ma sœur, je le sens. — Non, papa, s'écria résolûment le petit garçon, en prenant une attitude belliqueuse ; non, tu ne mourras pas, car je ne le veux pas, moi, et si la mort venait t'attaquer, je me battrais avec elle et la forcerais à reculer !....

Ces paroles, prononcées d'une voix vibrante, m'enthousiasmèrent au point que je ne pus résister au désir de presser cet héroïque enfant dans mes bras, lorsqu'en bondissant comme un jeune chevreuil, il passa devant moi pour quitter le cabinet : — Vous êtes un heureux père, monsieur le Maréchal, dis-je. — Oui, répondit-il, d'autant plus que mes filles sont aussi belles, aussi aimantes que leur frère. Par exemple, il est probable qu'elles ne se montreraient pas aussi courageuses, mais cette mâle vertu du courage ne leur est pas absolument nécessaire. — Permettez-moi, prince, de ne pas partager votre opinion. Je crois les femmes d'un caractère viril appelées à jouer un rôle important dans l'avenir. Nous n'en avons pas fini avec la Révolution : l'impiété est muselée, mais elle n'est pas vaincue. Tôt ou tard, elle relèvera la tête, plus arrogante, plus féroce que jamais, et pour lutter avec elle, dans les familles, il faudra des femmes fortement trempées aux sources de la religion et de la saine morale. — Peut-être avez-vous raison, reprit le prince, en souriant; dans ce cas, priez, afin que les sœurs de mon bien-aimé Louis lui ressemblent, car j'en ai la conviction, ce sera un grand et digne cœur.

Mon entretien avec le maréchal se prolongea : nous parlâmes d'Étienne dont il blâma sévèrement la complicité dans la conspiration L———. Les conspirations sont une mauvaise chose, dit-il; elles profitent rarement à ceux qui les font, et jettent le désordre dans la société, sans lui apporter aucune compensation. Les gouvernements qui ne plaisent pas aux masses finissent toujours par tomber d'eux-mêmes, on n'a nul besoin de les pousser pour cela.

Je quittai le prince, pénétrée de la bienveillance de son accueil, et plus convaincue que jamais qu'il existait peu d'âmes aussi grandes que la sienne, peu de cœurs capables de surpasser le sien en générosité. Cet homme, si terrible, si sévère sur les champs de bataille, était, dans la vie privée, d'une douceur, d'une bonté inimaginables. Son esprit, vif, délicat, ses réparties si piquantes, ses connaissances en tous genres, rendaient sa conversation aussi spirituelle qu'instructive. C'était une véritable encyclopédie que cette tête puissante, dont le large front, le regard couvert et profond, s'illuminait du reflet des vastes pensées qui bouillonnaient en elle!

On ferait un livre, et un beau livre, des anecdotes que j'ai recueillies sur le maréchal Davoust, de la bouche même de ceux qui vivaient auprès de lui. Je ne puis résister au désir d'en citer deux qui m'ont paru extrêmement caractéristiques.

Le général Saulnier, grand prévôt de l'armée, entre un jour, pendant la campagne de Prusse, chez le maréchal Davoust. Haletant, inquiet, il tenait à la main une caricature qui représentait le futur prince d'Eckmühl, sous une tente, décorée, en guise de piliers, de quatre magnifiques potences. « J'ai fait arrêter l'auteur de cette infamie, s'écrie le grand prévôt, et je viens vous demander, monsieur le Maréchal, quel châtiment il doit subir!

— Pardieu! mon cher, répond tranquillement Davoust, à votre âge, vous n'êtes qu'un enfant. Donnez vingt-cinq louis à cet honnête caricaturiste, saisissez la planche, faites tirer la caricature à cent mille exemplaires, et ayez soin qu'on la répande à profusion. Si on croit que je tue tout le monde, je n'aurai besoin de faire pendre personne.

Le grand prévôt obéit, et le mot du maréchal Sébastiani : « Davoust est un fanfaron de cruauté, » se trouva pleinement justifié.

C'était à Orléans, en 1815, au moment où un envoyé de Paris, M. Allart, trouvait le maréchal *accablé, vieilli de vingt ans,* ce sont ses propres paroles. Eh! bien, ce maréchal, si *accablé,* si *vieilli,* enjoint à un aide-de-camp, d'un ton qui n'admettait pas de réplique, de franchir en parlementaire le pont élevé entre l'ennemi et nous, et de demander la rupture de la trêve, si on refuse le passage à nos blessés. « Dans dix minutes, ajoute Davoust, j'ouvre le feu, si la barque n'a pas passé.

Puis, tête nue, le geste expressif, le regard flamboyant, lui-même s'écrie : « Canonniers! à vos pièces, et dans dix minutes soyez prêts! »

La voix du maréchal, éclatante comme la trompette, avait traversé la Loire, et pendant que les canonniers, la mèche allumée, attendaient l'ordre de tirer, on vit passer la barque des blessés, rasant l'onde au milieu du silence qui s'était fait spontanément.

Le maréchal, alors, rentra dans sa tente, et les soldats demeurèrent tristes d'avoir perdu cette occasion de battre une fois de plus, et à coup sûr, l'ennemi.

Au moment où je me préparais à quitter le cabinet du prince, la porte s'ouvrit, et une femme admirablement belle parut : c'était la princesse. En contemplant ce splendide visage, cette taille de reine, cet ensemble imposant et gracieux à la fois, je compris l'affection que le maréchal éprouvait, disait-on, pour la compagne de sa vie.

Je m'inclinai devant tous les deux, et je partis, le cœur ému de la bienveillance de l'un, les yeux éblouis de la beauté de l'autre. C'est le 25 avril 1817 qu'eut lieu mon départ de Paris. Le 1er mai, la diligence qui faisait le service de Poitiers à Parthenay, me déposait, ainsi que mes quatre religieuses, à Mazières, vers onze heures du matin. Nous descendîmes au presbytère, dont le maître, un second abbé de Germond par le cœur et par l'esprit, nous attendait. Il n'était pas le seul qui fût prévenu de notre arrivée, je m'en aperçus, lorsqu'en sortant de chez lui pour me rendre à l'hospice, je trouvai, rangés sur mon passage, tous les habitants de Mazières. Il était à cent lieues de ma pensée qu'on eût conservé mon souvenir dans ce pays que j'avais quitté depuis plus de quarante ans. J'attribuais donc l'empressement des bons villageois à nous accueillir avec des sourires et des bénédictions, à la joie qu'ils ressentaient de la venue de femmes réputées pour prodiguer aux malades des soins aussi habiles que dévoués. Qu'on juge de ma surprise, en voyant, détachée des groupes, une charmante enfant de dix ans, accourir vers moi, tenant un gros bouquet de roses et de lilas blancs, et me dire : — Veuillez accepter ces fleurs, madame la Comtesse, elles ont été cueillies ce matin sur la tombe de mademoiselle Marie-Julienne.

A ce nom, qui me rappelait tant de bonheur et tant de larmes, un nuage passa sur mes yeux, une indéfinissable émotion s'empara de tout mon être, je chancelai, et si une des sœurs ne m'avait pas soutenue, je me serais affaissée sur le pavé. Cependant, je parvins à triompher vite de ce trouble cruel et doux à la fois, et pressant en même temps contre ma poitrine le bouquet et celle qui me l'offrait, je les embrassai tous deux avec effusion.

Passant ensuite dans les rangs des bons paysans, je leur serrai la main ; je les remerciai de leur sympathique accueil ; je leur dis combien j'étais heureuse de venir vivre parmi eux ; je les assurai de mon inaltérable dévouement, puis, je les priai de ne plus m'appeler madame la comtesse, mais simplement la mère ou la sœur Théotiste. (Ceci, je n'ai jamais pu l'obtenir ; il a fallu en prendre mon parti.)

Lorsque j'eus congédié cette foule de braves gens que réclamaient leurs rudes travaux, précédée du maire et du curé, j'entrai dans l'hospice. Il était vaste, pour une aussi petite localité, commode, aéré, parfaitement distribué. Vingt lits bien blancs y étaient dressés dans deux salles contiguës, les uns devaient recevoir les hommes, les autres les femmes. A l'une de ses extrémités, et tout à fait séparé de l'ensemble par un grand jardin potager, s'élevait un pavillon destiné à l'orphelinat de petites filles qu'une pieuse dame de Niort y avait fondé. Tout cela était vide encore, mais nous en avions à peine pris possession que plusieurs malades vinrent s'y établir, et que les enfants abandonnés nous y furent amenés des coins les plus reculés de la Gâtine.

Quand j'eus suffisamment exploré ma nouvelle demeure, je laissai mes compagnes se reposer des fatigues du voyage, et m'acheminai seule vers le cimetière, après avoir fait une station à l'église.

Je marchais la tête courbée, les mains croisées dans les larges manches de ma robe, m'abandonnant aux souvenirs qu'éveillait en moi l'aspect de ces coteaux, de ces tranquilles vallées, de ces verdoyantes prairies, quittés depuis tant d'années, et que j'avais revus si souvent avec les yeux du cœur, quand un infranchissable espace m'en séparait.

Un parfum délicieux, dont tout le champ du repos semblait imprégné, me tira de ma rêverie. Je tressaillis violemment, mes pieds restèrent cloués au sol : j'étais devant la tombe de Marie-Julienne !

Oh ! qu'elle se détachait belle et fleurie sur la sombre verdure du cimetière, cette chère tombe où dormait mon seul véritable amour en ce monde ! Quels soins pieux en avaient eu ces bons paysans, qui reportaient sur les restes muets de l'enfant, la reconnaissante affection qu'ils gardaient à la mère, pour quelques faibles services rendus !

Le vent révolutionnaire avait soufflé sur l'humble village, il avait dévasté l'église, renversé la croix, broyé les écussons, effacé les armoiries, il n'avait rien épargné, excepté la tombe d'une pauvre petite fille, que le culte sacré de la reconnaissance protégeait.

Une brave femme me raconta, pendant une maladie où je la soignais à l'hospice, qu'aux jours les plus mauvais de la Révolution, lorsque les prêtres étaient bannis, l'église fermée, l'échafaud dressé à Niort, on se réunissait chaque dimanche, la nuit, autour du tombeau de Marie-Julienne pour prier !

Ce que j'éprouvai durant cette heure passée le front enfoui dans les touffes de lilas et de roses sans épines, qui abritaient les restes de ma fille, ne saurait être exprimé. Il y a des sensations qui ne s'analysent ni ne se décrivent ; autant vaudrait essayer de fixer sur la toile les diverses couleurs dont se revêt successivement l'horizon au coucher du soleil.

Ce bien-aimé coin de terre devint pour moi le but d'un pèlerinage quotidien. Quand je n'étais pas à l'hospice ou chez les pauvres, et qu'on avait besoin de ma présence, on n'allait jamais me chercher ailleurs que là.

Il advint cependant que, durant une couple de mois, j'y fis de moins longues stations. Voici pourquoi.

A deux portées de fusil de Mazières, non loin du Breilhac, il existait une fort belle maison de campagne, appelée la Ganerie. Cette maison appartenait jadis au vicomte d'Ambleuse, mort sur l'échafaud, et avait été achetée par un petit avocat sans causes, de Parthenay, nommé Brûlard, à l'époque où les propriétés des nobles, qualifiées du titre de biens nationaux, se vendaient pour quelques assignats. Brûlard, cité comme un des plus féroces parmi les patriotes du Poitou, s'était fait élire membre de la Convention. Il vota la mort de Louis XVI avec un accompagnement de paroles aussi cruelles qu'insultantes, et, ami dévoué de Robespierre, n'échappa à la guillotine, au 9 thermidor, que par une fuite rapide. Après avoir passé à l'étranger, et fait, assurait-on, une foule de métiers peu honorables, mais très-lucratifs, il avait repris le chemin de Mazières, pensant que, dans ce coin retiré du monde, on ignorait le terrible vote qui remplissait ses nuits de cauchemars. Il se trompait. On savait tout, et malgré ses efforts pour se concilier la bienveillance, il devint l'objet d'une réprobation générale. Personne ne le saluait, on le fuyait comme la peste, et il ne se procurait des domestiques qu'en les payant le triple de ce qu'on les payait ailleurs. On ne se figure pas jusqu'où peut aller la haine dans les petits endroits. Celle que les habitants de Mazières portaient à Brûlard était si grande, que, lorsqu'il tomba dangereusement malade, la seconde année de mon séjour à l'hospice, le médecin du village, craignant d'être lapidé, n'osa pas lui donner ses soins ! Il fallut que sa femme et sa fille fissent appeler un médecin de Parthenay.

J'avais usé mon éloquence à chapitrer les paysans au sujet d'une haine que rien ne justifiait dans la conduite actuelle de l'ancien conventionnel, et que d'ailleurs réprouvait Dieu, qui n'est qu'amour et charité,

— Commandez-nous ce que vous voudrez, madame la Comtesse, me répondaient-ils, nous obéirons ; mais pardonner à celui qui a tué le Roi, jamais !

Pour bien comprendre une telle réponse, il faut se souvenir que les Gâtinais sont à moitié Vendéens, et qu'à leurs yeux voter la mort d'un roi est un de ces crimes pour lesquels il n'y a point de pardon.

Avant cette grave maladie de Brûlard, qui n'était autre qu'un cancer qui lui rongeait l'estomac, j'avais eu l'occasion de le rencontrer plusieurs fois, et, loin de le fuir, je m'étais empressée de le saluer la première, d'un air qui n'annonçait rien d'hostile. Rassuré sans doute par cette politesse, que ne lui aurait pas faite le dernier des mendiants, dès qu'il se sentit atteint par cette affreuse maladie, plus implacable encore que les haines politiques, il m'envoya supplier de me rendre à la Ganerie. J'y fus presque aussitôt que son messager. La mère Louise disait vrai lorsqu'elle assurait un jour à l'archevêque de Paris, que j'irais chez le diable, si j'entrevoyais la possibilité de le ramener à Dieu. Chose singulière, au lieu de me repousser, les grands pécheurs m'ont toujours attirée, et je courais vers l'ancien conventionnel avec beaucoup plus d'empressement que je n'en aurais mis à courir auprès d'un fervent catholique !

Le curé et moi avions souvent parlé de ce malheureux régicide, que ses vingt mille livres de rente, fortune colossale à Mazières, n'empêchaient pas de vivre comme un véritable paria, au milieu de ceux qui regardaient d'un œil courroucé ses richesses mal acquises, et ne se seraient pas courbés devant elles pour un empire. Ni lui, ni sa femme, ancienne déesse de la Liberté, disait-on, ne mettait jamais le pied à l'église ; mais leur fille unique, grande, laide et anguguleuse personne de vingt-six à vingt-huit ans, s'y montrait fort assidue. Les paysans ne l'en traitaient pas mieux pour cela, et prétendaient que sa dévotion était plus affectée que réelle. Hélas! j'en eus la preuve dès ma première visite à la Ganerie. Mademoiselle Cornélie Brûlard, loin d'entourer sa mère, complètement paralysée, et son père, réduit à l'état de squelette, de cette douce affection qui aurait du moins apaisé les souffrances morales de ces infortunés, ne leur parlait qu'avec arrogance, sécheresse, dureté même, nommant leurs plaintes grimaces, leurs terreurs de la mort, lâcheté. Lorsqu'elle me reconduisit, après mon entrevue avec le moribond, que mes paroles consolantes semblaient avoir un peu calmé, au lieu de me remercier, elle me dit d'un ton qui prouvait assez que la vraie piété n'habitait pas son âme :

— Vous aurez beau faire, ma sœur, mon père ne s'abuse pas, allez! Il sait bien qu'il est damné!

— Mais c'est abominable, le discours que vous tenez là, Mademoiselle, m'écriai-je. Comment! vous! une fille chrétienne, vous osez prétendre que votre père est damné tandis qu'il vit encore! tandis que son repentir peut lui ouvrir le ciel! Fût-il mort sans sacrements, sans réconciliation apparente avec Dieu, vous n'auriez pas le droit de vous prononcer sur le sort que lui réserve la justice divine. Nous savons à peu près le nom de tous les saints ; nous ne savons positivement celui d'aucun damné.

Indignée, j'allais quitter cette cruelle fille sans la saluer, quand je songeai qu'elle avait encore plus besoin que son père peut-être de sages paroles et de bons conseils. J'avais eu tort de m'emporter ; ce n'est pas en rudoyant les gens qu'on les ramène à leurs devoirs. Je me hâtai de réparer ma maladresse. Prenant le bras de Cornélie sous le mien, je la forçai en quelque sorte de m'accompagner jusqu'à la porte de l'hospice, et quand nous y fûmes arrivées, j'étais parvenue à la faire pleurer, à lui arracher la promesse que désormais elle traiterait ses vieux parents avec un amour qui leur paraîtrait d'autant plus doux qu'elle ne les y avait pas accoutumés.

Je dois dire tout de suite que Cornélie tint cette promesse, faite sous le coup d'une émotion qui aurait pu n'être que passagère. J'eus en elle un aide actif, dévoué, qui prit une large part dans les soins pieux que je donnai à son père. Le pauvre homme s'était trouvé si bien moralement de ma première visite, qu'il me demanda de la renouveler. J'y consentis avec joie, et il ne se passa pas un jour sans que je me rendisse à la Ganerie. Les braves habitants de Mazières m'ont avoué depuis que j'avais failli déchoir dans leur estime, en agissant ainsi ; cela serait peut-être arrivé, si un vieux paysan, fort érudit, n'avait pas prouvé aux plus scandalisés, l'Évangile en main, que notre Seigneur ne dédaignait pas de visiter des gens qui ne passaient pas précisément pour des saints, en Judée. Après mûre réflexion, on conclut qu'il serait malséant de blâmer *madame la Comtesse* de suivre l'exemple du bon Dieu, et on ne me garda pas rancune de mon intimité avec la famille Brûlard.

Quand j'eus suffisamment préparé le terrain à la Ganerie, j'y amenai le curé, dont l'ancien conventionnel avait une peur horrible, et qu'il se prit à regarder comme un ami, lorsqu'il connut les trésors d'indulgente bonté que renfermait le cœur du digne prêtre. La religion, que sa fille, imbue de fausses idées, lui avait peinte sous de si terribles couleurs, lui apparut telle qu'elle est, pleine de mansuétude, de douceur et de pardons. Cet homme, éclaboussé par le sang d'un roi, chargé des iniquités d'une vie de rapines et d'impostures, reçut les derniers sacrements avec une piété profonde, donna le spectacle de la mort la plus édifiante. Dévoré vivant par l'ulcère, qui, après avoir labouré sa poitrine, envahit sa gorge et la moitié de son visage, il ne fit pas entendre une plainte! Au contraire, il bénit Dieu de ce commencement d'expiation terrestre, parce qu'il y puisait une sorte de certitude du peu de temps que durerait celle qui l'attendait au delà du tombeau. Le même calme, la même espérance existaient chez sa femme. Ce fut elle qui demanda au pasteur de légitimer son union avec Brûlard, union qui, contractée pendant la Terreur, n'avait reçu nécessairement aucune sanction religieuse. Ce mariage *in extremis*, qui s'accomplit un soir, à la lueur de quatre bougies, en présence des domestiques appelés pour servir de témoins, m'impressionna vivement, tout habituée que je fusse aux lugubres cérémonies de ce genre.

C'est par une radieuse matinée de juin que Brûlard rendit son âme à Dieu. Les habitants de Mazières, instruits par le curé et moi de la fin chrétienne du régicide qui leur inspirait jadis tant de répulsion, assistèrent en masse à son convoi, ainsi qu'à celui de sa femme, qui ne lui survécut qu'un mois.

En revenant du cimetière, Cornélie, dont les larmes coulaient abondantes sous son épais voile noir, me demanda la permission de passer la nuit à l'hospice. Le lendemain, de bonne heure, elle vint me trouver dans ma petite chambre, et m'exposa les plans qu'elle formait pour l'avenir. Ils étaient dignes de louanges, et je ne pus que les approuver complètement. Voici en quoi ils consistaient.

Demeurée maîtresse absolue d'une fortune considérable, mademoiselle Brûlard, afin qu'on pût oublier la source impure de cette fortune, voulait l'employer tout entière aux bonnes œuvres, et faire bénir le nom de son père par ceux-là mêmes qui l'avaient maudit. Il n'existait pas, à proprement parler, d'école, ni pour les garçons, ni pour les filles, à Mazières. Cornélie se proposait de les fonder à la Ganerie, qui pouvait aisément se diviser en deux corps de logis, séparés par un vaste jardin. L'école des garçons serait confiée aux frères de la Doctrine chrétienne, celle des filles aurait pour directrice la veuve, jeune encore, d'un brave militaire, et l'une d'entre nous. Ensuite, l'intention de mademoiselle Brûlard était d'ajouter une aile à l'hospice, et d'y établir un lieu de refuge pour les vieillards infirmes du département, qui ne trouvaient pas toujours de place dans les maisons de retraite de Niort et de Parthenay.

— Quand tout cela sera organisé, ajouta Cornélie, je vous demanderai une lettre de recommandation pour la supérieure générale des filles de Saint-Vincent-de-Paul, et je me rendrai à Paris pour entrer comme novice à la maison mère. Auparavant, j'aurai converti en rentes sur l'État, au profit des établissements que je vais fonder, ce qui me restera de fortune, après en avoir distrait quelques milliers de francs, destinés à payer ma dot. Je serai alors véritablement heureuse, car je ne posséderai plus rien.

Cornélie garda un moment le silence, puis elle reprit d'une voix tremblante, les yeux baissés, la rougeur au front :

— Il me reste encore une chose à vous dire, chère mère Théotiste, mais je n'ose pas! Qu'allez-vous penser, mon Dieu?

— Quelle est donc cette chose si terrible? fis-je. Vous vous exagérez beaucoup trop son énormité, j'en ai à peu près la certitude.

— Je ne suis pas baptisée! murmura-t-elle; je n'ai pas fait ma première communion!...

— Eh bien, mon enfant, répondis-je simplement, M. le curé vous baptisera à huis clos; je serai votre marraine, M. le maire, homme discret s'il en fut jamais, votre parrain, et un matin vous vous approcherez de la Sainte Table comme tout le monde. Vous voyez qu'il n'y a pas matière à s'épouvanter.

— Au reste, continuai-je, vous ne m'apprenez rien. Vos parents m'avaient instruite de la situation pénible où vous vous trouvez, et j'attendais que vous eussiez fini la confidence de vos charitables projets pour vous en parler la première.

La pauvre fille respira comme si on venait de débarrasser sa conscience d'un poids énorme, et m'embrassa avec de bruyants transports de joie.

Trois jours plus tard, elle recevait le baptême, à quatre heures du matin, à cinq l'absolution, à six elle communiait entre une de nos sœurs et moi. Les bonnes gens du village n'y prirent même pas garde. Bientôt, d'ailleurs, en présence des écoles, de la maison de refuge, d'une tribune à l'église, qui s'élevaient rapidement, ils passèrent d'une extrémité à l'autre, à l'égard de Cornélie : ils l'avaient foulée aux pieds, ils la portèrent aux nues ! Elle me fit presque concurrence dans leur reconnaissante affection. Mais Dieu sait que je n'en fus pas jalouse. J'étais si heureuse de voir la pauvre fille devenue l'ange gardien de ses anciens ennemis !

Vers la fin de l'année suivante, elle partit pour Paris, emportant les regrets et les bénédictions de tout le pays. Les lettres de la supérieure générale m'ont appris depuis qu'elle faisait l'édification de la communauté ; les siennes ne me parlaient que du bonheur qu'elle goûtait à soigner les malheureux.

Le sauvetage de l'âme du conventionnel ferma la liste de mes travaux en ce genre. On ne compte pas un impie à Mazières, et sous ce rapport, ma place de supérieure de l'hospice était une véritable sinécure. De 1817 à 1830, c'est-à-dire pendant l'espace de treize ans, je me demande s'il y eut au monde un être, relativement, aussi heureux que moi. Sauf la mort du maréchal Davoust, que j'appris en 1823, aucun nuage n'assombrit ma paisible existence. Les malades, dans ce pays à l'air si pur, étaient peu nombreux, les abondantes aumônes que m'envoyaient le marquis d'Alvaro et ma famille, me permettaient de rendre les pauvres presque riches; l'orphelinat prospérait, j'avais pu l'agrandir de façon à y recevoir soixante petites filles; la maison de refuge ne désemplissait pas, et l'on m'aimait, on me choyait à un tel point, que souvent je demandais grâce pour tant de gâteries, crainte d'en devenir orgueilleuse.

La Révolution de juillet 1830 éclata comme une bombe, au milieu de cette douce paix. Le maire de Mazières, un digne et brave fermier, fut remplacé par un personnage nouvellement installé au Breilhac, arrogant, impie, ne jurant que par Voltaire et Diderot, et qui, en moins d'un mois, voulut tout mettre sans dessus dessous.

Il s'attaqua d'abord au curé, dont il ne parvint à ébranler ni le calme, ni l'autorité, ce qui le rendit si furieux, qu'il tourna sa colère contre l'hospice, et surtout l'orphelinat, qu'il prétendait à toute force faire supprimer.

Bien qu'il me traitât en plein Conseil municipal, d'une manière peu courtoise, s'il n'avait attaqué que moi, j'aurais supporté patiemment ses injures: mais attaquer les institutions de bienfaisance confiées à mes soins, c'était une autre affaire.

J'allai voir cet énergumène, je m'y pris de mille façons pour le ramener à de meilleurs sentiments. J'y perdis mon temps et mes peines ; il demeura intraitable, m'appela vieille béguine, ancienne ci-devant, antirépublicaine, et jura que l'orphelinat serait supprimé...

— C'est ce que nous verrons ! dis-je, en le quittant.

Je n'ai pas loin de quatre-vingts ans, mais Dieu m'a laissé encore assez d'énergie pour prendre une résolution dans les circonstances suprêmes et l'exécuter sans délai.

Moins de huit jours après mon entrevue avec le redoutable maire, munie d'une permission de la supérieure générale, j'arrivais à Paris.

Mon premier soin fut de courir chez ma petite nièce Étiennette Michaud, mariée, comme je l'ai dit, au duc de B. Je priai ce dernier de me faire obtenir aussi promptement que possible une audience de la reine Marie-Amélie. Bien qu'il ne fréquentât pas la nouvelle Cour, il se mit en quête, et le lendemain je recevais ma lettre d'introduction.

Pour la seconde fois de ma vie, j'allais entrer en solliciteuse au palais des Tuileries, et pour la seconde fois aussi, je devais en sortir emportant la grâce que je venais y implorer.

Marie-Amélie est depuis trop longtemps, soit comme duchesse d'Orléans, soit comme reine, le modèle parfait des plus angéliques vertus, pour que j'ajoute ma faible louange à celles de toute l'Europe. Qu'on me permette cependant d'avouer que, devant cette femme sans beauté, sans jeunesse, ne s'entourant d'aucun des prestiges dont les souveraines se plaisent à déployer le pompeux étalage, qu'on me permette, dis-je, d'avouer que je m'inclinai comme devant une sainte ! Que de bonté dans ses yeux ! de douceur angélique dans son sourire, d'aménité dans ses paroles ! Je vois encore ce petit salon bleu où elle me reçut, ce modeste divan où elle me força de prendre place à ses côtés, en tenant mes mains dans les siennes.

Lorsque je lui eus exposé mon humble requête, il me semble encore l'entendre me répondre d'une voix émue :

— Tranquillisez-vous, ma bonne mère, personne ne touchera à votre orphelinat ; je le prends sous ma protection. Dès aujourd'hui, des ordres seront expédiés à M. le maire de Mazières, afin qu'il vous laisse désormais accomplir en paix votre mission de charité.

Elle tint parole, l'auguste princesse : l'orphelinat n'a point été fermé, et mon farouche antagoniste, obligé de baisser pavillon, s'est exécuté d'une façon si gracieuse, que nous sommes maintenant les meilleurs amis du monde. J'ai même l'espoir de vaincre son scepticisme, comme j'ai vaincu son mauvais vouloir pour mes chères orphelines. Ce qui me donne cet espoir, c'est que dans nos conversations, qui sont assez fréquentes, nous parlons beaucoup plus souvent des ouvrages de saint François de Sales, de Bossuet, de

Fénelon, de Joseph de Maistre, que de ceux de Voltaire, de d'Alembert et de Diderot. Si je puis le persuader d'accompagner à la Sainte Table son fils, qui va faire sa première communion, ce sera une âme de plus que j'aurai conquise au Seigneur.

Me voici au bout de mon cahier, et il faut bien que j'en convienne, au bout de mes forces tant physiques que morales. Je m'alourdis; mes jambes, si lestes jadis, ont perdu leur élasticité; c'est à peine si je puis me traîner au cimetière sans le secours d'un bras ou d'un bâton. Ma vue baisse, mes oreilles perçoivent difficilement les sons, et je suis tellement courbée, qu'on ne supposerait guère que je paraissais grande au milieu des femmes d'une taille très-élevée.

Qu'on n'aille pas croire au moins que je ressente le plus petit chagrin de ces symptômes de décrépitude, sinistres avant-coureurs de la mort. Pourquoi en éprouverais-je de la tristesse? La mort! mais pour l'âme chrétienne, c'est le commencement de la vie! Elle ne m'inspire aucun effroi, cette inexorable faucheuse du genre humain. Je l'attends avec calme, car je puis lui dire : j'ai accompli du mieux que cela m'a été possible, les diverses tâches qu'il a plu à Dieu de m'imposer; j'ai toujours fait le bien quand je l'ai pu ; je n'ai jamais eu la pensée de rendre le mal qu'on m'a fait. S'il m'est arrivé d'affliger ou d'offenser quelqu'un, c'est à mon insu, et je lui en demande humblement pardon. J'ai beaucoup souffert et beaucoup pleuré, mais je ne m'en plains pas ; la souffrance purifie, les larmes sont un second baptême. Peut-être aurais-je été méchante, si j'avais été heureuse. On a dit que le malheur rendait l'homme meilleur, ce n'est pas mon avis. D'ailleurs, ceci dépend des caractères : il y en a que la douleur irrite, d'autres qu'elle apaise. Moi, j'ai trouvé la résignation dans ses âpres blessures, au lieu du désespoir, sauf pourtant le jour où j'ai vu mourir ma fille ; mais la révolte de mon âme bouleversée par la foudre n'a duré qu'un moment.

Mort, fais donc ton œuvre, et vous, Seigneur ! rappelez votre servante à l'heure où vous verrez qu'elle ne peut plus être utile à aucun de ses frères ici-bas. Elle paraîtra devant vous avec crainte, sans doute, car vos jugements sont sévères, et les plus saints tremblent en votre présence ; mais elle se confie à l'immensité de vos miséricordes, à la grandeur de votre amour, à l'étendue incommensurable de votre bonté, et elle en attend le pardon de ses nombreuses imperfections. Père que nous avons aux cieux, votre fille soumise remet son âme entre vos mains.

FIN DES MÉMOIRES D'UNE SOEUR DE CHARITÉ.

ÉPILOGUE

Tout était en émoi dans l'hospice de Mazières, ordinairement si paisible. La mère Théotiste, toujours la première levée, n'étant pas descendue à l'appel de la messe de sept heures, une des sœurs, inquiète, était montée à sa chambre et l'avait trouvée étendue sans connaissance sur le carreau. Les soins immédiats qu'on s'empressa de lui donner ne produisant aucun effet, on courut chercher le médecin. En un instant, la fatale nouvelle se répandit comme une traînée de poudre d'un bout à l'autre du village. Les demandes, les exclamations se croisaient; on prenait par bandes le chemin de l'hospice, puis, arrivé à la porte, on n'osait ni entrer, ni interroger, tant on craignait d'apprendre la terrible vérité.

Cependant le curé, qui avait suivi le médecin de près, parut bientôt sur le seuil, et rassura cette foule désolée, en lui annonçant que la mère Théotiste venait de reprendre ses sens ; qu'elle était très-faible, mais que, pour le moment du moins, nul symptôme dangereux ne se manifestait.

Les bons paysans, un peu remis de leur chaude alerte, retournèrent à leurs travaux, tandis que leurs femmes se rendirent à l'église, où elles allumèrent une grande quantité de cierges. La plus vive preuve d'affection que les Gâtinais puissent donner à quelqu'un, c'est de faire brûler un cierge pour obtenir sa guérison, dès qu'il tombe malade.

Le soir de ce jour, la mère Théotiste, à laquelle, malgré ses instances, le médecin n'avait pas permis de quitter son lit, fut prise d'une fièvre violente. Sur-le-champ, le délire envahit son cerveau ; elle s'agitait, se débattait, semblait s'entretenir avec des êtres invisibles, appelait son père, sa fille, le comte de Valombray, enfin, poussait des cris qui témoignaient de l'intolérable souffrance qu'elle devait endurer.

Ce triste état dura trois semaines. Les célèbres docteurs qu'on avait appelés de Poitiers et de Niort ne parvenaient pas à s'accorder sur la nature de la maladie : les uns penchaient pour une fièvre maligne, les autres pour une congestion cérébrale ; le médecin de Mazières, le seul qui ne se trompa pas, voyait dans cette lutte terrible les efforts suprêmes d'une santé robuste aux prises avec l'extrême vieillesse.

Quoique la plus faible, ce fut la vieillesse qui triompha.

La mère Théotiste sortit de cette longue crise, mais anéantie, brisée, et sentant elle-même que sa dernière heure approchait. On a vu, à la fin de ses Mémoires, que la courageuse femme ne redoutait pas la mort. Aussi, dès qu'elle eut acquis la certitude de sa venue, elle voulut se préparer à la recevoir, non comme une ennemie qu'on craint, mais comme une amie dont on désire la visite.

Donc, le lendemain de son retour au calme, elle fit une confession générale, reçut l'Extrême-Onction, le Viatique, puis ordonna qu'on laissât pénétrer auprès d'elle tous ceux qui en exprimeraient le désir. Au médecin qui lui objectait qu'une telle fatigue pourrait avancer sa fin, elle répondait en souriant : « Dans ce cas, docteur, s'il se présente beaucoup de visiteurs, faites-les entrer bien vite, je verrai plus tôt le bon Dieu. » Et elle disait cela simplement, sans fanatisme, avec la foi des âmes croyantes et pures, qui ne voient dans la mort qu'une introduction aux joies du ciel.

Les habitants de Mazières, informés de la permission qu'on leur accordait, se hâtèrent d'en profiter. Ceux des campagnes environnantes se joignirent à eux, les malades se firent apporter, les vieillards se traînèrent comme ils purent. Pendant deux jours, ce fut un touchant spectacle de voir ces braves gens se courber sur les mains amaigries que leur tendait cette pauvre sœur de charité, lui demander de bénir leurs enfants, de prier pour la réussite de leurs récoltes, le succès de leurs entreprises, la paix de leur intérieur ! Ils mettaient si peu en doute l'entrée immédiate de la mère Théotiste au ciel, qu'ils la chargeaient naïvement de leurs commissions pour le bon Dieu : « Demandez-lui de guérir ma fille, » disait l'un ; « priez-le de recevoir mon père dans le Paradis, » suppliait l'autre. Et tous croyaient que leurs vœux ne manqueraient pas d'être exaucés.

Oh ! comme les grands de la terre auraient dû se trouver petits, s'ils avaient été témoins des respects que toute une population rendait à l'humble femme qui ne possédait pour richesses que l'auréole divine des bienfaits semés par elle l'espace de quatre-vingts ans !

Après les paysans vinrent les orphelines. Pour celles-ci, la supérieure eut des paroles et des regards plus affectueux encore. Ce fut dans des termes dont nous serions impuissante à rendre la tendresse, qu'elle les recommanda particulièrement à Aimée-de-Jésus, cette fidèle compagne de la moitié de sa vie, envoyée à Mazières depuis deux mois.

La porte se refermait à peine derrière les orphelines, lorsqu'elle se rouvrit pour livrer passage aux religieuses de l'hospice, bien décidées à ne plus s'éloigner un moment de celle qui allait les quitter. Voyez-vous d'ici ce tableau. On est au mois de mai : sept heures du soir sonnent. Les rayons du soleil, à son déclin, glissent obliquement par la fenêtre entr'ouverte, et viennent, comme un avant-coureur du soleil éternel, caresser les pieds du lit où repose la mère Théotiste, déjà pâle comme le suaire qui va bientôt l'envelopper, mais calme, souriante, presque belle ! Aimée-de-Jésus se tient debout à son chevet, les autres religieuses sont agenouillées et sanglotent, le curé, un peu à l'écart, lit son bréviaire.

Tout à coup, la mourante se soulève, son regard étincelle, une faible rougeur colore ses joues ; par un geste elle ordonne à ses filles de se relever, et d'une voix ferme, elle leur dit :

« Pourquoi ces larmes, mes enfants ? Vous m'aimez, et vous pleurez parce que je vais quitter la vie terrestre, si pleine de douleurs, d'embûches, d'angoisses de toutes sortes, pour entrer en possession de la vie éternelle, resplendissante de bonheur, de paix, de joies ineffables ! Qu'avez-vous donc fait de votre foi ? Laissez ceux qui sont assez malheureux pour ne pas croire aux promesses divines, s'affliger outre mesure quand l'un des leurs disparait de ce monde. Ils n'ont pas le consolant espoir de le retrouver un jour ; ils ne découvrent rien au delà du tombeau où l'objet de leur affection va s'endormir, et je comprends l'amertume des larmes dont ils baignent son lit de mort. Mais vous, élevées à l'école de Jésus-Christ ; vous qui avez appris à lire dans l'Évangile ; qui avez médité dès l'enfance les enseignements de l'Église ; qui avez volontairement quitté les plaisirs de l'existence mondaine, afin de vous consacrer tout entières au laborieux service du divin Crucifié ; vous enfin qui croyez aussi fermement au royaume des cieux, que si les ailes de quelques visions vous y avaient transportées, comment pouvez-vous vous abandonner au désespoir, lorsqu'une âme chrétienne va déserter la terre ?... Réjouissez-vous, au contraire, mes enfants ! Ne me dites pas adieu, mais au revoir ! Au revoir dans cette céleste patrie qu'éclaire le soleil de l'éternelle justice, d'où sont bannies toutes ces funestes passions, ces querelles, ces haines, ces jalousies, qui, pour la plupart des hommes, font un enfer de la vie terrestre.

» Même au point de vue humain, mes enfants, la mort est un bienfait pour moi, au lieu d'être un malheur. Les infirmités s'avançaient menaçantes à ma rencontre. Depuis assez longtemps déjà, mes forces épuisées ne me permettaient plus d'être d'aucune utilité ici-bas. Or, je ne connais pas de tortures égales à celles de demeurer spectatrice impuissante des maux qui désolent l'humanité, quand on voudrait, comme je l'ai toujours désiré, donner la dernière goutte de son sang pour les soulager.

» Dieu fait bien ce qu'il fait, mes chères filles, il me rappelle au moment où, devenue un arbre rongé par la vieillesse, je ne puis plus donner ni ombrage ni fruits.

» Je vous le répète : ne me pleurez donc pas trop ; là-haut, si je suis assez heureuse pour y obtenir bientôt une petite place, je vous servirai bien mieux par mes prières que dans cet hospice, étendue pendant de longues années, peut-être, sur un lit de souffrances. Quoique absente, je vous protégerai, mon bien-aimé troupeau ; mes regards maternels vous suivront comme par le passé, ma main écartera les ronces du chemin souvent difficile que vous parcourez, et quand vous serez arrivées à la dernière étape, c'est moi qui vous présenterai à l'Époux céleste devant lequel j'aurai eu le suprême honneur de me prosterner la première.

Approchez-vous toutes, que je vous embrasse et vous bénisse, de la voix, de l'âme, du cœur ; et vous, Monsieur le curé, commencez les litanies des agonisants : quand je cesserai d'y répondre, vous pourrez entonner le *De profundis*, car je serai en présence de Dieu. »

Le curé obéit : durant quelques minutes, la voix de Théotiste articula nettement les répons ; puis elle s'affaiblit par degrés, murmura les saints noms de Jésus, Marie, Joseph, et se tut... L'épreuve était finie sur la terre, le triomphe commençait au ciel....

Les religieuses, abîmées dans une douleur muette, n'avaient pas encore allumé le cierge, ni couvert le visage de la morte, lorsqu'une voiture s'arrêta devant l'hospice. Deux femmes et un homme en descendirent. C'étaient Alexina, sa fille et le général Michaud. On leur avait écrit l'état de la mère Théotiste, mais la lettre ne leur était parvenue que depuis peu : les chemins de fer n'existaient pas alors, leur chaise de poste s'était brisée la veille ; ils arrivaient trop tard... Introduits dans la chambre mortuaire, ils demandèrent et obtinrent la faveur d'y mêler toute la nuit leurs prières et leurs pleurs à ceux des religieuses.

Le matin, Aimée-de-Jésus leur remit une lettre collective que, dans la prévision de sa fin prochaine, Théotiste avait laissée pour être envoyée en Hanovre. C'est à genoux que le général ouvrit ce testament d'une sainte, et après l'avoir lu, c'est la main sur les restes glacés de la morte, qu'il jura, en son nom et celui des siens, de continuer, comme elle le lui demandait, la rente annuelle qu'il faisait aux indigents de Mazières.

Nous avons décrit, au commencement de ce livre, les obsèques pompeuses que le pays tout entier fit à l'humble Théotiste. Il ne nous reste donc rien à ajouter, si ce n'est que, devinant un désir qu'elle n'avait peut-être pas osé exprimer, on creusa sa tombe à côté du tombeau fleuri de sa fille, que les habitants de Mazières confondent encore aujourd'hui, avec elle, dans le même amour et la même vénération.

Heureuses les âmes qui laissent après elles une trace aussi lumineuse de leur passage en ce monde! Quoique circonscrite dans les limites d'un pauvre village, cette trace n'en brille pas moins, à travers les siècles, d'un éclat aux splendeurs duquel n'atteindront jamais les gloires les plus vantées de la terre. Qu'on le sache bien : la célébrité acquise par des œuvres purement humaines n'a qu'un temps; celle qui s'attache à des œuvres inspirées par la charité, est immortelle, comme cette divine vertu.

Il y a un nom qui vivra toujours dans la mémoire des hommes : c'est le nom de saint Vincent de Paul. Il est une institution que n'ébranlera le choc d'aucune tempête : c'est l'institution des Sœurs de charité.

FIN.

TABLE DES MATIÈRES

Avant-propos. 1

CHAPITRE Ier

UNE FAMILLE CHRÉTIENNE.

A quelle occasion ces Mémoires furent commencés. — Premières années. — La perte d'un enfant. — Revers de fortune. — Le couvent. — La mort d'une mère. — La jeune institutrice. — Pauline et Suzanne. 1

CHAPITRE II

UN MARIAGE DE DÉVOUEMENT.

Le château de Breilhac. — Le comte de Valombray. — Les visites entre voisins. — L'accident. — La demande en mariage. — Les perplexités de Christine. La maladie du baron. Le consentement. — La bénédiction nuptiale. 13

CHAPITRE III

L'ÉPOUSE.

Les visites de noces. — Les fêtes au château. — La mort du baron. — Les funérailles. — Premiers nuages. — Terrible découverte. — Les lettres accusatrices. — Douleur et joie. — Le repentir. — Courts instants de bonheur. — Retour à la vie errante. — Naissance de Marie-Julienne. — Le baptême. — La jeune mère. — Scènes d'intérieur. — Tristes présages. 31

CHAPITRE IV

LA MÈRE.

Le nouveau règne. — M. de Valombray retourne à Paris. — Ses déceptions. — Il revient au Breilhac. — Conversation avec sa femme. — Angoisses maternelles de Christine. — La signature forcée. — Ruine complète. — Madame de Valombray et ses sœurs vont habiter Maillé. — Tristes préoccupations pour l'avenir. — La grand'tante. — Suzanne et Pauline au château de Marcuille. — La guerre de l'Indépendance américaine. — Départ de M. de Valombray pour l'Amérique. — Sa mort dans un combat contre les Anglais. — Douleur de Christine. — Consolations qu'elle trouve dans sa fille. — Rayon de soleil — MM. de Godberg. — Mariage de Pauline et de Suzanne. — Leur départ pour l'Allemagne. — Le testament de la chanoinesse. — Espérance d'un avenir calme. — Coup de foudre. — Un ange de plus au ciel. — Désespoir de Christine. — Repentir. — Le convoi de Marie-Julienne. — La vente de Maillé. — Départ pour le couvent des Sœurs hospitalières de Poitiers 48

CHAPITRE V

LA SŒUR DE CHARITÉ.

Les religieuses hospitalières. — Époque de leur fondation. — Réflexions sur les Ordres contemplatifs. — Préférence de Christine pour la vie active. — Les titres nobiliaires. — Leur influence en 1779. — Les contrastes fréquents dans l'existence humaine. — Lettres rétrospectives de Pauline et de Suzanne. — Joie de l'une, douleur de l'autre. — La sœur Sainte-Théotiste. — Le noviciat. — La prise de voile. — Le calme soudain. — La route du sacrifice ; bonheur qu'on y rencontre. — Les adieux à la famille. — Insensibilité qui n'est qu'apparente. — Ce que les gens du monde ne comprennent pas. — Changement de résidence. — Angers. — La pauvre femme. — Le petit José. — L'utilité de connaître les langues étrangères. — Histoire de dona Anunciacion. — Une fin chrétienne. — Lettre au comte d'Alvaro. — L'arrivée du grand-père. — A quoi devaient servir plus tard les soins donnés au petit José. — Les devoirs imposés par la vie religieuse. — Départ pour Paris. — Ce que sœur Théotiste regrettait le plus à Angers. — La condamnée à mort. 75

CHAPITRE VI

LA MÈRE LOUISE.

La maison mère. — La supérieure générale. — Son portrait. — La première impression. — L'interrogatoire. — Les confidences. — Les suites funestes d'un mauvais caractère. — Le suicide. — L'accident à la chasse. — La douleur maternelle. — L'expiation. — Lueur d'espoir.—Communauté de prières.—Les douceurs d'une sainte amitié. — Les vertus de la mère Louise. — Les travaux matériels et spirituels de sœur Théotiste. — Le vieux philosophe. — Le crime du jeune homme. — Le repentir du vieillard. — La lettre datée de Toulouse.—La folle. — Une étrange histoire. — Où l'on croit avoir retrouvé les traces de la première Christine. — Déception. . 92

CHAPITRE VII

BEAUCOUP D'ÉVÉNEMENTS EN PEU D'ANNÉES.

L'espace de sept ans. — 1789. —Craintes pour l'avenir.—Le décret du 13 février 1790. — L'abolition des vœux monastiques.—Une courte page d'histoire. —L'ordre de quitter le couvent.— Le discours d'adieu de la supérieure. — Le désespoir des religieuses.—Mademoiselle de Marconnay. — La Providence visible.—La jeune novice. — Le départ de l'hospice. —L'appartement de la rue du Mail.—Maladie de la mère Louise.—Souffrances de l'inaction forcée. — Désir ardent de reprendre la vie active. — Un malheur d'où naît un bonheur. — Le maçon Pierre Martin.— Les bonnes voisines.— La visite du médecin. — Rencontre imprévu.—La mère Louise a des nouvelles de ses filles. — Les angoisses de la femme du maçon.—Douces promesses qui les changent en joie.—Prière faite à genoux malgré les défenses de la République.—Les gardes-malades comme on en voit peu. — Prompte guérison de Pierre Martin.—Encore mademoiselle de Marconnay.—Toute une famille sauvée de la misère. — La popularité du dévouement. — La maison de la rue du Mail transformée en hospice.—L'exercice de la charité recommandé comme la meilleure hygiène de l'âme et du corps.— Les pieux conciliabules. 109

CHAPITRE VIII

PENDANT LA TERREUR.

La Terreur.—Le nouvel hôte de la rue du Mail. — La messe dans une mansarde. — Frayeurs bien naturelles. — Françoise Martin. — Précautions fort sages.—L'abbé de Germond.—La maison près des Invalides. — Justine Bastro. — La visite domiciliaire. — La lettre énigmatique. — Le sosie de sœur Théotiste. — Surprise et bonheur. — La marquise de Serlon. — Le récit. — L'amitié fraternelle. — Projet de fuite. — Le vieux Frantz. — Les blanchisseuses de qualité. — Le départ. — Sécurité trompeuse. 126

CHAPITRE IX

CONDAMNÉE A MORT.

L'arrestation. — La prison du Luxembourg. — Entretien assez triste entre deux captives.— Le réfectoire des prisonniers.— Où l'on retrouve la marquise de Serlon et sa fille. — Où l'on apprend la mort de Frantz, et comment les blanchisseuses furent arrêtées.—Françoise se dévoue et mademoiselle de Marconnay intervient. — Laconique billet remis par un geôlier.—Comparution devant le Tribunal révolutionnaire. — Comment ce tribunal procédait. — Condamnation à mort des trois prisonnières. — La Conciergerie. — La veillée funèbre. — L'appel nominal. — Les deux poëtes. — Départ de la marquise et de la mère Louise pour l'échafaud.—Le tour de sœur Théotiste est remis au lendemain. — Alexina. — Sombre rêverie. — Les bruits de la rue. — Pierre lancée par une fenêtre. — Ce que renfermait le papier qui l'enveloppait. — Le réveil d'Alexina. — Réunion des condamnés au réfectoire. — Nuit passée en craintes et en espérances. — La journée du 10 thermidor 141

CHAPITRE X

A AUTEUIL.

Les bienfaits du 9 thermidor.— Les occupations de Théotiste en prison. — Démarches couronnées de succès.— La prisonnière comme on en voit peu.— Conversation pendant le voyage du Luxembourg à la rue Mazarine. — Ce que vit Théotiste en entrant dans la chambre de mademoiselle de Marconnay. — Le sauvetage. — La petite maison d'Auteuil. — Les visites aux pauvres et aux malades. — *La mère Féroce.*— La cabane du vieux berger. — Le coup de sang. — L'obligeante cordonnière.— Jours et nuits d'angoisses.— Jeanne Michaud. — A quels crimes peut entraîner le désir de se venger. — Le repentir. — Le jeune sous-lieutenant. — Quelques mots sur le général de brigade Davoust. — Un petit-fils modèle 165

CHAPITRE XI

DE 1796 A 1799

Comment Théotiste usait de la liberté tacite de visiter les malades. — Un pieux utopiste. — Le général Bonaparte. — Le lieutenant-colonel Étienne Michaud. — Ses visites à Auteuil. — Portrait d'Alexina. — Combat entre l'orgueil et l'amour maternel. — Ce dernier triomphe.— Les fiançailles. — Le dix-huit brumaire.— Le récit d'Étienne. — Le mariage. — Départ pour l'armée. — Beau-Mignon. — Le Premier Consul. — Le Concordat. — La supérieure de la maison de la rue de l'Épée-de-Bois. — La cérémonie à Notre-Dame.   200

CHAPITRE XII

LE RETOUR A L'HOSPICE.

La visite du Premier Consul. — Les nouvelles connaissances. — La rencontre à Saint-Roch. — La princesse Vanila. — Le bien moral qu'on peut faire dans les hospices. — Épisodes à l'appui. — Le septembriseur. — La victime d'un incendie. — La brebis coupable revenant au bon pasteur. — Un homme de bien.   225

CHAPITRE XIII

QUELQUES PAGES DE LA VIE D'UN HÉROS.

La proclamation de l'Empire. — Le sacre. — État de la France de 1801 à 1806. — Parenthèse. — Démarches. — Théotiste intrigue. — Succès. — Départ des sœurs de charité pour l'armée. — L'arrivée à Naumbourg. — L'entrevue de Théotiste avec le maréchal Davoust. — Le portrait d'un héros. — Hommage poétique à la mémoire du prince d'Eckmühl. — Retour aux souvenirs de la campagne de Prusse. — Pourquoi Théotiste avait voulu connaître la vie des camps. — Une partie des sœurs est envoyée à Iéna. — Le commandant Poize — Théotiste interprète. — Les précautions du maréchal. — Ce qu'on nommait les défilés de Kosen. — Abandon de Naumbourg par Bernadotte. — Davoust resté seul avec 26,000 hommes en attaque 70,000. — Bataille d'Auerstaëdt. — Le blessé du bois des Soules. — Napoléon à Naumbourg. — Théotiste chevalière de la Légion d'honneur malgré elle. — Davoust à Berlin. — Nouveaux triomphes. — Théotiste rappelée en France. — Elle trouve sa sœur morte. — Elle est envoyée en Espagne. — Rencontre imprévue. — La famille d'Alvaro. — Les cœurs reconnaissants.   239

CHAPITRE XIV

LE RETOUR AU PAYS NATAL.

Impressions diverses. — L'expédition en Russie. — Maladie de Théotiste. — Les désastres de 1813. — L'abdication de 1814. — Les Bourbons à Paris. — Le maréchal Davoust à Hambourg. — Comment on récompensa la plus noble conduite. — Napoléon à l'île d'Elbe. — Son retour. — Le prince d'Eckmühl ministre de la guerre. — Ses travaux surhumains. — Après Waterloo. — La seconde abdication. — Le *Bellérophon*. — Le camp de la Villette. — La capitulation. — L'armée sur les bords de la Loire. — Le rétablissement définitif de la légitimité. — Les persécutions. — Admirable lettre du maréchal Davoust. — Son exil. — Savigny. — Le nouveau Cincinnatus. — Le pair de France. — Le colonel L***. — Conspiration. — L'arrestation. — La condamnation à mort. — Alexis. — Les démarches inutiles. — La silhouette d'une noble femme. — La rencontre providentielle. — Un cœur reconnaissant. — Le duc de B***. — Le boudoir de la duchesse d'Angoulême. — La grâce. — La prison du général Michaud. — Les scènes touchantes qui s'y passèrent. — A Auteuil. — Étiennette, duchesse de B***. — Le départ des bannis. — Le veuvage de l'âme. — Désir de mourir au pays natal. — La nomination. — L'audience du maréchal Davoust. — Un héroïque petit garçon. — Les femmes de l'avenir. — Anecdotes. — La princesse d'Eckmühl. — Mazières. — L'accueil qu'y reçoit Théotiste. — Souvenirs doux et cruels. — L'ancien conventionnel. — Cornélie Brulard. — La vie heureuse. —1830. — Le maire voltairien. — Voyage à Paris. — La reine Marie-Amélie. — Succès. — Le déclin des forces. — L'examen de conscience — Conclusion 287

ÉPILOGUE. 343

FIN DE LA TABLE DES MATIÈRES.

BIBLIOTHÈQUE DES DAMES ET DES DEMOISELLES

Format in-12.

Mme GAGNE-MOREAU

Mémoires d'une Sœur de charité. 1 vol............ 3 fr.
Nancy-Vallier. 1 vol................................. 3 fr.

Mlle GUERRIER DE HAUPT

Les défauts de Gabrielle. 1 vol.................... 3 fr.
Marthe (Ouvrage couronné par l'Académie française). 1 vol. 3 fr.
Forts par la foi. 1 vol............................. 3 fr.

MARY O'NELYA

Lettre d'une jeune irlandaise à sa sœur. 1 vol.... 3 fr.

Mme FERTIAULT

L'Éducation du cœur. Causeries et conseils d'une mère.
1 vol... 3 fr.

GAB. D'ÉTHAMPES

Isabelle aux blanches mains. 1 vol................. 3 fr.

Mme GUILLON

Cinq années de la vie des jeunes filles. 2e édit. 1 vol. 3 fr.
L'Entrée dans le monde. Simples récits. 2e édit. 1 vol. 3 fr.
Projets de jeunes filles. Claire Duquénois. 1 vol.... 3 fr.

Mme DE LA ROCHÈRE

La Demoiselle de compagnie. 1 vol................. 3 fr.

HIPP. AUDEVAL

Paris et Province. 1 vol........................... 3 fr.

JONVEAUX

Le Sacrifice de Paul Wynter. 1 vol................ 3 fr.

Mlle THÉRÈSE ALPH. KARR

La Fille du Cordier. Histoire irlandaise. 1 vol....... 3 fr.

MICHEL MASSON

Les Historiettes du père Broussailles. 1 vol...... 3 fr.
Les Gardiennes. 1 vol............................ 3 fr.
Lectures en famille. Scènes du foyer domestique. 1 v. 3 fr.

ANT. RONDELET

Le Lendemain du mariage. 2e édition. 1 vol........ 3 fr.
Le Danger de plaire, etc., etc. 1 vol............... 3 fr.
L'Éducation de la vingtième année. Lettres à ma cousine Nathalie. 1 vol....................................... 3 fr.

Mme MARIE JENNA

Enfants et Mères. Poésies. 1 vol................... 3 fr.

Mlle BENOIT

Françoise, ou la vocation d'une chrétienne. 1 vol.... 3 fr.

Mlle ADR. ROGRON

Le choix de Suzanne. 1 vol....................... 3 fr.

F. FERTIAULT

Les féeries du travail. 1 vol...................... 3 fr.
La Chambre aux Histoires. 1 vol.................. 3 fr.

EUG. MULLER

Récits champêtres (*Ouvrage couronné par l'Académie française*). 1 vol.................................... 3 fr.

Mme CRAVEN (AUG.)

Récit d'une sœur. Souvenirs de famille. (*Ouvrage couronné par l'Académie française*). 28ᵉ édit. 2 vol............ 8 fr.
Anne Séverin. 12ᵉ édit. 1 vol..................... 4 fr.
Le mot de l'Énigme. 6ᵉ édit. 2 vol................ 6 fr.
Fleurange (*Ouvrage couronné par l'Académie française*). 12ᵉ édit. 2 vol.................................. 6 fr.
Adélaïde Capece Minutolo. 6ᵉ édit. 1 vol......... 2 fr.

MAURICE DE GUÉRIN

Journal, Lettres et Poëmes. 1 vol............... 3 fr. 50

EUGÉNIE DE GUÉRIN

Journal et Lettres (*Ouvrage couronné par l'Académie française*). 2 vol..................................... 7 fr.

ROSA FERRUCCI

Sa vie et ses lettres, publiées par sa mère et trad. avec une Introduction par M. l'abbé Lemonnier. 2ᵉ édit. 1 vol. 3 fr.

Mme D'ARMAILLÉ

Marie-Thérèse et Marie-Antoinette. 2ᵉ édit. 1 vol.. 3 fr.
Catherine de Bourbon. 2ᵉ édit. 1 vol.............. 3 fr.
Marie Leckzinska, reine de France, 2ᵉ édit. 1 vol... 2 fr.

Mlle CLAR. BADER

La Femme biblique. 2ᵉ édit. 1 vol................ 3 fr. 50
La Femme grecque (*Ouvrage couronné par l'Académie française*). 2ᵉ édit. 2 vol............................. 7 fr.

Mme BLANCHECOTTE

Impressions d'une femme. Portraits et Méditations. 1 v. 3 fr.
Tablettes d'une femme pendant la Commune. 1 vol. 3 fr. 50

Mme LENORMANT

Quatre femmes au temps de la Révolution (*Ouvrage couronné par l'Académie française*). 3e édit. 1 vol...... 3 fr.

J. DE CHAMBRIER

Marie-Antoinette, reine de France. 2e édit. 2 vol..... 7 fr.

Mme DE WITT

Scènes d'histoire et de famille (*Ouvrage couronné par l'Académie française*). 1 vol........................ 3 fr.
Charlotte de la Trémoïlle, comtesse de Derby. 1 vol. Prix.. 3 fr. 50

Mlle ULLIAC

Émilie, ou la Jeune fille auteur. 1 vol............... 3 fr.

Mme SEBRAN

Rousou. Histoire du village. 1 vol.................. 3 fr.
Journal d'une mère pendant le siége de Paris. 1 vol. 3 fr.

AUGUSTA COUPEY

L'Orpheline du 14e. 2e édit. 1 vol................. 3 fr.

Mme KRAFFT BUCAILLE

L'Honneur de la Famille. 2 vol................... 6 fr.
Le Secret d'un dévouement. 1 vol................ 3 fr.

Fontainebleau. — Imprimerie de ERNEST BOURGES.

LIBRAIRIE ACADÉMIQUE DIDIER

Bibliothèque des Dames et des Demoiselles.

SCÈNES D'HISTOIRE ET DE FAMILLE
DU XI⁰ AU XVIII⁰ SIÈCLE
PAR Mme GUIZOT DE WITT
(Ouvrage couronné par l'Académie française).
1 vol. in-12.   3 fr.

PROJETS DE JEUNES FILLES
CLAIRE DUQUÉNOIS OU CHARME VAUT MIEUX QUE BEAUTÉ
PAR Mme GUILLON-VIARDOT
1 vol. in-12.   3 fr.

CINQ ANNÉES DE LA VIE DES JEUNES FILLES
L'ENTRÉE DANS LE MONDE
PAR Mme GUILLON-VIARDOT
Deuxième édition. 1 volume in-12.   3 fr.

LECTURES EN FAMILLE
SCÈNES DU FOYER DOMESTIQUE
PAR M. MICHEL MASSON
1 vol. in-12.   3 fr.

LES GARDIENNES
PAR MICHEL MASSON
1 vol. in-12.   3 fr.

MAURICE ET EUGÉNIE DE GUÉRIN
JOURNAL, LETTRES ET POÈMES
PUBLIÉS PAR TRÉBUTIEN
3 volumes in-12.   3 fr. 50

Paris. — Imprimerie Viéville et Capiomont, 6, rue des Poitevins.

www.ingramcontent.com/pod-product-compliance
Lightning Source LLC
Chambersburg PA
CBHW060054190426
43201CB00034B/1496